U0262630

自動運転技術入門　AI×ロボティクスによる自動車の進化

日本ロボット学会　香月理絵　荒井幸代　大前学　大日方五郎　川崎敦史　橘川雄樹　小林祐一　菅沼直樹　田崎豪　谷沢昭行　新田修平　野呂瀬琴　馬場厚志　藤吉弘亘　目黒淳一　森出茂樹　谷口敦司　山下倫央　株式会社オーム社　2021

著者简介

香月理绘	株式会社东芝研究开发中心智能化系统研究所媒体AI实验室专家，工学博士，机械工程师，执笔第4章、7.4节。
荒井幸代	千叶大学研究生院工学研究院教授，工学博士，执笔9.4节、9.5节。
大前学	庆应义塾大学研究生院政策与媒体研究科教授，工学博士，执笔6.2节。
大日方五郎	名古屋大学名誉教授，名古屋产业科学研究科上席研究员，汽车工程师学会副会长，工学博士，执笔第1章。
川崎敦史	株式会社东芝研究开发中心智能化系统研究所，媒体AI实验室，执笔2.4节。
橘川雄树	株式会社Map IV董事长，执笔第3章、7.2节。
小林祐一	静冈大学工学部机械工程系准教授，工学博士，执笔9.1节、9.2节、9.3节。
菅沼直树	金泽大学新学术创成研究机构未来创造研究核心教授，工学博士，执笔第4章。
田崎豪	名城大学理工学部电气电子工程系准教授，信息学博士，执笔2.1节、2.2节、7.1节。
谷泽昭行	株式会社东芝研究开发中心智能化系统研究所分析AI实验室研究员，执笔2.5节。
新田修平	株式会社东芝研究开发中心智能化系统研究所分析AI实验室专家，执笔第8章。
野吕濑琴	株式会社东芝研究开发中心智能化系统技术中心边缘AI技术开发部，执笔7.3节。
马场厚志	株式会社DENSO AD&ADAS系统开发部主任，工学博士，执笔5.1节、5.2节、5.3节、5.4节、5.5.2节。
藤吉弘亘	中部大学工学部机器人科学与工程系教授，工学博士，执笔2.3节。
目黑淳一	名城大学理工学部机械电子工程系准教授，工学博士，执笔第3章。
森出茂树	Singular Technologies法人，成城大学社会创新学部非常勤讲师，执笔第10章。
谷口敦司	株式会社东芝研究开发中心智能化系统研究所分析AI实验室专家，执笔第8章。
山下伦央	北海道大学研究生院信息科学研究院准教授，工学博士，执笔5.5.1节、6.1节。

基于 AI 与机器人技术的自动驾驶技术

日本机器人学会　主编

〔日〕香月理绘　编著

〔日〕

荒井幸代　大前学　大日方五郎　川崎敦史　橘川雄树

小林祐一　菅沼直树　田崎豪　谷泽昭行　新田修平

野吕濑琴　马场厚志　藤吉弘亘　目黑淳一

森出茂树　谷口敦司　山下伦央

共著

蒋　萌　译

科学出版社

北　京

内 容 简 介

本书由活跃于自动驾驶各个领域的专家执笔，讲解最前沿的自动驾驶技术。前半部分在介绍自动驾驶技术的基础上，讲解自动驾驶的各项功能，包括环境识别和预测，地图生成和自车定位，自动驾驶车辆的决策，纵横方向的车辆运动控制，多车协同控制，自动驾驶技术的开发工具。后半部分重点讲解深度学习和深度强化学习，以及深度学习的技能。

本书主要面向自动驾驶领域的研究人员和工程师，还可作为高等院校车辆工程、自动化控制等相关专业师生的参考用书。

图书在版编目（CIP）数据

基于AI与机器人技术的自动驾驶技术/日本机器人学会主编；(日)香月理绘编著；蒋萌译.—北京：科学出版社，2023.5

ISBN　978-7-03-075263-5

Ⅰ.①基…　Ⅱ.①日…　②香…　③蒋…　Ⅲ.①汽车驾驶–自动驾驶系统　Ⅳ.①U463.61

中国版本图书馆CIP数据核字（2023）第046952号

责任编辑：孙力维　杨　凯/责任制作：周　密　魏　谨
责任印制：师艳茹/封面设计：张　凌

北京东方科龙图文有限公司　制作
http://www.okbook.com.cn

科 学 出 版 社 出版
北京东黄城根北街16号
邮政编码：100717
http://www.sciencep.com

天津市新科印刷有限公司　印刷
科学出版社发行各地新华书店经销

*

2023年5月第 一 版　　　开本：787×1092　1/16
2023年5月第一次印刷　　印张：19
字数：380 000

定价：88.00元
（如有印装质量问题，我社负责调换）

前　言

　　自动驾驶的实用化需求越来越高。市民调查显示，人们期待自动驾驶的实用化能够减少交通事故，帮助老人出行，减轻驾驶负担，提高舒适度。人们早已做好了在全自动驾驶车辆内享受多种乐趣的准备。例如，在车内设置办公空间或娱乐空间等，将驾驶交给机器，可以将节省下来的时间用于打造多姿多彩的生活。对于不得不乘坐公共交通通勤的市民，这自然是美梦成真般的好消息。住在偏远地区的老人和经常使用公共交通的人也期待自动驾驶能够成为解决问题的撒手锏。事实上，近二十年来，日本三大都市圈以外的公交车驾驶员减少了25%，机动车驾驶员的有效招聘率超过2.8倍，偏远地区的公共交通问题迫在眉睫。因此，有许多问题有待自动驾驶来解决。

　　作为一个科学技术问题，几乎没有任何问题的覆盖范围能像自动驾驶这么广，涵盖基于机械工程的传统机动车工程，电动化和电力电子，包括ITS相关技术和卫星定位系统在内的移动体通信工程，用于驾驶辅助技术的人因工程，包括新传感器工程和人工智能在内的软件工程，等等。一位研究人员或工程师无法掌握如此全面的知识，而且技术结构还要兼顾在公路上行驶需要遵守的法律法规和意外险等社会制度。与核能开发、航天开发等大型开发项目相比，自动驾驶的相关领域也极其广泛。因此，需要多位研究人员和工程师共同来讲解自动驾驶，这也是迄今为止，极少有书籍涵盖自动驾驶各领域技术的原因。

　　近年来，"深度学习"这一人工智能（artificial intelligence，AI）技术得到越来越多的关注。深度学习的结构与动物等的中枢神经系统原理相似。人工神经网络（artificial neural network，ANN）从1950年代起就为人所知，在2012年的ILSVRC比赛（ImageNet）中，神经网络之父——多伦多大学（Univ. of Toronto）Hinton等人的团队以优异的成绩获得冠军，使得人工神经网络因其高实用性得到广泛关注。深度学习的命名来自ANN的多层结构。对自动驾驶来说，识别行人和车辆等自车周边的物体十分重要，而深度学习能够大大增强物体识别性能，人们十分期待这项技术能够应用于自动驾驶。有研究显示，深度学习技术有助于实现驾驶员在驾驶过程中需要的感知、决策、执行等各项功能。此外还出现了通过深度学习获得人类从感知到执行的端到端（End-to-End）功能的技术。

在上述发展趋势的基础上，本书围绕深度学习在自动驾驶技术中的应用来讲解自动驾驶的各种技术。本书主要面向信息工程、人工智能技术的研究人员和技术人员，讲解方式简明扼要，尽可能少涉及数学公式。此外另设章节来讲解自动驾驶中使用的深度学习和深度强化学习理论。为了便于读者实践，部分章节还提供了可以免费参考的软件链接。

本书大致分成前后两个部分。前半部分，第1章概要论述自动驾驶技术，同时介绍深度学习在整体自动驾驶技术中的作用。第2章到第7章介绍自动驾驶的各种功能，包括环境识别和预测，地图生成和自车定位，自动驾驶车辆的决策，纵横方向的车辆运动控制，多车协同控制，以及自动驾驶技术开发中使用的工具。后半部分，第8章、第9章和第10章讲解深度学习的基础、深度强化学习，以及深度学习的技术。不熟悉深度学习的读者也可以从后半部分开始阅读。理解前半部分需要深度学习的先验知识，建议阅读过程中适当参考后半部分。

目前为止，市面上出现了一些自动驾驶的相关介绍书籍，但是涵盖范围较广的新技术解说书籍尚不多见。本书由活跃于自动驾驶各个领域的专家执笔，讲解最前沿的自动驾驶技术。可以说，本书是有史以来第一本着眼于深度学习技术，全面解读自动驾驶技术的书籍。希望本书能对自动驾驶的研究和开发尽微薄之力。

作者代表 大日方五郎

（名古屋大学 名誉教授

名古屋产业科学研究所 上席研究员

日本汽车工程师学会 前副会长）

2021年3月

目　录

第 10 章　深度学习的技能 ····················· 249

第1章
自动驾驶技术概述

我们驾驶机动车是为了从某个地点行驶到目的地。

车辆导航系统（car navigation system）技术已经实现实用化，只要自动驾驶车辆能在车辆导航系统中组合使用避开障碍物的转向操作，以及制动、加速等操作，理论上就可以实现自动驾驶目标。但是，交通事故清零仍然是难以完成的任务。

本书将在开篇概述自动驾驶技术，然后介绍如何确保自动驾驶车辆的安全性以及实用化之前需要解决的问题。

1.1 自动驾驶的整体流程

1.1.1 机动车的使用目的和自动驾驶

机动车在公共道路上行驶时需要遵守交通规则，在不接触周围物体的前提下到达目的地。驾驶员需要根据前进方向，了解周边情况，做出正确的决策，再根据决策做出准确的操作（见图1.1）。在这个过程中，感知、决策、执行三个功能因素循环相连，互相影响。也就是说，感知、决策、执行三个功能因素形成反馈连接。控制工程认为，反馈连接的系统无法还原单个因素的工作。例如，道路周边情况时时刻刻都在变化，感知因素会随着周边情况的变化不断加入新信息，据此执行的结果又会改变周边情况的感知条件。因此，我们必须同时探讨感知与执行的关系。

图1.1　驾驶员的驾驶功能（驾驶员的驾驶功能及其循环关系）

经验丰富的驾驶员（资深驾驶员）在熟悉的道路环境中会下意识地进行感知、决策、执行。因此，资深驾驶员在驾驶过程中可以从容地与乘客对话或欣赏音乐。但是在积雪路段等条件较差的道路，或能够预想到儿童飞出车外的高危交通环境，资深驾驶员也需要将注意力集中在环境识别和驾驶操作中，无暇顾及其他事物。人类大脑的信息处理能力有限，有时感知、决策、执行无法准确应对道路情况的动态变化，最终可能会导致交通事故的发生。

相对地，自动驾驶是将机动车行驶到目的地这一过程自动化，因此，除了上述感知、决策、执行三个功能，还要有确定到达目的地的路径的功能（即导航功能），同时结合转向、加速、制动等操作系统。自动驾驶可以将感知、决策（包含决定行车轨迹）、执行三种功能分配到若干设备和计算机中，同时运行这三个功能。但是如上文所述，这三个功能属于反馈连接，承担这些功能的设备和计算机之间需要交换信息。此外还需要能将上述功能因素适当组合协调的方式。

1.1.2 自动驾驶功能的子系统

自动驾驶的必要功能大致分为感知、决策、执行三种。下面我们详细介绍各种功能的实现方法，并讲解整个系统如何协调上述功能，从而实现自动驾驶。

1. 感知（探测外部环境并在地图上确定当前位置）

自动驾驶车辆有一项重要技术，就是感知车辆前进方向和周边物体的传感技术。行驶中的车辆为了获取周边交通信息，会用到基于光或电磁波原理的非接触传感技术（探测车外环境的传感器叫作外部传感器）。除感知周围建筑物、道路上的障碍物和交通信号灯等静止物体之外，还需要探测周围行驶中的汽车、摩托车、自行车和行人等。也就是说，自动驾驶车辆要具有感知周边环境并获取交通相关信息的功能。获取的信息不仅可以用于防撞，还可以用来预测周围的移动体，以及在包含起始地和目的地的地图上掌握自车的位置（同步当前位置或自车定位）。不仅如此，利用可见光摄像机之外的传感方式还能获取人类视觉无法捕捉的信息，包括自车与目标物体的距离和目标物体的大小，并将这些信息转换为自动驾驶系统所需的信息。

综上所述，掌握自车与周围物体的位置关系，对防撞和探索可行驶区域来说至关重要。自动驾驶的一项重要技术就是在周边环境中测量自车与地标的距离和方位，据此推测自车在地图上的位置。这对于确认车辆是否行驶在通往目的地的正确路径上十分关键。

周边环境有长期性变化的可能，车辆行驶过程中收集的周边环境信息会成为动态变化信息，因此，还需要能在特殊地图上更新周边环境信息的技术。

自动驾驶过程中还需要考虑其他车辆和行人等运动物体（移动体）。自动驾驶系统必须从空间和时间上预测其他移动体的前进方向。如果能获知移动体的运动方程和驱动力，就可以预测其运动。但是从普通的道路环境中很难准确获知运动方程所需的质量等物理参数及移动体的驱动力。通过移动速度和移动速度变化率（移动加速度）可以在一定精确度上预测短时间后移动体的运动情况。因此，在通过外部传感器获取周围移动体信息的基础上，还需要适合各种信息特征的移动体预测方法和深度学习等。

另外，还要探测被屏蔽物遮挡的区域，这种情况可以通过与其他车辆的外部通信来补充。

2. 决策（行车轨迹规划和导航）

自动驾驶系统需要对交通信号灯和周围行驶车辆等移动体的运动作出反应，选择车道，改变行驶速度或在十字路口转换行驶方向，这些就叫作决策。

自动驾驶系统在作出决策时需要用到改变车辆速度和角速度，控制车辆位置和姿态，在地图上自车定位，以及基于周边移动体的预测实时计算免碰撞驾驶轨迹的技术，还需要将上述技术组合使用。

这是因为，如果无法预测自车当前位置，即使能够预测其他车辆的位置，也无法计算出安全行驶轨迹。通过记录操作量（转向角度，加速、制动的操作量）、车辆位置与姿态动态关系的模型（运动方程），可以在一定程度上正确预测自车的运动（但轮胎在路面打滑时难以预测）。此外，在预测自车当前位置时，为了获取自车的运动和驱动系统的状态，需要用到自车搭载的多种传感器（加速度计、角速度计等）获得的信息。

为了防止碰撞，需要在预测自车位置的同时预测周围其他车辆的位置，通过可见光摄像机等外部传感器预测其他车辆和行人位置的技术已经获得较大研发进展。

决策必须包括无路可走时（无论怎样前行都会发生碰撞）的急停和遵守交通规则的停止等情况。而且可选择的行驶路径仅限于满足车辆行驶特征的路径（车辆无法瞬时横向运动），另外要注意车辆的速度函数。在Bohren等人的研究中，为从速度约为零到最大速度的一系列速度建立了一套连续候选运动轨迹，并从中选择适合情况的轨迹[1]。

下面介绍几个实例。为了"从起始地行驶到目的地"，现在已经普及的行车导航系统需要升级。也就是说，现在的行车导航系统只能列举几种候选路径，由驾驶员做出选择，而自动驾驶车辆没有驾驶员，只能由系统从中选出一条路径。如果某种原因导致无法通过此路径到达目的地，则需要自动驾驶系统自动探索替代路径。因此，到达目的地之前所有路径的规划功能必须优先于控制车辆行驶路径的执行功能。

此外，进出停车场时，自动驾驶系统需要自动进行狭小空间的特殊处理。这种技术单独使用也有很大的价值，在某些领域已经实现实用化[2]。

关于自动驾驶车辆的决策，详见第 4 章。

3. 执　行

机动车的执行功能以人类执行为前提，传统车辆都装有转向（方向盘）、加速踏板和制动踏板等。在上述位置加装伺服电机（servomotor，能够密切追踪角度和角速度目标值的电机）等就可以按照自动驾驶系统判断的行驶路径自动控制车辆的位置和姿态。

以记录操作量（转向角度，加速、制动的操作量）、车辆位置和姿态动态关系的模型为基础，构建反馈控制系统，将规划的行驶路径作为目标值。反馈控制系统的输入信号包括为掌握自车运动及驱动系统状态而搭载的各种传感器（加速度计、角速度计等），以及转向角度、加速踏板开度、制动踏板位移等。

人们还提出通过深度学习，根据可见光摄像机拍摄的图像计算转向角度和加速踏板开度的方法（端到端自动驾驶）。

4. 与外部的信息交换

因道路交通情况复杂，有时自动驾驶车辆无法充分施展各项功能。例如，风雪天气等情况，车辆无法识别周边物体，在遇到道路封锁等情况时无法获取自动驾驶系统所需的信息。

为了应对上述情况，可以通过与公共交通设施或其他车辆的交流来补充信息。也就是说，人们正在探讨怎样使自动驾驶车辆在行驶过程中与外部进行交流（V2X，vehicle-to-everything，车辆与外部事物的无线通信），实时获得信息。

（1）用于环境识别的信息共享。

自车通过与周边其他车辆共享环境识别的信息来丰富周边物体信息，从而掌握位于自车摄像机视野之外的物体的位置等（通过车车通信进行信息共享）。

此外，在行驶过程中，通过与前后车辆交换信息，还可以确保适当的车距。这是卡车等集体移动列队行驶的核心技术。在此基础上，与公共交通设施内置的传感器等共享信息，可以起到与其他车辆共享信息相同的效果（路车通信）。

（2）从动态地图中获取信息。

动态地图指的是在高精三维地图上添加车辆和各种交通信息后形成的数据库

地图。对照地图上的信息和自车车载传感器获取的数据，可以更加精准地把握地图上自车的位置和周边环境[3]。

此外，存在视线不佳的十字路口等传感器死角，可以根据从动态地图获取的交通信号灯切换及十字路口行人数量等动态信息，预测周边车辆等的行为，提高安全性。自动驾驶车辆可以通过动态地图掌握道路施工或大型活动等导致的交通管制，以及气象信息、拥堵预测、高空坠物、车辆故障等临时情况，从而获得更加全面的信息，作出更加正确的决策。

5. 系统管理和安全保障（系统协调合作）

感知、决策、执行、与外部的信息交换，这四项功能独立工作并不能实现自动驾驶，必须进行适当的协调合作。

自动驾驶系统能够使具备上述功能的硬件之间进行数字通信，通过网络协调合作。这种协调合作必须规定各种功能要素之间的信息交换规则，必须确保能够在紧急情况优先执行一系列工作。也就是说，需要设定一系列工作之间的优先顺序，管理各功能之间的信息交换。

不仅如此，还需要有假设某个功能因故障无法工作时的安全保障，管理功能还需要持续监控各功能是否正常工作。

自动驾驶面临的问题、解决问题的功能及本书中所在位置见表1.1。

表 1.1 自动驾驶面临的问题和用于解决问题的功能

问　题	解决问题的功能	书中所在位置
静止物体和移动体的识别	环境识别功能	第 2 章
移动体未来状态的感知	移动体的预测功能 车车通信功能	第 2 章 第 6 章
掌握地图上自车位置	自车定位功能	第 3 章
规划到达目的地的行驶路径	行驶路径规划功能	第 4 章
根据情况选择自车的运动	运动规划功能	第 4 章
避障，生成可行驶的轨迹	轨迹生成功能	第 4 章
跟随行驶轨迹	车辆运动控制功能 端到端自动驾驶	第 5 章
自动泊车	泊车辅助 自动代泊车	第 5 章
与其他车辆的协同控制	互让功能 列队行驶功能	第 6 章
应对变化的道路状况	动态地图	第 7 章

1.1.3　自动驾驶系统的工作流程

典型的自动驾驶系统功能结构如图1.2所示，我们以此为例介绍自动驾驶系统的工作流程，以及自动驾驶系统具体怎样处理整个工作流程[4,5]。

图1.2中的子系统"A.外部识别"和"C.行驶控制"需要与子系统"B.行驶路径规划"实时交互工作。"A.外部识别""B.行驶路径规划"和"C.行驶控制"分别对应图1.1中驾驶员的感知、执行和决策。

"D.与外部交流"可以从动态地图上获取信息，从而增强子系统"A.外部感知""B.行驶路径规划"和"C.行驶控制"的功能。尤其在天气原因、交通管制、出现妨碍交通的事物等情况下，该子系统能够用外部信息补充难以模式化的道路环境变化，其作用非常重要。

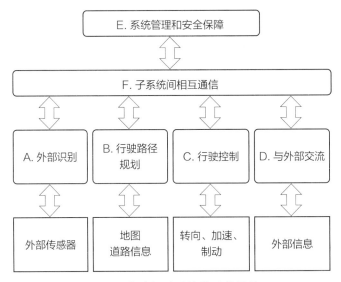

图1.2　自动驾驶系统的功能结构

（自动驾驶的各个功能通过网络协调合作，图中方框内的术语对应本章节的内容，具体如下所示）
A.外部识别：1.感知（自车定位）
B.行驶路径规划：2.决策（规划行驶路径、行驶轨迹）
C.行驶控制：3.执行
D.与外部交流：4.与外部交流
E.系统管理和安全保障：5.系统管理和安全保障（系统协调合作）
本图可视为自动驾驶系统的软件结构，除最下面的四个方框外，上面各个方框分别对应子程序

当突如其来的灾害导致道路交通中断等"A.外部识别"和"B.行驶路径规划"无法应对的情况时，"E.系统管理和安全保障"会基于安全考虑作出反应。因此，"E.系统管理和安全保障"的决策和指令必须根据情况实时工作。而且"E.系统管理和安全保障"需要监控自动驾驶系统各项功能是否正常工作。综上

所述，自动驾驶系统的典型结构是掌管各功能的子系统同时工作，并通过"F.子系统间相互通信"的通信回路在子系统间进行必要的信息交换。

1.2 自动驾驶的硬件结构

本节介绍自动驾驶系统的外部传感器，自动驾驶系统中非常重要的硬件 GNSS（global navigation satellite system，全球导航卫星系统），以及自动驾驶系统所需的驾驶员监控技术，并对自动驾驶系统的硬件整体结构进行讲解。

1.2.1 用于环境识别的外部传感器

自动驾驶车辆搭载的外部传感器主要有以下三种，它们的特点各不相同，为了提高安全性，一辆自动驾驶车辆上需要搭载两个以上的外部传感器。

1. 可见光摄像机

自动驾驶车辆的摄像机通常安装在车内的后视镜背面等处，拍摄车辆前进方向的图像。拍摄到的图像传送给人工智能或图像处理器进行解析，进而识别前方车辆、障碍物和行人等。

加装多台摄像机还可以为目标物体测距（立体摄像机），根据路面标线推测目标物体在自车道路上的位置。

在夜间、浓雾、暴雪等情况下，外部传感器很难通过可见光范围内的图像识别目标物体，导致测量准确度降低。为了解决这一难题，可以使用以红外线范围为测量波长的摄像机（但某些情况下，用红外线也无法获取图像）。可见光摄像机通过解析图像中的场景来理解图像，对识别车辆周边情况作用极大。深度学习在早期就已应用于环境识别并获得了成功，周边环境的识别技术在第3章中有详细说明。

2. 毫米波雷达

30～300GHz频率带宽的电磁波叫作毫米波，毫米波雷达发射这种波长的电磁波，通过探测反射波为目标物体测距。毫米波雷达常用频率为24GHz和79GHz[1]等。

---

① 日本和欧美国家使用上述雷达均不需要许可证。严格来说，24GHz 并不是毫米波。

毫米波雷达可以使用波长较短的电磁波，分辨率高（0.1mm等级），测量目标物体的距离时不受光线和天气的影响，除距离之外还能测量相对速度。毫米波雷达的缺点是无法识别目标物体，而且无法探测电磁波反射率较低的材料（路面上的纸箱、泡沫塑料等）。

还有波段低于毫米波的24GHz窄带雷达，用于后方预碰撞系统（探测车辆后方的障碍物和车辆，判断是否会发生碰撞），以及前侧方、后侧方监控系统（探测车辆两侧的障碍物和车辆，判断是否会发生碰撞）。

相比之下，79GHz雷达的带宽为4GHz，为超宽带（UWB，ultra-wideband），具有高分辨率。使用这种雷达的车载雷达系统可以测量中短距离的目标物体，能够分离、提取行人和自行车等较小的目标物体。

毫米波雷达收发信号天线的尺寸为5～12mm，方便安装在自动驾驶车辆上。人们正在研发运用CMOS（complementary metal-oxide-semiconductor）技术的小型高性能毫米波雷达。

3. LiDAR

LiDAR（light detection and ranging，激光雷达）传感器是用激光（红外线）瞬间（脉冲状）照射目标物体，根据激光反射回来的时间进行测距。

激光雷达通过可动镜改变激光的照射方向，借此为照射方向的目标物体测距。将一台激光雷达安装在车辆顶部，并进行360°扫描，就能够探测车辆周围的目标物体。

与毫米波雷达相比，激光雷达的空间分辨率更高，还可以探测电磁波反射率较低的纸箱等。而且激光雷达可用于场景解析，理解自车与目标物体的关系，与可见光摄像机的图像分析方式相同。

1.2.2　GNSS

GNSS是在全球范围提供定位、导航和授时服务的卫星系统的统称。如美国GPS（global positioning system，全球定位系统），俄罗斯GLONASS（global navigation satellite system，全球卫星导航系统），欧洲Galileo（伽利略卫星导航系统），日本"准天顶"（QZSS，quasi-zenith satellite system，"准天顶"卫星系统）等[6]。

1. GPS

GPS已经普遍应用于手机定位等，是美国运营的卫星定位系统，也可以用于自动驾驶系统的自车定位功能。

GPS由地球轨道上约30颗人造卫星组成，接收其中4颗以上有通信功能的人造卫星的位置和时间信息，据此估测地球上的当前位置。为了消除通信中的电离层误差（高空60～1000km附近的带电大气层，卫星信号通过此层时会发生时延，导致卫星与信号接收者之间的测量距离大于实际距离），需要组合L1和L2（或L5）等多个频率进行定位。

需要注意的是，接收GPS信号时会受到大气状况和高层建筑等遮挡物的影响，产生数米的误差（请参考3.6.1节）。

2. "准天顶"卫星系统

被称为日本版GPS的"准天顶"卫星系统于2018年11月起以4颗人造卫星开始运营。这4颗人造卫星在亚洲、大洋洲地区看上去是以"8字形"运动的[7]。在这些地区始终可以看到3颗卫星，卫星信号不易被高层建筑等遮挡。

"准天顶"与GPS兼容，能够对用于自车定位的GPS进行补充。它的信号不易被遮挡，可使用多颗卫星的信号，因此，能够提高自车定位的准确性。采用亚米级定位增强服务可将定位误差降至1～2m，采用厘米级定位增强服务可使移动体的定位误差降至12～24cm。

1.2.3 地图上的自车定位与地图更新

在地图上估测自车位置对于预防碰撞和导航到目的地至关重要。

地图上的自车定位是通过使用外部传感器和GNSS的相对、绝对车辆位置测量值来完成的。除外部传感器之外，还可以利用安装在车内的速度传感器——航位推算（dead reckoning），以及角速度传感器（横摆角传感器）进行定位。通过速度传感器和角速度传感器探测车辆的平移速度和旋转角速度，对它们进行积分计算，得出自车的位置和姿态。积分计算可能会积累误差，但好处是不受环境影响。

自动驾驶车辆还要掌握地图及行驶路径周围的地标信息，在行驶过程中根据外部传感器的信息定位地标，通过计算车辆与地标的相对位置在地图上进行自车定位。这种技术还可用于地图上的地标信息更新。这种同时进行自车定位和地图更新的方法叫作SLAM（simultaneous localization and mapping，同步定位与地图构建）。

1.2.4 驾驶员监控技术

自动驾驶技术也可以用作高级驾驶辅助技术。驾驶辅助过程中，自动驾驶系统会判断驾驶员是否正在进行正常驾驶操作，并在发生错误驾驶操作之前采取某种应对措施。这种介入有许多种方法，有时仅对驾驶员发出警告，有时甚至可以取消驾驶员的操作，优先进行系统操作，也就是接管（override）。

在下文中，我们将对驾驶员监控技术中用于监控驾驶员驾驶行为的典型硬件进行概述。

1. 从生理指标到自律神经状态估测

人体自律神经控制内脏和血管的工作，从而维护体内环境。交感神经是在活动时工作的神经，而副交感神经是在休息时工作的神经。交感神经的工作状态与驾驶员在驾驶过程中的紧张感和清醒程度密切相关。驾驶过程中，驾驶员必须保持交感神经适度工作（兴奋状态）。

众所周知，交感神经兴奋时，人的瞳孔放大、心跳加快、血压上升、流汗，各种传感器会测算这些数值，判断驾驶员是否处于适度清醒状态。例如，将血氧仪置入方向盘，利用红外线检测血管内的血红蛋白量，估测驾驶员的脉搏和血压；在驾驶座等位置置入测量轻微身体移动的加速度计，测量血压和呼吸次数的压电元件；从覆盖近红外范围的数字摄像机拍摄的高精图像上观测驾驶员面部血流，估测脉搏和血压。这些技术现已研发成功，可以通过车载设备监控人体交感神经的工作状态[8]。

上述生理指标的个体差异较大，与多种疾病密切相关。未来，将研发具有学习功能的监测系统，以应对个体差异和疾病的不同。

2. 根据面部表情推测生理心理学状态

深度学习技术使得从图像中识别各种事件成为可能。运用深度学习技术，人们可以用数字摄像机获取驾驶员的面部图像，估测其注意力集中程度。也就是说，图像解析能够根据面部图像估测眼睛的张开程度（上下眼睑间距和瞳孔直径等）和表情肌肉（发生面部表情时使用的肌肉的总称，与骨骼肌肉不同，表情肌肉的一端连接皮肤）的工作状态，从而判断驾驶员是否有睡意及其清醒程度。眨眼频率也能够反映驾驶员的精神状态，所以通过解析眨眼频率来估测驾驶员精神状态的研究也在进行中。

此外，正在开发的技术可以从数码相机拍摄的图像中测量驾驶员的眼球和头部运动，并通过反射和其他神经系统（包括平衡感觉器官）的活动水平估计驾驶员的睡意和警觉性[9]。

1.2.5 硬件结构

自动驾驶系统的硬件必须确保能够实现前述各项功能，而且各项功能必须协调合作。

有可能使用多个传感器来进行外部识别，这取决于传感器的特性，由于实时理解图像需要高速图像处理，因此，使用专门的数字信号处理硬件，加上高速CPU，可以高效地完成从传感器获得信息到图像处理以及输出场景理解算法的结果。在地图上自车定位需要对照地标和地图，因此，必须使用能与外部传感器进行高速信息交换的数字设备。

在进行行驶规划的设备中，通往目的地的导航功能和避开车辆周围障碍物的功能可以在算法层面进行整合，这些功能也可以作为一个设备并行化，根据情况整合多种功能。无论哪种方法都需要在不同设备或功能之间进行快速信息交流。

进行行驶控制的设备由转向、制动、加速相关的伺服电机等致动器及其控制器组成，还包括能够应对紧急情况而插入优先操作的ECU（electric control unit，电子控制单元）。

最后需要协调外部识别、行驶计划和行驶控制功能，监控各功能的状态以保障安全，根据需要向各功能下达指令（1.1.2节）。这意味着，硬件必须能够运行适当的决策算法，例如应用人工智能。

动态地图和GNSS需要各自的专用通信设备，同时还需要与周围其他车辆直接收发信息的交流设备。

上述硬件中，各功能几乎都要实时工作，需要实时交换信息，因此，要保证在高速行驶的车内联网，以免失去数据的实时性。由于自动驾驶车辆行驶控制系统的致动器是电子控制，因此，致动器控制循环内的信号传输有必要实现高速化。

现在普及的车内网络CAN（controller area network，控制器局域网络）用于动力控制（引擎控制单元、制动系统、气囊、变速器等），LIN（local internet network，局域互联网）则用于对通信速度要求较低的车身控制（电动车窗、车灯、车锁、电动座椅），而自动驾驶车辆的各项功能和各种设备需要连接更高速的网络FlexRay或Ethernet等①。

---

① Ethernet 的传输速度为 100Mbps，是 CAN 的 100 倍。

自动驾驶系统硬件整体结构如图1.3所示。车内网络设备连接了4个硬件模块，高级驾驶辅助系统中还包含驾驶员监控系统[10, 11]。

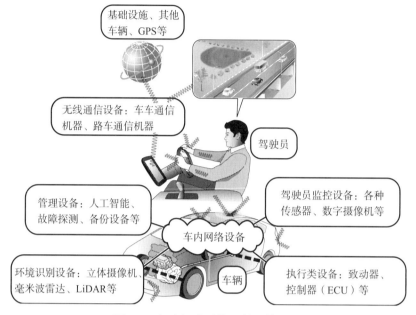

图1.3 自动驾驶系统硬件整体结构

（图1.3按照功能对自动驾驶系统硬件进行分类，各模块分别对应各种硬件。除驾驶员监控设备外，图1.3对应图1.2中的软件结构。由于图1.2的"E.系统管理和安全保障"和"B.行驶路径规划"常常在同一台计算机中实现，因此，归类于"系统管理，用于高级决策的人工智能设备"）

1.3 确保自动驾驶的安全性和可靠性

自动驾驶系统包含多个子系统，较为复杂。子系统之间的关系也很复杂，外部识别、行驶规划、行驶控制三个子系统不仅实时关联，还形成反馈循环。因此，它们之间无法简单地归纳出因果关系。由于各子系统含有多个ECU和可编程设备，使得确保整个系统的安全性和可靠性成为比使用基于概率的故障率的传统方法更困难的问题。本节介绍基于国际标准确保自动驾驶的安全性和可靠性[①]。

1.3.1 系统的功能安全策略

由LSI（large scale integrated circuit，大规模集成电路）组成的计算机系统从二十年前起就不再满足于单纯的可靠性，人们一直在探讨，即使部分系统损坏，剩余部分也能自动检测故障并自我修复——更具主动性的可靠性、安全性，也就是可信赖性（dependability）。可信赖性的评价包括两个标准，一个是表示

———————————
① 功能安全标准请参考专栏《概率性故障与确定性故障：功能安全标准与机械系统的安全性、可靠性》。

系统能否大概率长时间正常工作的可利用率（availability），另一个是表示系统能否准确探测异常并避免故障影响的安全性探测能力[12]，如图1.4所示。

为了提高可信赖性，除提高硬件的可靠性之外，还会用到待机冗余，让备用系统待机，如果系统发生故障，备用系统自动承担相应功能。

为了提高安全性探测能力还要进行系统多路复用。系统多路复用是指使两个以上的系统同时工作，通过实时比较二者的输出来检测故障。两个系统并行时，如果输出结果

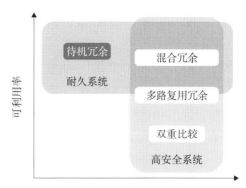

图1.4 增强系统的功能安全

（图1.4指出了提高一种标准的策略是"待机冗余和双重比较"，提高两种标准的策略是"多路复用冗余和混合冗余"）

不同，就可以发现故障，但是无法检测出是哪一个系统发生了故障。而三个以上系统并行时，则可以通过比较输出结果不同的系统找出哪个系统发生了故障。

此外还有将待机冗余和系统多路复用冗余合二为一的混合冗余系统结构。

1.3.2 自动驾驶的可靠性保障

自动驾驶系统由各司其职的子系统和通过网络协调管理所有子系统的系统组成（参考图1.2和图1.3）。从硬件角度来说，各项功能对应的子系统使用多个ECU。含有ECU等软件的机动车的可靠性和安全性必须执行机动车功能安全标准（ISO 26262）。其中，功能安全（functional safety）指的是通过功能设置确保容许范围内的安全。自动驾驶难以完全摒除碰撞等对人造成危害的因素，因此，功能安全至关重要。需要注意的是，自动驾驶系统的可靠性被定义为每个功能单元在特定的条件下，在特定的时间内执行所需功能的能力，没有提到与安全性的联系。

自动驾驶车辆特有的硬件大多内置可编程ECU，要以功能安全为基础。需要实时连接车内网络，单项功能的缺失会大大影响整体功能。因此，对应相应的硬件功能（见1.2.5节），采用多路复用冗余和待机冗余等增强安全的方法。

例如，在环境识别和外部传感器的复用中，针对不同传感器的特性组合多个传感器，在这种情况下，除了获取信息的互补功能外，还要探讨应对个别传感器故障的互补方法。例如，毫米波雷达发生故障，无法对前车测距时，可以采取不同于正常操作的手段，通过可见光摄像机拍摄的图像计算自车与前车的距离。

自动驾驶系统还定义了网络通信步骤和收发信号的子系统，多个处理器和子系统需要同时工作，相互通信。从系统管理角度来说，我们希望可以随意进行各个处理器和程序的启动、停止、互换、相互通信，并且记录通信内容。由多个子系统组成的自动驾驶系统，需要确保结构的可靠性和安全性。也就是说，自动驾驶系统为了协调各项功能，需要利用管理子系统之间通信（信息交换）的硬件和软件。包括这种通信管理功能在内的整体系统含有多个子系统，需要有助于实现功能安全的软件开发环境。换句话说，如果能研发出与各项功能协调合作的软件，就可以实现高效开发和功能安全。

针对由多个子系统组成的系统的开发软件中，包括机器人开发专用的中间软件ROS（robot operating system），也可用于自动驾驶系统的开发。"中间"表示它能在Linux等OS（operating system，操作系统）中运行，可以用C++或Python等多种编程语言为子程序编程。子程序[1]之间交流的信息和服务等信息块叫作Topic（主题），子程序通过数据总线进行通信。其他功能包括定义节点之间通信链接的主程序（master），记录主题信息的错误文件（bug file），以及启动节点和改变系统配置的机制（launch file）等。

此外，还开发出支持功能安全的机动车专用平台[2]。自动驾驶过程中，能否协调并安全地管理各项功能会大大影响安全保障，因此，人们提出在操作系统中加入功能安全。也就是说，基于功能安全，使操作系统掌握和管理子系统的工作情况，并动态检查操作系统本身的工作状态，这样就可以实现对子系统和操作系统工作状态的安全管理。

自动驾驶系统的软件开发平台将在7.3节介绍，其中，模拟器用来验证开发系统的安全性。采用模拟器可以提高开发效率，还可以模拟真实车辆很少遇到的情况，比如自然灾害（见7.4节）。

专栏　**概率性故障与确定性故障：功能安全标准与机械系统的安全性、可靠性**

功能安全标准基于电气、电子、可编程电子安全的相关国际标准IEC 61508。机动车标准ISO 26262也是由此衍生而来的。

---

[1] ROS 中称为节点。

[2] 不限于自动驾驶。

功能安全标准体系的等级结构如图1.5所示，1.3.2节提到的标准分别对应第一层基本安全标准和第二层群体安全标准（IEC 61508对软件有要求，某些情况包含在图1.5的群体安全标准中）[17]。自动驾驶车辆的外部传感器、行驶控制硬件和通信机器有各自的安全标准。

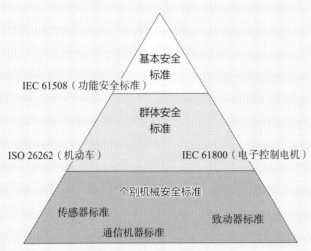

图1.5 功能安全标准体系

（国际公认的功能安全基本标准，机动车和电子控制电机等系统的群体安全标准，以及传感器、致动器、通信及其他安全标准的关系如图1.5所示[19]）

软件的功能安全存在一个问题，就是会将概率性故障作为确定性故障处理。而产品的安全程度在大部分硬件中都是以故障率作为判断基准参数，故障在机械零件或电路的多种劣化原理下以无时间规律的随机故障为主。硬件的初始故障和长年劣化故障以外的偶发性故障多为随机发生，除设计错误之外，完全符合概率性故障率。但是确定性故障直接关系到设计、制造过程、驾驶步骤、手册制作等，是在这些过程中混入故障因素而发生的故障。软件故障属于确定性故障，不符合概率性故障的定义。

确定性故障只能在设计和编程过程中修正并去除。

电气、电子、软件的功能安全标准IEC 61508中，将继电器和PLC（programmable logic controller）等安全装置执行安全功能的可靠性概率指标定义为SIL（safety integrity level，安全完整性等级）。由于软件故障属于确定性故障，所以内含软件的设备就不能仅凭SIL判断整体系统的故障率。

据此，自动驾驶车辆功能安全标准ISO 26262将基于概率性故障率的定量风险分析限定在硬件内，内含软件的系统则根据目标产品的使用情况、使用方法的定性分析结果确定风险。这种标准将包括定性分析在内的指标ASIL（automotive safety integrity level）作为风险评估指标，根据ASIL等级对应的方法进行系统开发[19]。

1.4　实现全自动驾驶面临的问题

前文中，我们介绍了自动驾驶系统需要具备的功能。除在机动车中实现这些功能外，要想实现全自动驾驶，还要解决法律等方面的问题。

本节从交通环境，规章和法律等相关社会接受度，以及自动驾驶与人工智能的关系三个角度概览实现全自动驾驶面临的问题。

1.4.1　自动驾驶与道路交通环境

自动驾驶的挑战大多源于自车周边道路环境过于复杂。在行人、自行车和机动车共用的道路上，自动驾驶系统必须从周边静态、动态环境中提取自车行驶所需的信息，加以识别，找出安全行驶路径。在高速公路等环境中，可以假设道路中的移动体只有机动车，这时就很容易进行外部识别，找到安全行驶路径。

道路环境不同，实现自动驾驶的技术难度也不同。在实现全自动驾驶之前要进行自动驾驶自动化等级设定，道路环境对自动驾驶的影响很大，规定自动驾驶及其部分功能的使用只能在有限的允许区域内（自动驾驶等级说明请参考5.1节）[13]。

主要限制对象包括限制区域内、限制特殊配备的自动驾驶车辆行驶于专用轨迹的"地理和环境限制"，以及速度低于30km/h的"交通相关限制"等。自动驾驶要假设在限制区域进行实用化。要想扩大限制区域就需要配备易于感知、决策、执行的道路环境。道路环境的配备需要探讨以下内容。

1. 方便机器"感知"

为了方便机器"感知"，可以在道路上分隔行人、自行车、机动车的通行位置。此外，在十字路口设置无线电通信设备，方便机器读取交通信号灯和交通管制信息，还可以通过车车通信与其他车辆共享周边信息。

2. 方便机器"决策"和"执行"

事先区分机动车、行人、自行车，能够降低机器误判和误操作引发的事故风险。此外，如果车道按照车辆类型（如大型车辆和小型车辆）区分开，加速和减速等驾驶特性将统一，使得变道、防撞转向操作，以及制动、加速操作的决策和执行更加容易。即使无法避免碰撞，也能够在一定范围内预测损伤，让机器更容易作出决策，将损失降到最低。

由于天气等原因，道路环境常常无法准确控制。风雪和沙尘暴等导致视野不清，冰冻路面的防滑情况等不仅难以预知，更让机器难以决策和执行，这时就需要利用掌握动态地图信息的人工智能进行高级决策。

1.4.2 自动驾驶及其社会接受度

自动驾驶技术有望通过减少人为失误来切实减少交通事故。但是事故很难清零，因此，我们必须根据自动驾驶的自动化等级，针对自动驾驶车辆的驾驶员及其行驶范围制定要求[12]。但是即使满足这些要求，也无法完全保障安全。

交通的便利性和重要性非常重要，考虑到发生交通事故的可能性，建立了包含机动车在内的交通系统。交通系统包括驾驶执照制度、道路交通法、第三方责任险等规章、法律和保险制度等。

下面我们总结自动驾驶车辆必须经过怎样的准备才能被社会接受。

1. 全自动驾驶车辆或仅靠自动驾驶功能工作的车辆发生事故或受牵连时的责任归属

一直以来，每当发生交通事故，警察都会进行现场勘查并确定当事人的责任（在没有发现车辆故障和道路缺陷时）。因此，在驾驶员或乘客无责的情况下，也就是对于全自动驾驶车辆或仅靠自动驾驶功能工作的车辆，需要重新定义责任归属。据此，我们需要重新审视传统的保险理赔制度。

根据自动驾驶的等级（驾驶辅助状态），驾驶员也可能与事故有关，这时就需要界定驾驶员与自动驾驶车辆的责任划分。

2. 自动驾驶车辆引发事故的责任归属

发生交通事故后如果无人上诉，则需要法庭裁定责任归属。如果当事人均无责，该怎样审判自动驾驶车辆呢？

的确，法律中有"法人"的定义，自然人以外的事物在法律上也可以被视为责任主体。人们也在探讨自动驾驶车辆是否能在法律上被视为责任主体。希望今后新的法律会得出结论[14]。

1.4.3 人工智能在自动驾驶中的必要性和面临的问题

1. 人工智能的必要性和面临的问题

人类进行驾驶操作时，新司机和老司机大不相同。新司机为了识别周边环境，需要刻意关注每个目标，同时针对识别出的外部情况有意识地进行操作。

而老司机会下意识地完成大部分注意力分配和驾驶操作。由于对单个目标的注意力分配和某些状态下的驾驶操作是下意识完成的，司机会更加从容。剩余的注意力可用于感知危险或接听免提电话。在驾驶过程中，感知、决策和执行逐渐变成下意识行为的部分没有差异，流程几乎相同。自动驾驶车辆可以视为将老司机总结的驾驶操作流程打造成系统内部功能。也就是说，在普通道路交通环境下，驾驶机动车的注意力分配，感知环境并进行相应操作，可以通过根据外部传感器信息控制操作系统的机制来实现，即人工智能。

但是，机动车会面临未曾经历过、学习过或无法预测的情况。例如，普通道路交通环境中的行驶经验无法应对也难以预测地震、洪水等灾害情况下的道路环境。即使能通过动态地图将灾害情况传达给所有自动驾驶车辆，每辆自动驾驶车辆所处的环境也各不相同，最后仍然需要自动驾驶车辆根据自身情况作出决策。

为了探讨这种发生概率极低的情况的处理方法，人们在虚拟环境中融入了精心设计的灾害情况等道路环境，用模拟器测试自动驾驶车辆的工作情况。危险探测不仅对自动驾驶，对机动车行驶也十分重要，我们需要用以往积累的知识和行车记录仪记录的大量数据对危险探测情况进行统计解析。这样才可以将危险情况的漏测和误测概率降至可忽略的程度。人们正在考虑根据普遍有效和可解释的规则集[15]将驾驶计划和驾驶控制结合起来，确保对危险探测技术探测到的危险情况作出反应的安全性。综上所述，对罕见灾害和发生概率极低的情况的处理方法与安全保障是自动驾驶面临的问题[16]。

2. 深度学习等机器学习方法的问题

本书着眼于应用机器学习方法中深度学习的自动驾驶技术，关于深度学习方法也存在一些争议。

自动驾驶系统的各项功能在持续进行机器学习的过程中会逐渐适应实际行驶环境。随着学习的进行，功能也会发生变化（赋予"个性"），发生事故或故障时可能难以查明原因。

学习后的功能直接变为"黑箱"，因此，难以明确决策标准、决策原因和决策理由。不仅限于用于自动驾驶的人工智能，采用深度学习的人工智能以各种形式融入社会时都面临这个问题，人们仍在探讨其解决方法。世界顶尖的通用型人工智能IBM Watson具有OpenScale功能，能够在人工智能的整个生命周期对人工智能的构建方式进行追踪、测量，用简单易懂的语言加以说明并追踪决策依据。

1.4.4 问题总结

本节探讨的问题见表1.2。这些问题包括利用本书第2～6章的技术也无法解决的内容，期待今后能通过表中的"解决方向"得到解决。

表 1.2　实现全自动驾驶面临的问题

问　题	解决方向
复杂道路环境的自动驾驶	・为自动驾驶整顿道路环境
	・提高本书第 2 ～ 6 章的技术实用化等级
自动驾驶车辆发生事故时的责任归属	・丰富适合自动驾驶车辆的保险商品
	・推进修正与自动驾驶相关的法律
未学习的状况下的自动驾驶	・在虚拟环境中还原各种状况
	・研发统计学上确认合理性的危险状况探测、理论性安全行驶规划、行驶控制的组合方法[16]等
学习模型的"黑箱"化	・采用可说明的人工智能研究成果

专栏　人工智能和人类智能

在目前的自动驾驶车辆中，对人工智能的弱点有实质性的认识。我们希望自动驾驶系统能够判断出路面的障碍物是质量极大的刚体还是像纸箱一样又轻又软的物体。

人类无法完全通过视觉信息判断物体的材质和内部情况，但是人类自出生以来经历了各种各样的环境，学习了多种生存所需的技能，相当于接受过判断周边事物质感的训练。而且人类的能力是漫长的生物进化的结果，经历了进化过程中的优胜劣汰，对环境具有极高的适应能力。

图1.6是适应环境的生物策略进化模式图。图1.6(a)的斯金纳式生物能够通过尝试应对环境刺激的强化学习获得一种策略，并在下一次面对同样的环境刺激时通过这种强化来应用策略。图1.6(b)的波普式生物在内部打造环境模型，事先在内部通过模拟、推测来选择有效行为。图1.6(c)的格里高利式生物内部不仅有环境模型，还有用语言描述的文化型资产，能够基于文化和环境两方面作出行动[20]。

现代机器具备的环境识别技术能够在反复试错中获得强化识别能力，这与斯金纳式生物的策略相同。自动驾驶需要识别的目标包括交通信号、道路标识，以及常有孩子跑进车道的场景等，目标有限，模式有限，因此，可以对识别目标和环境进行模型化。驾驶操作也常遵循并道或超车等既有模式，可以通过对环境和操作任务的机器学习获得适当的行为。这种根据环境状况进行机器学习，从而获得功能的形式与波普式生物相吻合。但是通过静止图像识别质感这种更加普通的识别能力对于人工智能来说，却需要有与人类相同，甚至高于人类的能力，这是目前人工智能尚待解决的问题。

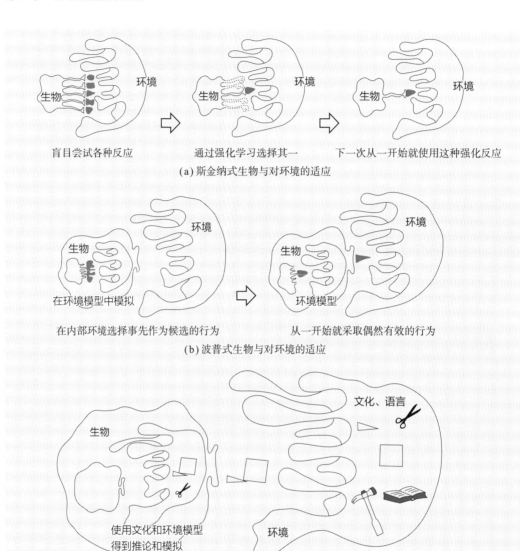

盲目尝试各种反应　　　　　通过强化学习选择其一　　　　下一次从一开始就使用这种强化反应

(a) 斯金纳式生物与对环境的适应

在环境模型中模拟

在内部环境选择事先作为候选的行为　　　　　　从一开始就采取偶然有效的行为

(b) 波普式生物与对环境的适应

使用文化和环境模型
得到推论和模拟

(c) 格里高利式生物与对环境的适应

图1.6　生物进化和对环境的适应

（部分改编自丹尼尔·C. 丹尼特著，石川干人译. 达尔文的危险思想：生命的意义与进化，青土社，2001[20]）

　　格里高利式生物的特点是采用文化环境中的思维工具，思维工具包括基于语言和文化的推理和判断。1.4.3节也提到过，深度学习很难提供推断的证据。如果能确立一种技术使人工智能用简明的语言描述推断的根据，那么这个问题就可以解决了，但这恰恰意味着人工智能需要达到能够操作人类语言等思维工具的级别。

第2章
环境识别和预测

驾驶机动车时，驾驶员需要不停识别周边环境，预测数秒后可能会发生的情况，并根据预测进行操作。对自动驾驶车辆来说也是如此。

2.1节和2.2节将介绍自动驾驶车辆进行环境识别的方法，为了区分传统方法与运用深度学习的方法，本书主要介绍针对行人和车辆的探测。2.3节和2.4节将介绍高级自动驾驶所需的周边环境最新预测方法。2.5节将介绍使用深度学习时面临的新问题及最新的解决办法。

2.1　手工提取特征量的环境识别

在深度学习飞速发展之前，人们通常通过手工[①]提取特征量来识别环境。"环境识别"一词给人的感觉是识别目标和识别方法并不唯一。识别目标多种多样，不同传感器采用的识别方法也不同。例如，识别目标包括车道、人行道、障碍物、道路标识、道路标志和信号灯等。用于识别的传感器包括摄像机、LiDAR、毫米波雷达等。

2.1节和2.2节为了比较各种环境识别技术，以车载摄像机的环境识别为基础，针对手工提取特征量擅长的行人和车辆探测进行介绍。部分读者认为如今已经没有必要了解手工提取特征量，本节则会告诉大家，手工提取特征量在今后也许仍有用武之地。

2.1.1　探测行人和车辆

以往通过手工提取特征量探测行人和车辆的步骤如下（见图2.1）。

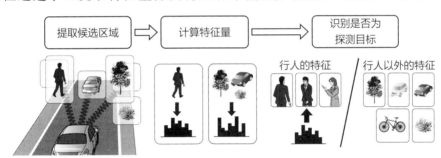

图2.1　行人和车辆的探测

1. 提取候选区域

首先从输入图像中提取包含行人和车辆的矩形候选区域。采用"滑窗"方式，在图像上移动既定尺寸的探测框，提取多个候选区域。接下来的特征量计算处理和识别处理会判断提取出来的候选区域是否包含探测目标。

如果探测框尺寸固定，则只能探测指定大小的行人和车辆，因此，需要适当放大或缩小图像或探测框，以便提取合适的候选区域。

2. 计算特征量

根据提取的候选区域的辉度[②]计算特征量。能否准确探测行人和车辆要看特

---

① 手工＝handcraft。
② 辉度：表示各像素亮度的数值。

征量是否准确。到目前为止，人们提出了多种多样的特征量，其中方向梯度直方图（HOG，histogram of oriented gradients）[1]系统的特征量曾被实际应用于先进驾驶辅助系统的相关产品，可靠性较高。

　　HOG特征量根据图像内出现高辉度差的方向计算。具体来说，HOG从图像左上角开始，水平方向为x，垂直方向为y，像素的梯度强度$I(x, y)$和梯度方向$G(x, y)$分别通过式（2.1）和式（2.2）进行计算。

$$I(x,y) = \sqrt{f_u(x,y)f_u(x,y) + f_v(x,y)f_v(x,y)} \tag{2.1}$$

$$G(x,y) = \arctan\left[\frac{f_v(x,y)}{f_u(x,y)}\right] \tag{2.2}$$

其中，$f_u(x, y)$、$f_v(x, y)$分别表示像素(x, y)水平方向和垂直方向的辉度差。根据式（2.1）和式（2.2）可以求出图像各像素的梯度强度和梯度方向。具体举例来说，图2.2(a)所示原图的梯度强度如图2.2(b)所示，梯度方向如图2.2(c)所示。图2.2(b)的梯度强度经过可视化处理，像素梯度强度越高，图像越白。因此，可以通过梯度强度获得目标轮廓。

细胞单元　　　　　区　间

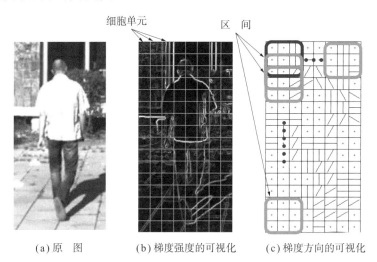

(a)原　图　　　(b)梯度强度的可视化　　　(c)梯度方向的可视化

图2.2　HOG中的梯度强度和梯度方向

　　梯度方向的可视化是通过将图像划分为预定大小的细胞单元，在每个细胞单元中用直方图①表示梯度方向的分布。例如，梯度方向0°～180°，每20°分割一次，分为9个方向，直方图的仓②数为9。根据各细胞单元中$G(x, y)$表示的梯度方向、像素位置(x, y)和梯度强度$I(x, y)$，计算应在9个仓的什么位置、以什么比例制成直方图。梯度强度越高，分配的梯度方向角度越高。

———————————

① 直方图：根据梯度方向角制成的图表。

② 仓：间隔相等的区间。

图2.2(c)表示含高梯度强度像素的细胞单元对梯度方向的最高角度方向进行可视化。各细胞单元得到高梯度强度像素的方向，形状大致为行人肩膀和腿等的轮廓。

最终的HOG的系统，是以每个聚集大量细胞单元的区间的归一化直方图作为特征量。

3. 识 别

最后，如果计算出的特征量符合行人或车辆的特征就会被识别。通常使用支持向量机（SVM，support vector machine）[2]算法进行识别。

通过N维特征量探测行人时，会大量收集行人和非行人的图像，用SVM算法计算N维特征量空间中行人与非行人的分界。

也就是说，采用手工提取特征量的先进驾驶辅助系统，会从车载摄像机获取的输入图像中提取候选区域，计算特征量，根据事先计算好的特征量空间分界进行识别，如果计算的特征量倾向于行人，则将候选区域作为行人探测结果输出。

2.1.2 手工提取特征量的优势

如前所述，手工提取特征量通常根据"行人的特征就是行人的形状"等假设，用数学算法进行计算。因此，很容易想象出环境识别的结果，而且很容易理解对输入进行了怎样的计算以得到输出。

"能够描述输出前的计算过程"这一点对商品化来说十分重要。正因为人可以描述商品的好坏。制造商和管理部门才能负起责任将好的产品提供给消费者。

此外，手工提取特征量与深度学习相比，计算量更小，使用的内存更小，可以降低车载器件的耗电量，缩小车载器件的物理尺寸。

综上所述，在车载领域的环境识别方面，手工提取特征量尚不会立刻被淘汰。但是如果仅从探测性能上考虑，它的确无法与基于深度学习的方法相比。

权衡环境识别特性和商品化两方面因素，各大制造商都需要大力吸收善于选择最佳方法的技术人员。

2.2 深度学习的环境识别

目前高性能的环境识别方法大多采用深度学习。

如2.1节所述，手工提取特征量的环境识别使用的是基于人类想要识别的目标制作的特征量，而深度学习方法借助数据自动学习特征，并得到识别结果。也就是说，提供大量数据就能得到超出人类预想的高性能输出。本节会延续上一节的内容，以车载摄像机获取的图像作为输入，讲解基于深度学习的行人与车辆的探测。

2.2.1　探测行人和车辆

深度学习技术发展日新月异，基于深度学习的环境识别方法探测性能也日渐提高。但是仅限于行人和车辆的探测，这是不可否认的事实。其中，不分割图像而是根据整体图像探测行人的SSD[3]和YOLO[4]方法备受瞩目。

这两种方法不进行图像分割，所以无需像手工提取特征量的环境识别一样提取候选区域、计算特征量和识别，而是将图像提供给神经网络，直到输出最后的探测目标位置。

YOLO先将图像分为大小相等的网格。对于每个网格，YOLO会输出锚点（anchor）数量的边界框（bounding box），这个边界框包含5个值，分别是目标物体的中心位置(x, y)、高（h）和宽（w），以及这次预测的置信度。置信度体现的是目标物体占据目标候选区域的面积比例。

除目标候选区域和置信度之外，还会计算判断为目标物体的概率。判断为目标物体的概率与判断为非目标物体的概率和为1。各网格的置信度与判断为目标物体的概率的积较大的目标候选区域被输出作为探测结果。

将图2.3(a)的原图分割为19×19的网格，图2.3(b)表示各网格中置信度较高的目标候选区域，图2.3(c)表示目标探测结果。由图2.3(b)可知，表示目标候选区域的方框集中在目标所在的位置，由图2.3(c)可以看出，多层重叠以至于看不清的车辆和行人的包都能够准确探测。

这种深度学习不会根据数学公式来计算概率，而是从大量数据中学习目标候

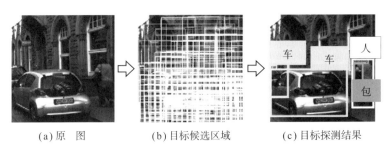

(a)原　图　　　　　(b)目标候选区域　　　　　(c)目标探测结果

图2.3　YOLO的输出示例

选区域的位置、大小、置信度，以及计算概率的方法。也就是说，只要提供各种情况的数据，就能设计出支持各种无法预测情况的行人和车辆的探测方法。

2.2.2　语义分割

语义分割指的是在单个像素水平上识别一个物体是否是目标物体的技术。具有代表性的语义分割方法种类繁多，包括现在常用的FCN[5]、SegNet[6]、UNet[7]、PSPNet[8]、DeepLab[9]等，随着深度学习技术的发展，语义分割的准确性也越来越高。

图2.4展示了输入图像后，将同类探测目标涂成相同颜色并区分的结果[①]。由此可见，语义分割不仅能够识别行人和车辆等被判断为个体的物体，还能探测车道和人行道等探测框无法准确描述的、无法判断为物体的区域。

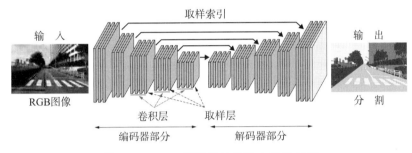

图2.4　SegNet网络结构和输入输出示例

（选自Badrinarayanan, V., Kendall, A., Cipolla, R. SegNet: A Deep Convolutional Encoder-Decoder Architecture for Image Segmentation, IEEE PAMI, 2017）

包括SegNet在内的最新型语义分割的神经网络结构以编码器-解码器网络为主。也就是说，编码器-解码器网络的编码器部分在卷积层或取样层处理输入图像，并获取特征。解码器部分将获取的特征变为所需的输出形式，最终获得输出结果。

这种编码器-解码器网络大大提高了语义分割的性能。但是与其他仅凭编码器结构进行目标识别的结构相比，SegNet占用的内存量较大。在SegNet中，在编码器部分提取数据的池化层，记住提取数据的位置作为池化索引，在解码器部分通过索引信息创建输出。这使得SegNet能够在保持像素级识别的准确性的同时减少内存的使用量。

近年来，由于越来越多的研究者致力于深度学习研究，最高性能的语义分割

---

① 本书为单色印刷，无法区分颜色。请务必参考文献［6］。

方法往往在一个月后就被新的方法代替。最新方法请参考根据Cityscapes[10]数据集对语义分割性能整理的排行榜。

使用语义分割就可以在像素级别探测行人和车辆，但是无法得到YOLO获得的个体数量。因此，最近出现了能够同时提取个体数量的全景分割（Panoptic segmentation）技术。

如上文所述，使用深度学习的环境识别让工程师们感到惊讶，他们解决了很多困难的识别问题，并取得了成功的结果。如果你手头有一个由于识别准确率低而没有实现的应用，建议你尝试实施深度学习。

2.2.3　深度学习的环境识别问题

采用深度学习，只要提供各种环境数据，就能够实现通用性极高的环境识别。但是我们无法提供自动驾驶车辆可能会遇到的所有环境数据。

仅仅获取数据的图像是不够的。在语义分割的情况下，还需要创建一组结果，作为分割结果输出。因此，考虑到产生结果的成本，为丰富多样的环境准备数据会很困难，更不用说所有环境了。

不仅如此，在开发产品时还有一个重要问题，与手工提取特征量的结果不同，神经网络的输出难以描述结果（判断）的计算过程（理由）。

当然，人们正在设计解决方案以解决数据采集和计算过程的"黑箱"问题。

对于数据获取的问题，已经提出了一些学习方法，使CG数据的学习结果能够应用于真实世界的图像数据。对于计算过程的"黑箱"问题，人们正在进行输出判断依据的可视化研究，即神经网络应注视图像的什么位置，基于什么理由得到结果。

近年来，深度学习的环境识别性能获得飞跃性进步并不只是昙花一现，它已广泛应用于对可靠性要求极高的通用车载产品，自动驾驶有望早期进入实用化。

2.3　行人的路径预测

路径预测指的是通过移动体过去的轨迹预测其未来（将来）的路径。

也可以说，自动驾驶技术就是预测观察到的车辆和行人等的未来路径，从而避免发生碰撞等危险的行动规划技术。

车辆的路径都可以类比为线性模型，但是行人的路径会因行走姿态等行人自身的信息和周边环境而发生多种多样非线性的变化。因此，有必要以数据驱动的方式通过大量训练数据构建路径预测模型，将行人的状态和周围信息作为路径预测的输入。行人的路径预测方法主要使用基于贝叶斯模型的方法和基于RNN、LSTM的方法，后者是处理序列信息的深度学习模型[12]。

2.3.1 基于贝叶斯模型的方法

设$P(A_k)$为事前概率（原因A_k的发生概率），$P(B \mid A_k)$为条件概率（原因A_k引发结果B的概率），$P(A_k \mid B)$为事后概率（结果为B时，其产生原因是A_k的概率），以下贝叶斯公式成立。

$$P(A_k|B) = \frac{P(B|A_k)P(A_k)}{\sum_{i-1}^{n} P(B|A_i)P(A_i)} \tag{2.3}$$

贝叶斯模型可以解释为能够根据结果推测原因。人们提出了基于情境的行人路径预测（Context-Based Pedestrian Path Prediction）作为基于贝叶斯模型的行人路径预测方法。

基于情境的行人路径预测根据车载摄像机拍摄的行人情境预测路径。情境指的是行人的位置、面部朝向、行人与车辆的距离、行人与路缘石的距离等。路径预测采用SLDS（switching linear dynamical system，切换式线性动态系统），也就是动态贝叶斯网络（DBN，dynamic Bayesian network）[13]加上确定行人运动的模式。SLDS的处理过程如图2.5所示。这种方法观测行人的位置、面部朝向、行人与车辆的距离、行人与路缘石（人行道和车道的分界线）的距离，根据多个观测值依次更新内部状态，预测结果比只使用行人坐标作为观测值时更加准确。

(a) 预测方法概念图

图2.5 引入SLDS的DBN行人路径预测方法流程

（改编自Kooij, J., Schneider, N., Flohr, F., Gavrila, D.M. Context-based pedestrian path prediction. ECCV, 2014）

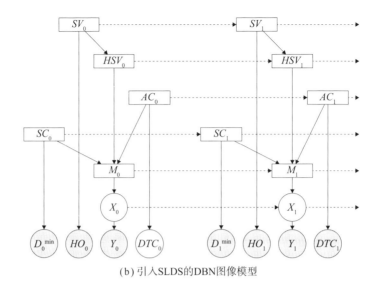

(b) 引入SLDS的DBN图像模型

续图2.5

2.3.2　基于深度学习的方法

行人的路径会因各种原因发生变化，因此，人们经常在研究中通过深度学习将大量数据模型化。这时需要根据过去的观测数据顺次计算未来各时刻的预测结果，支持时序数据学习的深度学习方法RNN[15]和LSTM[16]较为常见。

2.3.3　RNN和LSTM

RNN（recurrent neural network，递归神经网络）是在中间层将本身作为输入的网络结构（递归结构），如图2.6所示。也就是说，在RNN的中间层中输入前一时刻中间层的输出和此刻输入层的输出，共同作为中间层的输入进行计算，即通过时刻t的输入和$t-1$时刻中间层的输出计算时刻t的输出。

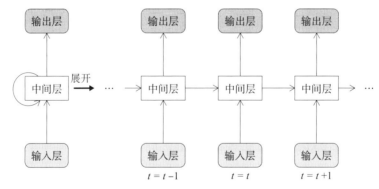

图2.6　RNN的正向传播计算

（将RNN的推论计算展开，可以将神经网络视为按时间方向连接的大型网络，因此，RNN学习也可以使用误差反向传播算法）

用RNN进行行人和车辆的位置预测，主要结构如图2.7所示。输入过去数秒前到当前时刻$[t_{obs}, \cdots, t_0]$观测的行人和车辆（移动体）的位置，预测t_1时刻行人和车辆的位置(x_{t1}, y_{t1})。

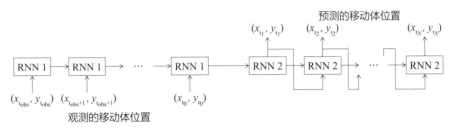

预测的移动体位置

(x_{t1}, y_{t1})　(x_{t2}, y_{t2})　　(x_{tN}, y_{tN})

$(x_{t_{obs}}, y_{t_{obs}})$ $(x_{t_{obs+1}}, y_{t_{obs+1}})$　　(x_{t0}, y_{t0})

观测的移动体位置

图2.7　用RNN预测移动体的位置

[设t时刻移动体的位置为(x_t, y_t)，将$[t_{obs}, \cdots, t_0]$时刻观测的移动体位置以时序输入RNN，通过重复计算预测将来时刻$[t_1, \cdots, t_N]$移动体的位置]

将输入过去时刻测量位置的RNN 1称为编码器（encoder），将输出未来时刻位置的RNN 2称为解码器（decoder），未来任意时刻的位置预测采用编码器–解码器结构。这种结构中，过去时刻的位置已完成测量，测量值被输入RNN 1，不输出过去时刻的位置。而未来t_1时刻的位置尚未计算，因此将RNN 2预测的t_1时刻的位置输入RNN 2，输出t_2时刻的位置。随时间反复此过程，就可以循环推断数秒之后$[t_1, \cdots, t_N]$的位置。

LSTM（long short-term memory，长短期记忆）解决了RNN的梯度消失问题[1]，且支持长期记忆。LSTM由记忆内部状态的储存单元和三个门（遗忘、输入、输出）组成，如图2.8所示。

如图2.8(a)所示，遗忘门决定前一时刻的中间层单元h_{t-1}有多少被保留（之后遗忘）。遗忘门$g_{F, t}$可以通过调整前一时刻的中间层单元h_{t-1}、当前时刻的输入层x_t、前一时刻的储存单元C_{t-1}，以及遗忘门的加权来计算。遗忘门的激活函数[2]是S形函数（sigmoid function），输出范围0～1。

如图2.8(b)所示，输入门$g_{I, t}$通过调整前一时刻的中间层单元h_{t-1}、当前时刻的输入层x_t、前一时刻的储存单元C_{t-1}，以及输入门的三个加权来计算。此外，输入门的激活函数和遗忘门一样使用S形函数，输出范围0～1。

如图2.8(c)所示，输出门决定有多少单元状态传递到下一个时间层或更高层。输出门的激活函数也使用S形函数，输出范围0～1。

---

① 深度学习中，学习会持续到将预测值和实测值的误差降至最小（降低梯度），当超过某一阶段，梯度变小，学习效果不再提升，这就是梯度消失问题。

② 指决定向下一层输出的函数。

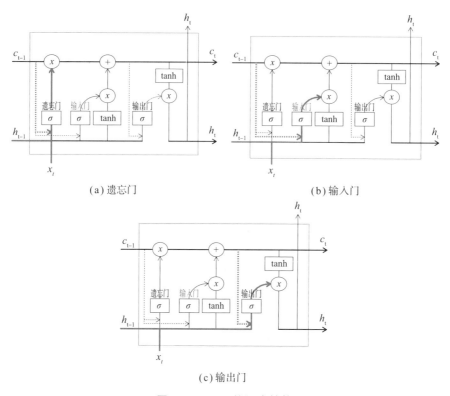

(a) 遗忘门　　　　　　　　　　(b) 输入门

(c) 输出门

图2.8 LSTM的组成结构

（3个门包括调整储存单元值在下一时刻的保留情况的遗忘门，调整累计在储存单元的数值的输入门，调整储存单元值对下一层产生多少影响的输出门。σ是激活函数，使用S形函数）

综上所述，输出层和向下一时刻输出的h_j^i的计算方法为，向tanh函数输入通过遗忘门和输入门更新的当前时刻的储存单元C_t，得到的值再乘以输出门$g_{O,t}$。

LSTM组合的学习采用误差随时间反向传播的BPTT算法（back propagation through time algorithm），根据通过误差计算的梯度计算每个LSTM的权重。

2.3.4　基于LSTM的方法

采用LSTM对行人路径的预测中有一种将自车的里程信息（轮胎转角等）和图像作为输入的预测方法。下面介绍三种输入信息不同的方法。

1. 基于深度神经网络的行人规划预测

基于深度神经网络的行人规划预测（pedestrian prediction by planning using deep neural networks）是通过采用世界坐标系[①]的行人坐标和车载摄像机视频的LSTM进行路径预测的方法[17]。网络结构如图2.9所示。

---

① 表示整体空间的坐标系，也叫全球坐标系。

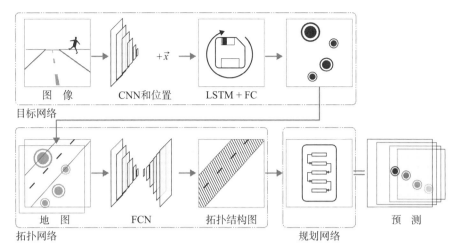

图2.9　基于深度神经网络的行人规划预测的网络结构

（选自Bhattacharyya, A., Hanselmann, M., Fritz, M., Schiele, B., Straehle, CN. Conditional Flow Variational Autoencoders for Structured Sequence Prediction, arXiv preprint arXiv:1908.09008, 2019）

（用目标网络根据车载摄像机拍摄的视频预测行人的目的地，并根据预测的目的地和车辆周边环境地图推测描述移动难度的拓扑网络。将上述信息输入规划网络，输出行人移动路径的预测结果）

这种网络由三种网络组成。首先向目标网络（destination network）输入车载摄像机拍摄的视频和世界坐标系中的行人坐标，推断行人的目的地。

接下来将目的地分布和环境属性地图输入拓扑网络（topology network），将表示行人移动可能性的奖励作为拓扑网络的输出。

最后在规划网络（planning network）根据预测开始时的坐标、推算的目的地以及拓扑网络，运用反向强化学习框架预测行人路径。

2. 不确定性条件下的车载行人预测

不确定性条件下的车载行人预测（on-board pedestrian prediction under uncertainty）以边界框（方框）和自车移动量（速度和转向）作为输入，预测路径[18]。网络结构如图2.10所示。

这种网络由贝叶斯边界框预测流（Bayesian bounding box prediction stream）和轨迹预测流（odometry prediction stream）组成。首先，通过轨迹预测流根据过去的移动量和车载摄像机拍摄的图像推测未来的移动量。然后贝叶斯边界框预测流根据过去同一时刻的边界框及自车移动量计算状态维持到当前摘要。最后用摘要和推测的移动量预测未来边界框及个体差异。此外，车载摄像机图像采用卷积神经网络（convolutional neural network，CNN）提取特征量，与边框和移动量一同输入LSTM，从而预测行人路径。

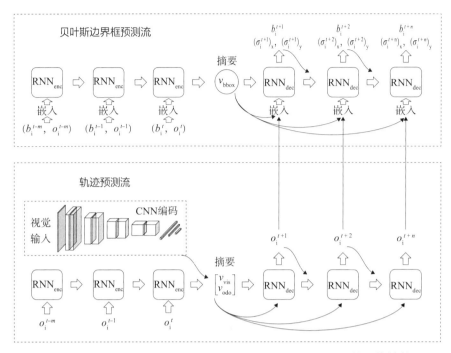

图2.10　On-board pedestrian prediction under uncertainty的网络结构

（选自Bhattacharyya, A., Fritz, M., Schiele, B.Long-term on-board prediction of people in traffic scenes under uncertainty. CVPR, 2017）

（o_i^t表示t时刻对应的自车移动速度（里程计），b_i^t表示t时刻对应的预测目标的边框坐标。$(\sigma_i^t)_x$和$(\sigma_i^t)_y$表示预测边框坐标在水平方向和垂直方向的分散。首先用轨迹预测流从之前的自车移动量和车载摄像机拍摄的图像中提取特征量v_{vis}和v_{odo}，输入RNN解码器，输出未来自车的运动预测结果。随后在贝叶斯边界框预测流中，根据过去的自车移动量和目标边框坐标值得出v_{bbox}和未来的自车运动预测结果，将预测目标的未来边框坐标作为预测结果输出）

3. PIE

PIE（a large-scale dataset and models for pedestrian intention estimation and trajectory prediction）将路径预测目标图像、边框、自车速度作为输入，进行图像坐标系的路径预测[19]。网络结构如图2.11所示。这种网络由判断行人是否过马路的意图估计（intention estimation）、预测自车速度的车速预测（vehicle speed prediction）、预测行人路径的轨迹预测（trajectory prediction）三部分组成。输入图像分为两种，意图估计使用长宽是边框两倍的补丁（patch）图像，而轨迹预测直接使用边框大小的图像。

PIE利用图像中不同的矩形区域实现路径预测，这也与车辆的速度相对应。

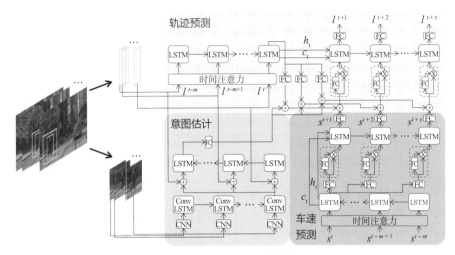

图2.11 PIE的网络结构

（选自Rasouli, A., Kotseruba, I., Kunic, T., Tsotsos, J.K. PIE: A large-scale dataset and models for pedestrian intention estimation and trajectory prediction, ICCV, 2019）

（从车载摄像机拍摄的图像中提取目标行人的分割图像输入意图估计，判断行人是否会穿过马路。然后将预测前的自车速度s^t输入车速预测，输出未来车速的预测结果。最后将目标行人的图像坐标l^t、意图估计和车速预测中得到的结果输入轨迹预测，将未来的行人坐标作为预测结果输出）

2.3.5 考虑到行人交互的路径预测

世界坐标系上的行人路径预测在道路平面展示激光传感器等获取的世界坐标系位置信息，将当前时刻之前观测的时序信息作为输入，预测数秒之后的行人路径。人们提出了考虑到行人之间交互问题的基于LSTM的预测方法。

下面介绍其中具有代表性的社会LSTM（social LSTM）和社会GAN（social GAN）。

1. 社会LSTM

社会LSTM是基于LSTM的代表性预测方法[20]。如图2.12所示，在社会LSTM中，人们考虑到预测每个行人运动的LSTM和避免行人之间相撞的交互，提出在LSTM之间建立网络连接。

社会LSTM的关键理念在于导入能够描述多个行人之间空间特征的社会池化层

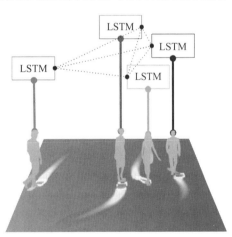

图2.12 社会LSTM的概念图

（选自Alahi, A., Goel, K., Ramanathan, V., Robicquet, A., Fei-Fei, L., Savarese, S. Social LSTM: Human Trajectory Prediction in Crowded Spaces, CVPR, 2016）

（未考虑到预测目标之间的交互，人们提出用网络交换LSTM信息，从而预测各个目标的行为）

（social pooling layer），如图2.13所示。图2.13(a)表示当前行人的位置关系。深色黑点表示关注的行人，其余是周边的行人。社会池化层首先制作表示周边行人位置关系的栅格地图，以关注行人为中心的1(m)×1(m)的格子状地图，如图2.13(b)所示。然后将每个行人的位置信息输入LSTM，将获得的特征量插入位置对应的网格，生成三维序列，如图2.13(c)所示。此外，无行人的网格填入0。最后，为了压缩网格维度，将每个子区间的特征加在一起，如图2.13(d)所示。社会池化层获取的特征描述周边行人的时间空间特征。社会LSTM把从社会池化层获得的周边行人的时间空间特征输入关注行人（深色黑点）的预测，从而在预测时兼顾关注行人和周边行人的交互。

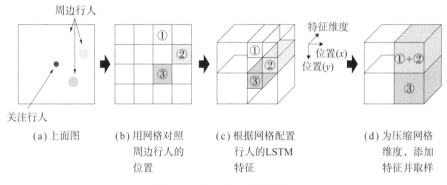

(a) 上面图　　(b) 用网格对照　(c) 根据网格配置　(d) 为压缩网格
　　　　　　　　周边行人的　　　行人的LSTM　　　维度，添加
　　　　　　　　位置　　　　　　特征　　　　　　　特征并取样

图2.13 社会池化层概要

图2.14所示为社会LSTM的行人路径预测结果。图2.14(a)表示实际轨迹，虚线是输入轨迹，实线是真实轨迹。图2.14(b)是预测结果的热图形式。观察图2.14中的3号行人，可以看到3号行人会避让2号行人的预测。

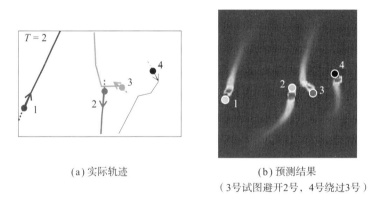

(a) 实际轨迹　　　　　　　　　　(b) 预测结果
　　　　　　　　　　　　　　（3号试图避开2号，4号绕过3号）

图2.14 社会LSTM的预测结果

（选自Alahi, A., Goel K., Ramanathan, V., Robicquet, A., Fei-Fei, L., Savarese, S. Social LSTM: Human trajectory prediction in crowded spaces, CVPR, 2016: 961-971）

2. 社会GAN

社会GAN是采用GAN的路径预测方法[21]。以往的预测方法输出的是概率或直接预测值，社会GAN方法生成多个预测路径，并从中提取最优预测路径，如图2.15所示。

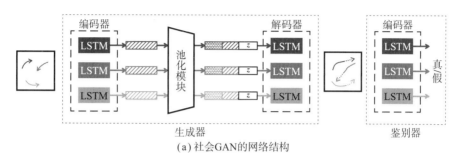

(a) 社会GAN的网络结构

（将各预测目标的移动轨迹输入生成器的LSTM编码器，将获得的特征量输入池化模块获取考虑到目标之间交互的特征量。再将连接上述特征量和噪声矢量z的特征量输入解码器，输出预测结果的轨迹。在学习过程中使该结果与实际移动轨迹无法被鉴别器区分，从而输出正确的预测结果）

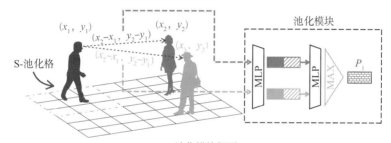

(b) 池化模块概要

[将某个预测目标周围行人的编码器输出输入MLP（multi-layer perceptron），对其结果进行最大值池化，从而输出表现交互的特征P_i，i表示各个预测的索引]

图2.15 社会GAN的路径预测

（选自Gupta, A., Johnson, J., Fei-Fei, L., Savarese, S., Alahi, A. 社会GAN: Socially Acceptable Trajectories With Generative Adversarial Networks, CVPR, 2018: 2255-2264）

考虑目标之间的交互，社会GAN导入了图2.15(b)中的池化模块。在池化模块计算预测目标位置信息与周围移动目标位置信息的差分后，与预测目标的位置信息和噪声矢量z一同输入解码器LSTM，对预测路径进行采样。然后用鉴别器对实际路径和预测路径进行真/假识别。

2.4 其他车辆的路径预测

2.4.1 概 述

实现安全又舒适的自动驾驶不仅需要提前了解静态障碍物（建筑物、围栏、路缘石等），还要提前掌握移动体（其他车辆、行人等）的运动。尤其在变更车道和驶过十字路口时，只有预测出周边移动体的动向，才能够确定自车的安全行驶路径。因此，移动体位置预测对实现自动驾驶来说必不可少。在这种背景下，人们很早就开始研究对移动体的位置预测。本节将围绕其他车辆的路径预测，介绍最新的研究动向。

图2.16是其他车辆位置预测的示意图。驾驶员通过预测对向车辆的将来位置决定自车右转的时机。自动驾驶车辆在预测其他车辆的路径时通常将车载摄像机和雷达传感器等观测到的其他车辆的位置信息投射到二维平面上，将当前时刻之前获得的位置信息作为输入。其他车辆位置预测的输出表现为数秒（2～10s）后的位置轨迹。

此外，移动体位置预测的传统研究中还包括基于模型的卡尔曼滤波和基于学习的高斯过程回归等方法。例如，卡尔曼滤波可用于对车辆的运动进行等速运动建模，对输入噪声实现强有力的预测[22]，用高斯过程回归学习某个固定场景（十字路口）的车辆运动，实现包含车辆加减速在内的预测[23]。

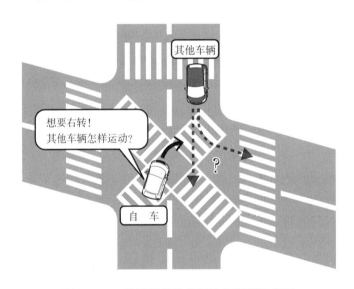

图2.16　二维平面其他车辆位置预测示意图

然而，其他车辆的运动很大程度上取决于每个驾驶员的特点、繁多的道路类型，以及周围的拥挤程度，很难用一个简单的模型应对所有场景。

深度学习实现了支持更多复杂场景的其他车辆路径预测。深度学习预测中具有代表性的方法是RNN。2.3.3节已经说过，RNN也可以用于预测行人的路径。RNN种类丰富，其中擅长处理长时序信息的LSTM和GRU（gated recurrent unit，门控循环单元）应用很广泛。为了基于RNN进行更加满足实际应用的预测，人们正在研究考虑车辆间相互影响的预测和生成多种候选的预测。

2.4.2　考虑移动体间相互影响的预测

驾驶员需要始终关注自车与周围车辆之间的距离和速度，不断作出决策。多位驾驶员作出的决策会对彼此产生影响。比如，前车减速，后车会随之减速，这就是多台车辆相互影响的典型例子。因此，自动驾驶系统对于其他车辆的预测必须考虑多台车辆的相互影响。此项研究的先行性论文之一是关于社会LSTM的[24]。我们在前面的章节也提到过，这篇论文预测的不是车辆位置，而是行人位置，但适用于其他车辆的路径预测。

具体内容请参考基于社会LSTM的其他有关车辆位置预测的相关论文[26, 27]。

2.4.3　生成多种候选的预测

社会LSTM能够预测周围障碍物的唯一将来位置。但是在十字路口等车道分叉的环境中，由于我们并不知道其他车辆会选择哪条车道，因此，预测唯一将来位置有可能造成重大决策错误。

因此，我们需要能够生成多种候选预测的方法，其中之一就是DESIRE[28]。DESIRE的结构如图2.17所示。DESIRE由生成多种候选预测的样品生成模块（sample generation module）和对多种候选预测进行分级、修正的排名和优化模块（ranking and refinement module）组成。此处我们仅对前一模块进行讲解。

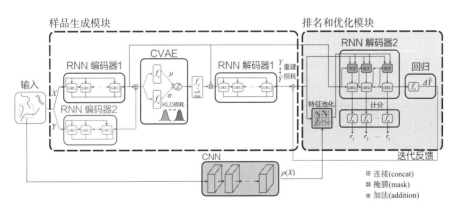

图2.17　DESIRE结构

（X：输入轨迹，Y：真实轨迹，Ŷ：输出轨迹，Z：潜在变量）

（选自Lee, N., Choi, W., Vernaza, P., Choy, C.B., Torr, P.H.S., Chandraker, M. DESIRE: Distant future prediction in dynamic scenes with interacting agents, CVPR, 2017）

样品生成模块使用深度学习中的CVAE（conditional variational auto-encoder）方法[28]生成多种候选。CVAE是由VAE（variational auto-encoder）发展而来的。

VAE由压缩输入维度、基于概率分布（高斯分布等）提取输入固有特征（潜在特征）的编码器部分和根据潜在特征恢复原有输入的解码器部分组成。人们熟知的VAE应用实例包括MNIST数据集（modified national institute of standards and technology dataset）的图像生成[29]，常见的VAE在潜在特征的概率分布内进行随机采样，产生随机数。

CVAE由VAE发展而来，通过一个条件矢量（MNIST是0～9的数字标签）进行潜在特征的学习。在这种情况下，诸如没有数字标签的笔迹等潜在特征被提取出来作为特征。如果在推理过程中给条件向量提供所需的数字标签，并在概率分布范围内进行随机抽样，就有可能按照数字标签生成随机手写的图像。

DISIRE将CVAE应用于未来预测。DESIRE将过去观测时序的位置信息通过GRU（见2.4.1节）进行特征化，形成CVAE的条件矢量。也就是说，在潜在特征的学习过程中提供过去和未来的一系列轨迹，从而对一系列的车辆运动进行特征化。推断时在特征空间内进行随机采样，在遵守观测输入轨迹条件的前提下生成多个候选种子。换句话说，DESIRE的算法是将多个候选种子输入解码器GRU，从而生成多个候选预测。

图2.18左图表示输入的观测轨迹和输出的真实轨迹，右图表示DESIRE生成的多个预测结果概略图。不同场景可以生成车辆可能行驶的多个预测轨迹。

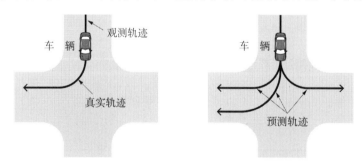

图2.18　DESIRE的预测概略图

（根据Lee, N., Choi, W., Vernaza, P., Choy, C.B., Torr, P.H.S., Chandraker, M. DESIRE: Distant future prediction in dynamic scenes with interacting agents, CVPR, 2017）

除此之外，人们还提出许多基于DESIRE生成多种候选的预测方法，包括在条件矢量中植入地图信息的方法[30, 31]。

2.5 深度学习模型的压缩

如上文所述，采用深度学习的神经网络，即深度神经网络（Deep Neural Network，DNN）近年来发展迅猛，在简单识别处理方面，精度已经明显超过人类水平。

然而，要用DNN获得高性能，从原理上无法避免系统的大规模化、复杂化，自动驾驶系统需要在边缘设备（计算能力和储存量有限）上运行，因此，很难实现所需的性能水平[32, 33]。

例如，AlexNet[34]约有6200万参数，VGG-16[35]约有13 800万参数，推断224×224像素图像的计算量分别为727 MFLOPs（每秒百分个浮点操作）和31 GFLOPs（每秒10亿次浮点操作）。该级别的计算量会对硬盘存储造成明显压力，还会增加数据传输时间（对耗电的影响较大），如图2.19所示。

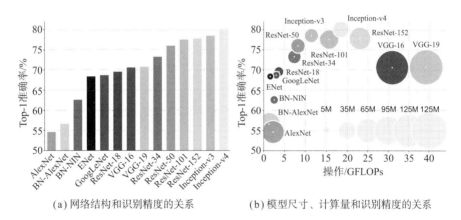

(a) 网络结构和识别精度的关系　　　(b) 模型尺寸、计算量和识别精度的关系

图2.19　网络结构和识别精度的关系，以及模型尺寸、计算量和识别精度的关系

（选自Canziani, A., Paszke, A., Culurciello, E. An analysis of deep neural network models for practical applications, arXiv preprint arXiv:1605. 07678, 2016）

自动驾驶系统必须在几毫秒内基于各种传感器测量/判别的传感数据进行感知、决策、执行。希望今后的技术可以尽可能不依赖通信，利用搭载在车辆上的边缘设备进行一系列处理。

针对这一问题，人们提出许多既能维持识别准确性，又能降低DNN参数和计算量的方法（下文称为压缩法）[32]。

我们大致从四个技术领域对各种压缩方法进行概述。

（1）剪枝与量化（pruning and quantization）。

（2）矩阵分解（matrix decomposition）。

（3）知识蒸馏（knowledge distillation）。

（4）神经架构搜索（neural architecture search）。

2.5.1　剪枝与量化

1. 剪　枝

剪枝是一种通过删除对DNN不重要的连接（剪掉分枝）来进行压缩的方法。例如，删除各层参数大小接近零的连接，或神经网络的神经细胞（神经元、节点）中输出不变的参数[36]。

然而，在一般的硬盘中，即便删除部分节点连接，也不会降低计算本身的复杂性，因为会出现零次方。因此人们提出正则化方法，在学习过程中将节点连接的所有参数归零（群稀疏）[37]，或者设定某种条件来引发群稀疏，从而对整个节点进行剪枝[38]，如图2.20所示。

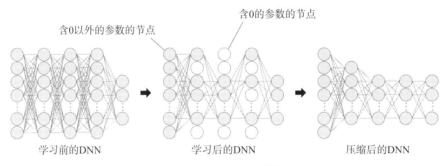

图2.20　采用群稀疏的参数剪枝图例

（选自Yaguchi, A., Suzuki, T., Asano, W., Nitta, S., Sakata, Y., Tanizawa, A. Adam induces implicit weight sparsity in rectifier neural networks, ICMLA, 2018: 318-325）

2. 量　化

量化是通过减少DNN参数的比特数（信息量）从而压缩数据的方法，有望在硬件实现上有效减少内存传输量和内存大小。

DNN的参数通常为浮点数型，例如，用32bit表示，在推理过程中可以将参数线性量化为16bit，将数据尺寸减半[39]。也有报告称，对图像分类DNN采取聚类算法，将参数非线性量化至8bit，精度的下降也极小[39, 40]。

需要注意的是，根据量化方法的不同，反量化过程可能不会降低计算的复杂性，因为在推理过程中需要恢复原始的位精度。

3. 深度压缩

深度压缩（deep compression[40]）通过组合剪枝、量化和编码对DNN进行大规模压缩。其中，剪枝采用的是Han等人[35]提出的简便方法。其主要内容是从第一个训练的DNN中修剪参数小于阈值的连接，对剩余的稀疏DNN进行二次学习，如图2.21所示。

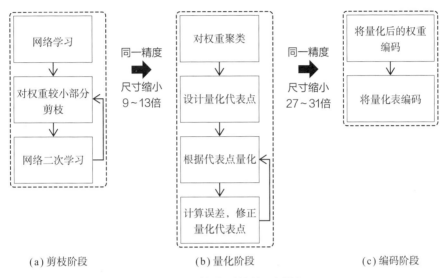

图2.21 深度压缩处理图例

量化过程中，对剪枝后的参数采用聚类算法中的k-均值法，计算量化代表点。例如，参数精度原本为32bit，量化为4值时可以用2bit表示。

量化过程中会产生各种参数的量化误差。因此，需要将量化后的参数作为初始值对DNN进行二次学习。为兼顾量化误差，要为每个量化代表点计算梯度，调整参数。

最后，进行信息源编码中的哈夫曼编码。哈夫曼编码是支持可逆压缩的编码方法，将出现频率低的字符长度平均分配给出现频率高的编码，从而将编码的平均长度压缩到最小。

综合使用上述三种技术就能将AlexNet和VGG-16的参数分别压缩至1/35和1/49。同时也面临一个问题，推理过程中需要进行哈夫曼编码的复原处理和反量化处理，会增加计算量。

不仅如此，上述处理通常需要专用硬件，通用型DNN硬件加速器（Hardware Accelerator，下文中缩写为HWA）等可能不支持，在实现上仍存在许多问题。

2.5.2 矩阵分解

分解矩阵运算的方法有两种：在训练后分解DNN的矩阵运算，或者提前分解卷积过程并进行训练。

图像识别等DNN中，CNN的应用尤其广泛，效果显著。CNN是通过卷积从图像中提取特征的神经网络。卷积层的参数可以视为四维张量。如果一个学习后的张量被视为冗余描述，可以通过奇异值分解，将冗余描述分解为更低等级，从而压缩DNN。

提前分解卷积处理的方法中，SqueezeNet[42]和MobileNet[43, 44]十分著名。其中MobileNet[43]是一种能够在便携式机器上工作的轻量、高速网络结构。

一般的卷积层同时处理空间方向和信道①方向，而MobileNet中的深度可分离卷积（depth-wise separable convolution）分解为空间深度卷积和信道逐点卷积，二者独立进行卷积处理，从而减少计算量，如图2.22所示。有报告称MobileNetV1的性能几乎与VGG-16相同，可以将参数量降为1/32，计算量降为1/27。

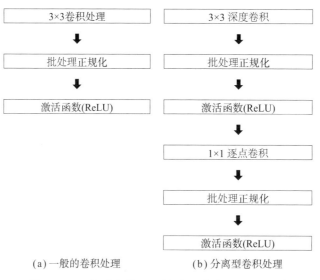

(a) 一般的卷积处理　　　　(b) 分离型卷积处理

图2.22 一般卷积处理和深度可分离卷积的区别

升级后的MobileNetV2[44]为了降低MobileNetV1中逐点卷积计算量的问题，引入了残差块（residual block）中的瓶颈（倒残差）结构。也就是说，用两个计算量较小的逐点卷积，将计算量较大的深度卷积夹在中间。

---

① 像素数据尺寸。

这种卷积层的分解方法有望大幅度减少计算量，但在能够大规模并列处理张量运算的GPU（Graphic Processing Unit，图形处理器）和DNN HWA上反而会降低运算效率，不一定能减少推理时间。

2.5.3 知识蒸馏

知识蒸馏（knownledge distillation）[45]是一种利用较大的、以前训练过的DNN（教师模型）的输出作为教师，学习较小的、轻型的DNN（学生模型）的方法。

以图像分类任务为例，蒸馏学习是指图像本身同样输入教师模型和学生模型，学生模型使用损失函数（称为软目标损失）进行训练，使学生模型的输出分布接近于已经训练过的教师模型的输出。

在这种提炼式学习中，学生模型逐渐模仿教师模型的输入输出关系，这比学生模型使用与教师模型相同的数据集，从头学习（自行学习）更准确。即使教师模型的网络结构是"黑箱"（未知），学生模型也可以被训练。而且即便没有教师模型学习时的数据集，学生模型也可以进行学习，如图2.23所示。

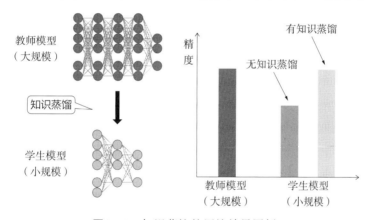

图2.23　知识蒸馏的压缩效果图例

此外，知识蒸馏还有许多改良方法，有的方法不仅使用输出层的损失函数，还将部分中间层的输出作为损失函数[46]；有的方法将多个教师模型的输出进行集成（组合），计算损失[47]。

2.5.4 网络结构搜索

网络结构搜索最初是作为一种机械地搜索DNN网络结构的方法而开发的，它是手工设计的[48, 49, 50]。然而，人们发现用这种方法搜索最佳结构需要大量的计算资源和巨大的计算时间，于是提出许多方法来缩短搜索时间[51]。

其中，MnasNet[52]根据使用的边缘设备硬件要求，搜索最优网络结构。MnasNet将应用强化学习方法的ENAS[51]拓展为便携式机器专用，通过将模拟器测量的处理延迟添加到强化学习的奖励函数中，在不超过硬件运行时的目标延迟条件下搜索性能最优的模型（帕累托最优模型），如图2.24所示。

此外，取消了使用单元结构的传统网络结构[51]，引入了适用于通用DNN HWA等的级联型块状结构。据报道，这使得ImageNet不仅在图像识别任务中取得了较高的识别性能，而且在物体检测等方面也取得了较高的识别性能，而且处理延迟与传统方法相同。

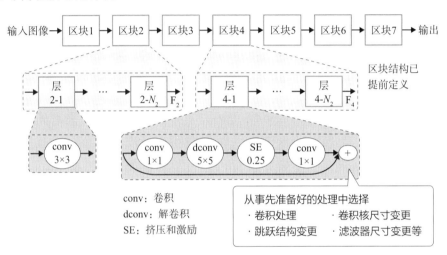

图2.24　用MnasNet搜索网络结构的搜索空间图例

（选自Tan, M., Chen, B., Pang, R., Vasudevan, V., Sandler, M., Howard, A., Le, Q.V. MnasNet: Platform-Aware Neural Architecture Search for Mobile, CVPR, 2019）

第3章
地图生成和自车定位

本章将讲解自动驾驶系统中的地图数据和自车定位。3.1节概述自动驾驶和自车定位的作用，3.2节介绍高精地图，3.3节介绍点云地图的生成方法，3.4节介绍矢量地图（HD地图）的生成方法。

之后，在3.5节讲解怎样应用3.3节和3.4节中介绍的地图数据进行自车定位。最后在3.6节介绍如何利用卫星定位进行自车定位。

3.1 自动驾驶中的地图和自车定位的作用

自车定位是自动驾驶系统中最重要的任务之一。自动驾驶车辆根据自动驾驶系统识别的自车定位进行行驶路径规划，比较车辆行驶路径，控制车辆的转向、加速和制动。

自车定位的方法很多，包括应用电磁感应线等基础设施的方法，匹配地图数据和传感器数据的方法，利用卫星定位系统的方法等。各种自车定位方法总结见表3.1。这些方法各有利弊，目前尚没有支持所有环境的万能自车定位方法，需要根据不同环境切换和组合多种方法。本章将介绍利用高精地图进行自车定位的方法。

表 3.1 自车定位方法的分类

	利用基础设施	利用高精地图	卫星定位、复合航法
概　要	用磁性传感器探测地面以下的磁性标志和感应电缆	匹配地图数据和传感器数据	应用 GNSS/RTK 的定位结果
传感器	磁性传感器	LiDAR、摄像机等	GNSS、RTK、IMU、车速传感器等
优　点	自车定位的准确性高	·在易于匹配地图的地区，准确性高 ·积极利用地图信息可以进行高级识别	·无需基础设施和地图数据 ·可获得绝对坐标
缺　点	·设置标志的成本较高 ·难以更改使用状态	·地图维护成本高 ·某些方法中的自车定位不准确	·精度取决于卫星的覆盖范围

作为今后高级自动驾驶系统必不可少的数字基础设施，高精地图的发展突飞猛进。在自车定位中使用高精地图最大的优势在于，在市区内等复杂环境中也能进行高精度的自车定位。

高精地图数据不仅可以用于自车定位，还可以应用在其他任务中。例如，根据计算出的自车位置搜索地图数据，识别交通信号灯，判断信号灯的颜色。不仅如此，将地图数据中大量可行驶区域的信息和LiDAR、车载摄像机获取图像中的障碍物相结合，甚至可能实现更高级的行驶路径规划。

综上所述，以高精地图为代表的地图数据有望成为实现高级自动驾驶系统的重要项目。

3.2 高精地图

下面介绍自动驾驶系统使用的地图数据，自动驾驶系统中的地图叫作高精地图（High Definition Map，HD地图）[①]。

[①] 某些情况下 HD 地图不含点云，仅指矢量地图。

高精地图具有执行自动驾驶系统的各种感知、决策和执行任务所需的厘米级精度。组成高精地图的数据种类繁多，例如，将空间中的三维形状描述为点的集合的点云地图，提取车道信息、路面标志和地理信息的矢量地图等，人们针对不同的自动驾驶系统任务使用不同的地图数据。

高精地图含有比以往的汽车导航更加丰富的信息，对实现高级自动驾驶系统极为重要。

3.2.1　点云地图

点云（point cloud）地图是用点的集合描述现实世界环境的数据。地图中的每个点都拥有高精度的三维位置信息，其 X、Y、Z 分量的误差在几厘米之内，而且根据不同的测量方法，除了位置信息还含有 RGB 颜色信息和 LiDAR 反射强度等信息。尤其是三维点云地图的比例尺能够与真实环境一一对应，更容易与 LiDAR 的扫描数据进行匹配处理。

三维点云地图示例如图 3.1 所示。图 3.1(a) 是住宅区，图 3.1(b) 是高速公路枢纽，图 3.1(c) 是郊外的水田，图 3.1(d) 是主干道的 RGB 彩色点云，图 3.1(e) 是城市点云（原图根据 LiDAR 获得的反射强度区分颜色）。根据 LiDAR 的扫描数据构建三维点云地图的方法有移动测量系统（MMS，mobile mapping system），以及根据传感器数据估算移动量，生成三维地图的 SLAM。图 3.1(a) ~ 图 3.1(d) 是由 MMS 制成的点云，图 3.1(e) 是由 SLAM 制成的点云（参考 3.3 节）。

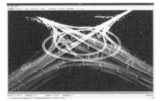

(a) 市区（住宅区）　　　　　　　　　　(b) 高速公路枢纽

(c) 郊外的水田　　　　　　(d) 主干道　　　　　　(e) 城　市

图 3.1　三维点云地图示例

3.2.2 矢量地图

根据上一节介绍的点云地图，将车道信息和交通信号灯等信息以矢量数据的形式提取出来的地图叫作矢量地图。某些情况下矢量地图也被称为HD地图。

矢量地图中不仅包含信号灯、招牌、电线杆等地面物体，道路上的白线、黄线、停止线、人行横道路面标识等物理信息，有时还包含限速等实际看不到的虚拟信息。点云地图以一组点的形式表示三维信息，而矢量地图仅提取高级信息，因此，数据量较小。

图3.2是矢量地图示例。图3.2(a)是模拟市区地面整体图，图3.2(b)是市区的交叉路口，图3.2(c)是路面标识的放大图，图3.2(d)表示车道等级的连接关系。

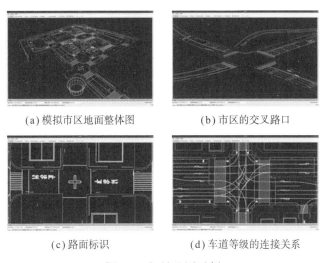

(a) 模拟市区地面整体图　　　　　(b) 市区的交叉路口

(c) 路面标识　　　　　(d) 车道等级的连接关系

图3.2　矢量地图示例

矢量地图通常是通过从MMS或SLAM获得的点云地图中提取必要信息来创建的，必要时还可以利用车载摄像机拍摄的图像。因此，矢量地图可用于控制自动驾驶车辆行驶的路径、车道识别、根据速度限制控制车速、根据停车标志和停车线进行停车等行动规划，以及根据路网信息进行全局路径搜索。自动驾驶车辆还可以通过对比实际的障碍物位置和地图信息，完成高级环境识别和自车定位等任务。

3.3　点云地图的生成方法

点云地图的生成方法主要有两种。

第一种应用公共测量中使用的MMS，第二种应用机器人领域研发成果颇丰的SLAM。两种方法生成的点云信息没有太大差别,但是用于测量的器材和处理算法不同。下面分别介绍这两种方法。

3.3.1　MMS

　　MMS在车上搭载高精度LiDAR、摄像机、GNSS、IMU(inertial measurement unit,惯性测量装置)等测量设备,当车辆行驶在三维环境中时进行测量,从而构建道路和周边建筑物的三维数据。MMS测量车辆的示例如图3.3所示。

图3.3　MMS测量车辆示例[图片来自AISAN TECHNOLOGY(株)]

(该车搭载3根GNSS天线、一个6轴光纤陀螺、一台摄像机和一台二维LiDAR。传感器基本搭载于车顶,测量获得信息的计算机搭载于车内)

　　MMS通过从车载传感器获得的高精度位置信息连接LiDAR点云,重建类似于实际环境的三维数据。后面将介绍的GNSS高精度定位结果也得到了利用,能够测量高定位精度的三维点云。在此基础上,匹配彩色摄像机图像和点云还可以生成彩色点云。

　　MMS作为一种高度可靠的方法,已成为自动驾驶的地图生成标准,同时也可用于公共测量,从事地图生成、航空测量等业务的企业有专用车辆,以通过MMS对高精地图进行测量、更新为业务。自2010年以来,动态地图基础设施有限公司一直在率先使用MMS开发高速公路的高精地图,这些地图被各汽车制造商用于实现车辆的自动驾驶功能[①]。

---

① 动态地图基础设施有限公司新闻稿:《"高精三维地图数据(动态地图协调区域)"被用于日产机动车"ProPILOT 2.0",世界首个智能高速路路线行驶系统》(2019年5月17日)。

　　高精地图中信息的可靠性对自动驾驶系统来说极为重要，作为其基础的三维点云的位置必须具有足够高的精度。而且包含机动车辆专用车道（高速公路）等大范围信息的高精地图很难用单一的MMS来生成，常常需要整合多个MMS多次运行的结果来生成。但是，如果每个MMS测量的绝对位置的精度不够，就无法准确整合不同车辆在每次行驶时获得的传感器数据。

　　因此，MMS通过结合用于测量的GNSS接收器和高精度IMU（光纤陀螺或环形激光陀螺）来构建GNSS/IMU，以提高绝对位置的可靠性，保证地质量。

　　MMS上常常搭载性能高于普通自动驾驶车辆的LiDAR。尤其在获取路面、近距离侧面、上方的扫描数据时，经常使用二维LiDAR，产品以好评度较高的德国SICK公司产品为主。为了测量详细的路面状态，还会使用增加了路面测量输出的三维LiDAR进行路面测量（见图3.4）。

图3.4　各种各样的MMS

（照片左起依次为G220、G220Z、XV320ZL、MMS-G。搭载的传感器种类不同，MMS的型号也不同。有的搭载高密度LiDAR和全周摄像机，MMS-G为可拆卸式）

3.3.2　SLAM

　　SLAM技术利用LiDAR和车载摄像机等传感器获取的扫描数据同时进行自车定位（localization）和环境测绘（mapping），并创建扫描数据获取区域的环境地图。

　　随着传感器性能不断提高，SLAM也得以飞速发展，应用SLAM的各种产品陆续实现商品化。例如，近年来一些扫地机器人搭载了LiDAR和摄像头，在移动过程中通过SLAM构建房间地图，自动清洁整个房间。

　　根据使用的传感器种类，SLAM大致分为两种，一种是应用LiDAR的LiDAR SLAM，另一种是应用摄像机（单反、立体）的视频SLAM（Visual SLAM）。二者的研发在机器人领域中都极为超前，本节主要讲解使用三维LiDAR，在三维点云地图生成中得到广泛应用的LiDAR SLAM。

1. LiDAR SLAM

LiDAR SLAM是使用LiDAR作为传感器的SLAM，与需要昂贵的专用器材的MMS相比，LiDAR SLAM的优势在于只用最初级的LiDAR作为传感器就可以生成点云地图。

MMS以定位卫星技术为基础，而在人造卫星不可视的环境中精度较低，易导致测量失败，但是SLAM在室内环境或地下等卫星难以定位或无法定位的环境中也可以使用。由于LiDAR SLAM应用三维特征点，所以在缺乏三维特征的大型开放空间或行进方向具有类似几何形状的隧道，可能因无法提取特征点，导致性能降低。

LiDAR SLAM和MMS的输出坐标系也不同。MMS根据绝对坐标系提取的位置信息构建点云地图，而LiDAR SLAM则是在以SLAM开始地点为原点的坐标系中构建点云地图。因此，用SLAM构建含有绝对坐标的点云地图需要将其与从GNSS获取的绝对坐标进行比对。

图3.5是通过LiDAR SLAM顺序进行自车定位和地图测绘的概念图。图中采用的虽然是二维LiDAR，三维LiDAR的概念也基本相同。机器人首先在t时刻获

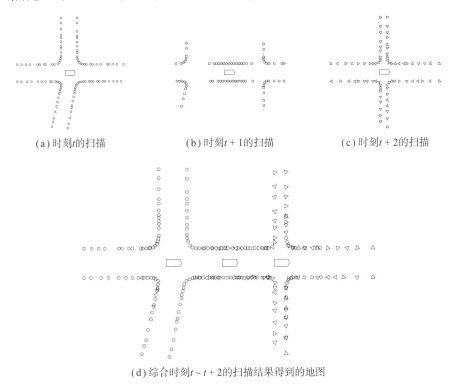

(a) 时刻t的扫描　　　　(b) 时刻$t+1$的扫描　　　　(c) 时刻$t+2$的扫描

(d) 综合时刻$t \sim t+2$的扫描结果得到的地图

图3.5　SLAM的自车定位与地图生成

得扫描数据x_t。接下来，机器人移动一定的距离，在时刻$t+1$获得扫描数据x_{t+1}。扫描数据x_t和x_{t+1}来自不同位置，形状自然不同，可以通过匹配计算出机器人相对时刻t，在时刻$t+1$的位置。接下来，结合计算出的相对位置和扫描数据，就可以制作环境地图。

此后将各时刻的扫描数据与之前构建的环境地图进行比较，依次计算机器人的相对位置（位置估计），并依次加入在估计位置测量的扫描数据（映射），从而构建机器人移动范围的环境地图。

上述LiDAR SLAM中对两个扫描数据的匹配（定位）叫作扫描匹配（scan matching）。这种扫描匹配有若干种算法，其中，ICP（iterative closest point，迭代最近点）和NDT（normal distributions transform，正态分布变换）最具代表性。ICP与NDT的比较总结见表3.2。

表 3.2　ICP 与 NDT 的比较

	ICP	NDT
正式名称	迭代最近点	正态分布变换
匹配目标	·点对点 ·点对面	点对分布
计算量 M：地图点云的点数 N：输入点云的点数	$O(MN)$ 适用$O(N\log M)$：应用k-d树时 （取决于地图点云和输入点云的点数积）	$O(N)$ （输入点云的点数）
算　法	将近邻的平方和最小化	用正态分布逼近地图空间，探索输入扫描的对应要素
处理示例 （上面是ICP，下面是NDT）		

2. ICP

ICP是一种寻找输入扫描点和参考扫描点之间对应关系的方法，通过迭代计算，找到对应关系之间成本函数（点云间的误差）最小的坐标变换，算法过程如下：

（1）数据映射。

（2）计算评估值。

（3）更新坐标值。

（4）重复步骤（1）到（3）直至收敛。

在步骤（1）数据映射中，为输入扫描的各点找到参考扫描的对应点。匹配会分别选择参考扫描和输入扫描最近的邻接点。但是最近邻探索比较两点之间所有距离的计算成本过高，因此人们尝试使用 k-d 树[①]这样的高效率方法。

计算评估值以步骤（1）中给出的各点之间的对应关系，找到使各点之间距离之和最小的坐标变换。这属于非线性优化问题，可使用高斯牛顿法或类似的方法。

最后在步骤（3），如果前两个步骤使坐标变换差低于某个阈值，则判断为收敛，并确定最终的坐标变换。如果坐标变换差大于某个阈值，则反复计算步骤（1）和（2），直至收敛。

3. NDT

NDT（无损检测）是一种用 ND 体素进行扫描匹配的方法，ND 体素由单独准备的地图数据创建，被称为点群的正态分布信息。因为是用 ND 体素进行匹配，而不是点与点之间的匹配，因此，能够进行优于 ICP 的高速处理，算法过程如下：

（1）制作 ND 体素。

（2）探索对应体素。

（3）计算评估值。

（4）更新坐标值。

制作 ND 体素时，将事先准备好的地图空间分割为一定大小的体素[②]，计算每个体素点群的平均值和方差。探索对应体素时，根据匹配开始时的初始位置探索输入扫描中各点对应的 ND 体素，这里采用 k-d 树等近邻探索算法。评估值计算过程与 ICP 相同，反复计算直至评估函数收敛。最后根据上述结果更新坐标值。

4. 初始位置和积累误差

从上文可以看出，ICP 和 NDT 匹配开始时的初始位置会大大影响收敛性能和精度，所以必须通过过去的自车定位结果预测初始位置，或者通过里程计或 IMU 推测扫描测量期间的运动，从而获得更高精度的坐标值，提供一个更好的初始位置。

---

① 一种数据结构，通过将空间划分为垂直于每个轴的平面，并以树状结构进行管理，从而实现快速近邻搜索。

② 体素（voxel）指的是三维空间的格子单位，是 "volume" + "pixel"（体积 + 像素）的复合词。

此外，在ICP和NDT等基于扫描匹配法的SLAM中，每次扫描匹配过程的微小误差积累，即积累误差是一个问题。积累误差会导致地图生成过程中在移动一定距离后会再次到达同一地点，而移动路径并不闭环（环路连接部分不一致，也就是说实际处于同一位置，但在地图上显示为不同位置）。如果在这种状态下测绘地图，会产生环路连接部分点云重叠的问题。而地图的重叠在自动驾驶系统中会引起致命的位置估计失败。

5. 闭环处理

为了解决循环连接中的不一致问题，要进行循环关闭过程，例如，通过使用基于图形的SLAM的优化过程来实现。基于图形的SLAM指的是用图来描述机器人移动路径的SLAM。图的组成要素是节点（node），即机器人的位置（或点云地图的小集合），以及节点之间的相对位置——边（edge）。机器人的位置图叫作位姿图，基于图形的SLAM根据位姿图的边信息调整节点的位置，从而对整个地图进行优化（见图3.6）。

图3.6 通过图形优化实现循环闭环示意图

闭环处理流程如下：

（1）构建位姿图。

① 生成节点和边。

② 探测候选环路。

③ 判断环路，生成边。

（2）位姿图优化。

（3）修正含位姿图的地图。

首先构建描述机器人移动路径位置关系的位姿图。这里有两种类型的边可以使用，一种是通过连续扫描数据的匹配获得的局部边，另一种是有时间间隔但空间相对位置接近时，对扫描匹配得到的循环闭合优化过程有很大贡献的边。

连续获得的扫描数据的相对位置作为边添加到位姿图中。在这种情况下，不是每次扫描都创建一个节点，而是在移动几米后创建一个新节点。检测行驶路径中是否有环路，通常采用的方法是检测节点间距是否小于某个阈值，从而判断其是否为候选环路。通过扫描匹配法等判断检测出的候选环路是否确实为环路，如果通过扫描匹配判断属于某个节点的点是相同的，并且可以计算出节点之间存在准确的位置关系，那么连接节点的边就会被添加。

优化位姿图的过程中，用非线性优化方法对位姿图进行优化。该优化使用高斯牛顿法或改良后的麦夸尔特法等非线性最小二乘法的方法。最后，根据优化后的位姿图信息修正地图，生成即使在环形路口也保持一致的点云地图。

6. 图表优化的应用

上文中，我们介绍了采用图形优化的闭环处理，地图生成中还有许多图形优化的应用。

一种是将图形优化用于连接由多个测量数据制成的点云。例如，在连接一条车道及其对向车道的点云时，不仅可以将来自各自测量数据的边信息添加到位姿图中，还可以将两个测量数据之间产生的边信息添加到位姿图中并进行优化，这样就可以在保持一致性的同时将两个测量数据的点云连接起来。

通过GNSS获得的绝对坐标信息（将在后面介绍）也可以被添加到位姿图中，并进行优化，以便为点云提供绝对坐标。

3.4　矢量地图的生成方法

有许多生成矢量地图的方法和工具，但是现在商用的矢量地图都是采用三维点云和图像信息人工绘制的。

此外还可以通过软件在测量点云的同时拍摄图像，与三维点云相叠加，更高效率地提取地面物体信息（见图3.7）。

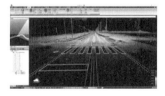

图3.7　通过三维点云和图像绘制路面信息图的软件截图

[图片来自AISAN TECHNOLOGY（株）]

现在，人们也在研究将车载摄像机拍摄的图像和LiDAR数据作为输入，利用深度学习方法检测车道信息（白线）和交通信号灯信息的方法，应用上述识别结果可以自动提取矢量地图所需的信息。

3.5 用地图进行自车定位

传统的驾驶辅助系统，如帮助驾驶员保持车道的车道保持辅助系统，主要是通过摄像机拍摄的图像检测白线，辅助车辆保持在白线内行驶，无需使用地图数据。但是在市区进行自动驾驶时会频繁面临复杂性远高于高速公路的行驶环境，甚至会遇到没有白线的道路。

在这种环境下，适度结合地图数据实现高精度且稳定的位置估测就显得尤为重要。

下面我们介绍以三维点云作为地图数据，以三维LiDAR作为车载传感器进行自车定位的方法。同时也会介绍通过二维反射强度地图和LiDAR点云进行自车定位，通过矢量地图和摄像机拍摄的图像进行自车定位，以及通过三维点云和摄像机拍摄的图像进行自车定位等方法。

本节的内容基于Autoware[①]中自车定位估计的实现，这是一款开源的自动驾驶软件。

3.5.1 通过三维点云和LiDAR进行自车定位

自车定位系统需要输出车辆的位置（x, y, z）和姿态角（翻滚角、俯仰角、偏航角）。图3.8是通过点云地图和LiDAR的扫描进行自车定位的示意图。图3.9是该方法的自车定位结构模式图。此外，地图数据和LiDAR数据的扫描匹配法与3.3.2节中的SLAM方法相同，由于已构建地图数据，因此仅进行自车定位（localization）估计，即与现有地图进行扫描匹配。

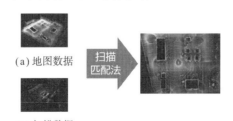

(a) 地图数据　扫描匹配法

(b) 扫描数据

图3.8　通过地图数据和LiDAR扫描进行自车定位的示意图

---

① Autoware.AI 的官方网站 GitHub.com > Autoware.AI / autoware.ai

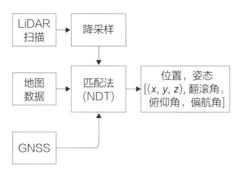

图3.9　通过地图进行自车定位的结构模式图

通过NDT进行匹配时，首先要读取地图的点云数据（参考3.2.2节）。而在用SLAM生成地图时，每当向地图添加新的LiDAR扫描，都需要进行体素分割、计算平均值和方差，但自车定位时地图点云基本不变，所以程序开始时只需要进行一次处理。

一旦地图的ND体素被计算出来，连续的LiDAR扫描就会与地图的ND体素相匹配，但在此之前，必须输入匹配的初始位置。可以由用户在程序开始时指定，或者使用GNSS获得并输入初始位置。为了输入由GNSS计算的初始位置，地图点云必须是绝对坐标系数据。一旦程序开始，扫描匹配的初始位置可以从扫描匹配估计的位置和姿态序列中计算出来。

LiDAR扫描数据的输入多采用降采样。这是因为通常LiDAR每个扫描数据都有大量测量点，如果对每个测量点都进行扫描匹配则需要大量处理时间，无法实时处理。而且降采样还有助于缓和其他车辆等地图点云中没有的噪声影响。LiDAR扫描点云的降采样多使用体素网格滤波器。体素网格滤波器与NDT相同，将扫描点云分割成一定大小的体素，用一个重心点来替换属于该体素的点云。

匹配降采样之后的LiDAR扫描点云和转换为ND体素的地图点云，就可以计算出最匹配的坐标变换。具体计算方法与3.2.2节SLAM优化方法相同。

计算出的位置和姿态也是LiDAR相对于地图点云的位置和姿态，必要时可转换为用于车辆控制的位置（如后轮轴心）。上述自车定位可用于自动驾驶车辆的决策和控制。

3.5.2　其他方法

除前文介绍的方法以外，人们还在研发其他通过匹配地图数据和传感器数据进行自车定位的方法。

其中一例就是应用LiDAR的反射强度作为传感器数据的方法[1]。该方法将三维点云变换为俯视图像，即反射强度地图，并将其作为地图数据，与三维LiDAR提供的路面反射强度进行模板匹配，从而实现自车定位。该方法使用的地图数据如图3.10所示。

图3.10 反射强度二维地图

（选自菅沼直樹. 市街地における自動運転のための外界環境認識. 計測と制御, 2015, 54(11): 816-819.）

此外还有通过比对矢量地图和传感器数据估测位置的方法。例如，比对摄像机拍摄的图像和矢量地图信息[2]。其原理是从摄像机图像中提取白线、人行横道和路面标识等信息，使之与矢量地图形式的路面标识形状吻合，从而实现自车定位。

人们还在研究比对摄像机拍摄的图像和点云地图的方法（见图3.11）[3]。也就是说，将摄像机拍摄的图像提供的特征点进行三维还原，并与三维点云地图进行匹配。匹配算法采用ICP，由于单反摄像机拍摄的图像提供的三维特征点对应的现实世界范围不稳定，需要在估测位置姿势$[(x, y, z)$，翻滚角、俯仰角、偏航角]的同时估测范围，也就是解7个变量的优化问题。

图3.11 点云地图和摄像机拍摄图像特征点的匹配概要

（选自Caselitz, T., Steder, B., Ruhnke, M., Burgard, W. Monocular camera localization in 3D LIDAR maps, IROS, 2016: 1926-1931）

3.5.3 传感器协调合作

3.5.1节介绍了如何通过地图点云和LiDAR扫描点云的NDT匹配进行自车定位，但这种方法在三维特征不充分的环境中无法顺利进行匹配处理。

这时就需要配合其他传感器数据，进行可靠性更高的自车定位。

下文中的方法将测量车轮旋转量的车轮编码器或车载CAN提供的车速数据

与三维点云和LiDAR扫描匹配中获得的位置姿态信息组合，实现稳定性更高的自车定位。

利用多种数据进行自车定位时经常使用卡尔曼滤波器和粒子滤波器等概率性综合方法，本书将介绍非线性滤波方法中的扩展卡尔曼滤波器（extended Kalman filter，EKF）。

一般来说，扩展卡尔曼滤波器可以分为预测步骤和更新步骤，前者是在运动模型更新之前的概率密度分布时计算新的分布，后者是根据观测信息更新预测的分布。

采用该方法进行自车定位首先根据之前的估测结果和运动模型预测位置和速度。然后根据NDT和车速传感器的观测结果更新位置、速度估测值及其误差协方差。然后重复上述步骤估测最接近的状态，如图3.12所示。

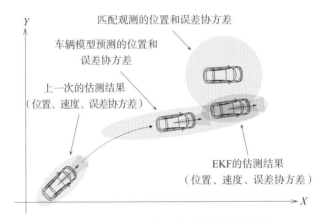

图3.12　扩展卡尔曼滤波器的自车定位

3.6　应用卫星定位的自车定位

应用人造卫星的自车定位技术从20世纪90年代起开始普及。21世纪20年代取得突破性进展，SA（selective availability，选择可用性）[1]取消，应用多种频率定位带来自车定位高精度化，复合GNSS化使得定位精度、可利用率上升，多频接收器的低价格化等。

自动驾驶系统的自车定位技术也在很多方面应用了卫星定位技术，包括厘米级的定位技术RTK（real-time kinematic，实时动态定位），综合卫星定位结果、IMU和轮速的GNSS/IMU技术。

---

[1] 指美国政府对GPS信号施加的干涉误差，于2020年取消。

本节将对RTK/IMU进行详细说明。

3.6.1 应用卫星定位和RTK-GNSS的厘米级自车定位

卫星定位是使用人造卫星的定位技术，具体指应用GPS和GNSS的自车定位技术。其中，GPS是美国的卫星定位基础设施，GNSS是卫星定位基础设施的统称。也就是说，GNSS包括美国以外（俄罗斯、欧洲、中国、日本等）的卫星定位基础设施。

如今，仅GPS就要用到约30颗人造卫星，GNSS整体要用到100颗以上人造卫星。这种应用多种卫星定位基础设施的方法叫作复合GNSS。

由于定位只需要接收4颗以上的人造卫星信号，所以对普通用户来说，复合GNSS是一种冗余性过高的定位技术。

表3.3列举了卫星定位的常用方法。卫星定位的方法多种多样，位置精度也各不相同。

表 3.3　卫星定位方法一览表

定位方法	独立定位	相对定位		高精度独立定位
主要使用信息	伪　距	伪　距	载波相位	伪距/载波相位
位置精度	数　米	1 米	数厘米	大于数厘米
应　用	常见 GNSS 接收器的用途（汽车导航、智能手机等）	现在应用较少	·土木测量 ·地图测量 ·自动驾驶	根据相对定位/载波相位定位
备　注	·最简单的定位方法 ·用于多种应用 ·独立定位的结果也用于相对定位和高精度独立定位	·基准站采用的定位方法 ·通过接收补正信息消除卫星和大气误差，提高定位精度 ·20 世纪 90 年代后期因为有 SA，所以得到广泛应用 ·SA 解除后独立定位功能有所增加，相对定位很少得到积极应用	·利用载波相位的定位方法 ·可以测量厘米级的绝对位置 ·常见方法为 RTK-GNSS	·不参考基准站就能达到与载波相位相同的相对定位精度 ·也被称为 PPP（precise point positioning，精确点定位）

下面我们将从基础的独立定位到自动驾驶系统使用的RTK两个方面来介绍卫星定位技术。

1. 独立定位

独立定位是利用GNSS接收器获取三颗以上人造卫星的位置信息，以及人造卫星与GNSS接收器之间的距离信息，利用三角测量法估测绝对位置（纬度、经度、高度）的方法。GNSS对卫星轨道进行高精度管理并通过卫星通信发送人造卫星的轨道参数。因此，只要能用GNSS接收器接收这些信号，就能够计算出人造卫星的位置[①]。

各个人造卫星和GNSS接收器的间距可以用人造卫星的信号传输时间与光速相乘来计算。

根据上述两种信息可以计算GNSS接收器所在的地面绝对位置。也就是说，为了计算GNSS接收器所在的地面绝对位置，需要用到四颗以上人造卫星和GNSS接收器之间的距离（伪距）以及各人造卫星的位置。具体计算多采用非线性最小二乘法。

这种独立定位，GNSS在信号通过大气（尤其是电离层、对流层的大气）时会产生误差，位置精度极限为米级。而且20世纪90年代，美国政府人为向GPS中施加了SA误差，使得独立定位产生较大误差。

2. 相对定位

相对定位用于补偿独立定位产生的误差。

相对定位需要事先准备既定位置的基准站，通过基准站接收的人造卫星信号生成补偿信息。比较基准站的定位计算和GNSS接收器的定位计算，以实现对其他误差因素的补偿（见图3.13）。

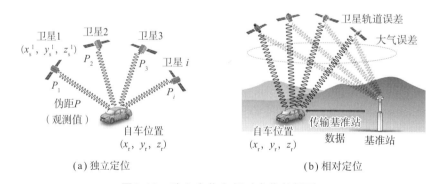

（a）独立定位　　　　　　　　　　（b）相对定位

图3.13　独立定位和相对定位的概要

（参考小岛祥子. 自动驾驶辅助的高精度自车位置估测研究. 名古屋大学博士论文, 2015. 制图）

相对定位方法大致分为两种。一种主要利用伪距进行定位，另一种主要利用载波相位进行定位。其中，伪距指的是各人造卫星与GNSS接收器之间的测量距

[①] 由于有三个未知数（纬度、经度、高度），理论上只要从三颗人造卫星上接收信号即可估测位置，但实际上接收器的时钟存在误差，时钟误差也是未知数，所以需要从四颗人造卫星上接收信号，这样还可以估测 GNSS 接收器的时钟误差。

离，如独立定位的章节所述，伪距的计算方法是将人造卫星的信号传输时间与光速相乘。载波相位指的是卫星定位基础设施使用的无线通信载波相位，使用这种载波相位时，要通过波数和波长计算人造卫星和GNSS接收器之间的距离。

见表3.3，如果应用相对定位，即便使用伪距，自车定位性能也高于独立定位，如果进一步利用载波相位进行定位就可以估测厘米级的绝对位置。

尤其是RTK-GNSS方法，它利用GNSS接收器可以从某时刻t开始准确测量来自人造卫星的载波波数的特点，能够以载波波长（约20cm）的1/100测量人造卫星与GNSS接收器之间的距离。具体方法是，设某时刻t人造卫星和GNSS接收器之间载波波数的整数部分为N，根据整数最小二乘法进行定位计算（见图3.14）。其中，对整数值N的估测叫作AR（ambiguity resolution，歧义消解），是RTK中十分重要的计算过程。如果没有准确设定歧义（ambiguity）的整数值N，就会产生位置误差，如果上空开阔，可以通过以比率检验法（ratio test）为代表的可靠性验证防止AR失败。比率检验法用于判断AR估测的整数值的可靠性。具体方法是根据整数最小二乘法估测出的N的第1解和第2解的比率，判断其可靠性。在测量业务领域，人们还会通过取RTK-GNSS结果的平均时间来进一步减小误差。

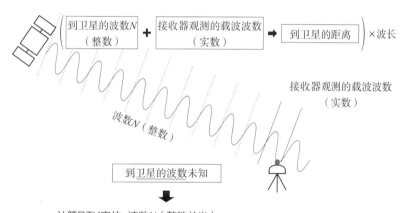

计算RTK定位=波数N（整数歧义）
得到（整数歧义）后可以以毫米级精度测量距离

图3.14　RTK-GNSS概要（千叶工业大学铃木太郎老师提供）

（RTK-GNSS通过估算卫星发射的载波波数测量卫星和接收器之间的距离。利用该过程中载波波数的整部部分N在观测时不发生变化的特点实现高精度定位）

然而在市区内和建筑物之间使用自动驾驶功能时，会受到多路径（直达波、反射波、衍射波的合成波）的影响，无法通过比率检验法等进行可靠性验证，有可能计算出错误的整数值N。

因为在自动驾驶系统中使用RTK-GNSS时，常常通过整合IMU信息来提高可靠性，或利用磁性传感器等道路基础设施增强位置信息的可靠性。

3.6.2　卫星定位与IMU协调合作，实现更加稳健的自车定位

1. 卫星定位与IMU

如上文所述，卫星定位技术始于20世纪90年代，近年来卫星定位技术的应用因结合GNSS而得到拓展，以RTK-GNSS为代表的高精度定位技术实现了厘米级定位。但是本书已讲过多次，卫星定位是通过接收人造卫星信号来定位，周围环境引起的干扰，如多径干扰，可能会导致自车定位结果出现明显误差。

因此，对可靠性要求极高的自动驾驶技术在借助卫星定位时，多采取下列措施。

（1）在RTK-GNSS可用且可靠的环境中使用卫星定位技术（如上空开阔的宽敞空间）。

（2）事先验证卫星定位误差较大的位置，在该处用其他方法代替自车定位（其他方法包括通过磁性传感器、高精地图和LiDAR进行自车定位）。

（3）将卫星定位与IMU等其他传感器相结合，提高自车定位的可靠性。

本节重点介绍和其他传感器协调合作的自车定位方法，尤其是与IMU的协调合作。

IMU传感器结合了陀螺仪传感器（角速度传感器）和加速度传感器，可以同时测量角速度和加速度（见图3.15）。只要对测量值进行整合就可以计算出姿态和速度。飞行器、航空器领域也可以通过高性能IMU估测位置、姿势（捷联式）。陀螺仪传感器包括机械陀螺仪传感器、MEMS（micro-electro-mechanical system，微机电系统）陀螺仪传感器、光纤陀螺仪传感器和环形激光陀螺仪传感器等，光纤陀螺仪传感器和环形激光陀螺仪传感器属于高精度陀螺仪传感器，被用于飞行器、航空器领域和机动车领域的自动驾驶、MMS等高精度自车定位。机械陀螺仪传感器和MEMS陀螺仪传感器的制造成本较低，普通机动车也可以使用。但是它们的误差大于光纤陀螺仪传感器，因此，很难单独用来获取位置和姿态[1]。

---

[1] 偏移不稳定性是陀螺仪传感器的性能指标之一。根据零偏不稳定性（bias instability），光纤陀螺仪传感器的精度约为0.1DPH（Degree Per Hour，度／小时），而MEMS陀螺仪传感器的精度约为数～数十DPH。"DPH"表示一小时内可能发生的误差量，光纤陀螺仪的0.1DPH表示在静态环境下，一小时内对角速度进行积分仅产生0.1°的误差。该数值越小，陀螺仪传感器的性能越高，价格也越贵。

(a) 干扰型光纤陀螺仪　　　　　(b) MEMS-IMU　　　　　(c) MEMS-IMU "TAG300"
　　"i-FOG"　　　　　　　　　　"AU7684"　　　　　　（内置电路板：AU7684）

图3.15 陀螺仪外观[照片来自多摩川精机（株）]

IMU也有传感器误差，尤其是机械陀螺仪传感器和MEMS陀螺仪传感器，对角速度、加速度进行积分计算后会产生累积误差。虽然可以计算相对角度、速度，但是难以估测绝对方位、速度。

因此，与卫星定位结合的GNSS/IMU技术受到广泛关注。尤其在机动车领域，仅靠卫星定位无法解决建筑物等遮挡人造卫星信号的问题，只采用IMU又成本过高，所以GNSS/IMU成为更加适合的选择。

2. 综合卫星定位与惯性传感器的GNSS/IMU

图3.16总结了卫星定位与IMU的优缺点。卫星定位的优点是能够测量绝对位置，缺点是位置误差较大，且被建筑物遮挡时无法计算。与之相反，虽然IMU只能计算相对运动，但是数据测量持续性、鲁棒性较高。卫星定位与IMU能够互相补充，配合默契。因此，许多场合都可使用GNSS/IMU。此外，二者的组合还常用到3.5.3节中介绍的扩展卡尔曼滤波器。

卫星定位（GNSS）　　　　　　　　　　惯性传感器（IMU）

优点　能够测量绝对位置　　　　　　　　　能够以高鲁棒性测量数据

缺点　环境容易导致误差增大、　　　　　　只能测量相对运动
　　　数据缺失

图3.16 卫星定位与IMU的优缺点

GNSS/IMU的示例如图3.17所示。GNSS/IMU分为松耦合和紧耦合两种。二者的不同之处在于是否在GNSS接收器中进行定位运算。

松耦合方式对GNSS接收器计算的定位结果和IMU输出的角速度、加速度信息通过最小二乘法或卡尔曼滤波器进行组合。计算负荷低，实现简单，是GNSS/IMU的常用方法。

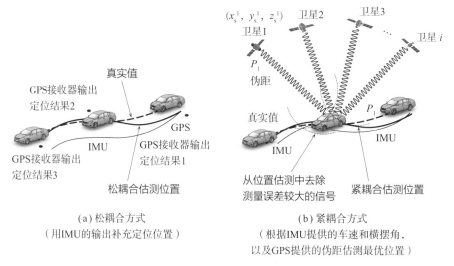

$(x_s^1,\ y_s^1,\ z_s^1)$

卫星2　　卫星3

卫星1

卫星 i

P_1
伪距

P_1

GPS接收器输出
定位结果2

真实值

GPS接收器输出
定位结果1

真实值

GPS

IMU

IMU

IMU

GPS接收器输出
定位结果3

松耦合估测位置

从位置估测中去除
测量误差较大的信号

紧耦合估测位置

（a）松耦合方式
（用IMU的输出补充定位位置）

（b）紧耦合方式
（根据IMU提供的车速和横摆角，
以及GPS提供的伪距估测最优位置）

图3.17　GNSS/IMU示例（参考小岛祥子. 用于
机动车驾驶辅助的高精度自车定位研究. 名古屋大学博士论文, 2015. 制图）

（松耦合方式将GNSS接收器的定位结果与IMU组合使用，紧耦合方式不在GNSS接收器中进行定位计算，而是
将伪距和载波等数据与IMU组合使用）

但是城市地区的人造卫星信号容易被遮挡，许多地方无法进行GNSS定位，导致松耦合方式在城市地区性能劣化。

而紧耦合方式将GNSS接收器测量的伪距、载波相位等原始数据与IMU信息相结合。紧耦合不需要利用四颗以上的人造卫星来计算绝对位置，在城市地区等人造卫星信号经常被屏蔽的地方也可以发挥其长处。紧耦合方式还需要同时估测GNSS接收器时钟的频率漂移误差，在多路径环境中也可能发生性能劣化。

第4章
自动驾驶车辆的决策

在公共道路行驶时，驾驶员需要在不扰乱交通的前提下安全驾驶车辆到达目的地。为了实现这一过程，自动驾驶车辆需要根据其他车辆的运动和交通规则规划自车的行驶轨迹，并生成避障行驶轨迹。

不仅如此，为了保障乘客的安全、舒适，行驶轨迹必须足够平稳。

实现上述功能的模块叫作决策模块，本章将介绍决策模块的结构和处理过程。

4.1 决策概述

根据环境信息计算轨迹的行为叫作决策。决策模块位于识别模块和执行模块之间，它的功能是根据识别模块提供的环境信息生成自车行驶轨迹，并将轨迹信息输出给控制模块。

以人类驾驶为前提的在售车辆上搭载的驾驶辅助装置与自动驾驶车辆上搭载的决策模块截然不同。在售车辆上搭载的驾驶辅助装置包括LKA（lane keeping assist，车道保持辅助）和ACC（adaptive cruise control，自适应巡航控制）等，LKA的功能是保持车辆行驶于车道中央，ACC的功能是速度保持和跟随前车，它们的输出都是油门（加速）、制动（减速）和转向（角度、转矩等）目标值。决策模块的功能与LKA和ACC不同，它包括针对前车作出自车的行动规划（如跟随或超车）、车道选择、避障等，输出为自车轨迹。

本章涉及的轨迹（trajectory）指的是以时间为参数的位置和姿态数据。路径（path）也是位置和姿态的数据，但与时间无关（时间不作为参数）[①]。

决策的输出不是路径，而是轨迹，这是因为它不仅针对静止物体，还针对移动体。换句话说，为了不与移动体发生碰撞，自车需要计算应该于何时处于何地，并作出决策。为了实现上述功能，人们研究了各种各样的决策模块，本章从决策周期的角度将决策模块分为以下三部分（见图4.1）。

（1）路径规划：从起点到终点的路径探索。

（2）运动规划：根据状况和交通规则规划驾驶运动[②]。

（3）轨迹生成：计算能够避障且乘坐舒适的轨迹。

该结构被用于斯坦福大学（Stanford Univ.）的自动驾驶车辆"Junior"[1]、弗吉尼亚理工大学（Virginia Tech.）的自动驾驶车辆"VictorTango"[2]、金泽大学的自动驾驶车辆[3]等。熟悉ROS[③]的读者

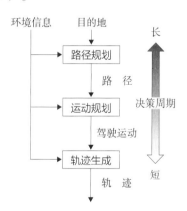

图4.1 从决策周期角度分割的决策模块

---

① 2.3 和 2.4 节的路径预测在本章中指预测轨迹。

② 驾驶运动包括停止 / 行驶，汇入 / 不汇入车道等。

③ 机器人专用软件平台 Robot Operating System 的缩写，平台内包含辅助构建机器人程序的开源软件资料库和工具。

可以这样理解上述结构，Navigation Stack的Global Planner相当于路径规划，Local Planner相当于运动规划和轨迹生成。一个Local Planner同时对应运动规划和轨迹生成的原因是自律型移动机器人和机动车周边环境的不同。也就是说，由于机动车行驶环境中存在各种各样的交通规则，例如，法定速度、可超车车道、遵守信号灯等。不仅要考虑到自车与其他车辆的关系，还需要遵守交通规则。这种驾驶运动就由运动规划模块来决定。

自律型移动机器人基本处于静态环境中，而机动车周围是动态环境。当然，自律型移动机器人周围也有其他移动机器人和人类等移动体，如果发生危险，只要中止这台机器人的工作即可。但是如果机动车每当遇见其他车辆就停止工作，则会导致致命的交通紊乱。而且在高速公路上汇入车流等情况下，自车和其他车辆都在工作，自车必须瞬间计算轨迹。根据上述动态环境计算自车轨迹的模块就是轨迹生成模块。

此外，本章虽然将运动规划模块的作用定义为规划驾驶运动，将轨迹生成模块的作用定义为计算轨迹，但并没有明确规定将这两个模块区分开来。区分示例如表4.1所示。

4.2 ~ 4.4节将分别对上述三个模块进行详细介绍。

表 4.1　运动规划模块和轨迹生成模块的区分示例

方法提出者所属	运动规划模块的输出	轨迹生成模块的输出
卡尔斯鲁厄理工学院[8]	驾驶运动	轨迹
Uber[12]	反映驾驶运动的轨迹	考虑到机动车约束的轨迹
Waymo[21]	无	轨迹

4.2　路径规划

自动驾驶技术中的路径规划指的是探索到达目的地的最优路径。也就是说，路径规划的作用与汽车导航的路径探索相同。

因此，路径规划首先要用到地图信息。地图信息有时采用矢量地图，如图4.2所示。矢量地图由表示车道交点的节点和表示车道连接线的连线等组成[3]，连线上会标出车道前进方向①。

路径规划需要在矢量地图上进行探索，找出代价最低的路径。以从东京都涩

---

① 为便于理解，图4.2中直接用节点的三角形方向表示前进方向。

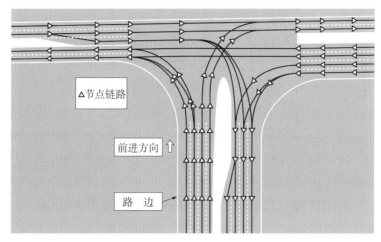

图4.2　T字路口的矢量地图

谷中心街到新宿黄金街的路径探索为例（见图4.3）。节点相当于十字路口，连线上标有十字路口的间距和法定速度。

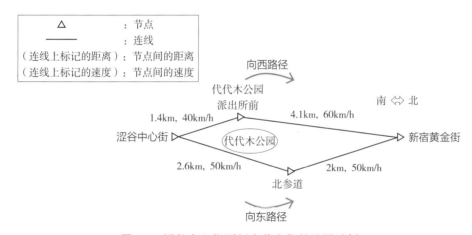

图4.3　涩谷中心街到新宿黄金街的地图示例

根据图4.3，从涩谷中心街到新宿黄金街的路径分为向东和向西绕过代代木公园的两条路径。为了从中做出选择，需要分别计算二者的代价。我们以行驶时间为代价，用C表示。行驶时间等于距离和速度的商，所以向东路径的代价C_{east}和向西路径的代价C_{west}计算如下：

$$\begin{cases} C_{east} = \dfrac{2.6}{50} + \dfrac{2.0}{50} = 0.092\,(h) = 5.520\,(min) \\[2mm] C_{west} = \dfrac{1.4}{40} + \dfrac{4.1}{60} = 0.103\,(h) = 6.180\,(min) \end{cases}$$

此时我们选择行驶时间较短的向东路径。

然而现实中即便只考虑行驶时间，实际路径也经常超过两条，探索极为复杂。

因此为了高效探索，采用图探索算法。图探索算法包括迪杰斯特拉算法[4]和A*算法[5]等。迪杰斯特拉算法只探索节点代价最低的节点，而A*算法在迪杰斯特拉算法的基础上增加了到达目的地之前的估测代价，进一步提高了探索效率。

举例说明，迪杰斯特拉算法采用的路径探索如图4.4～图4.7所示。我们在图中节点上标注字母以便区分。

1. 初始状态（0）

初始状态下有边代价[①]。边代价指的是通过边时付出的代价。以图4.3为例，十字路口之间的行驶时间相当于边代价。从节点a开始探索（见图4.4）。

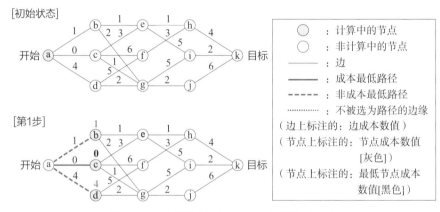

图4.4　迪杰斯特拉（Dijkstra）算法（一）

2. 第1步（1）

从节点a向与其连接的节点b、c、d移动。对各节点赋予节点代价。节点代价指的是从起始点到当前节点的边代价之和。比较节点b、c、d的节点代价，将值最小的节点c作为下一次探索的起点。

3. 第2步（2）

继续探索节点c连接的节点e、f、g。比较节点群前端的b、d、e、f、g的节点代价，选择代价最小的节点（b和g）。存在多个最小代价节点时需要分别进行探索。

4. 第3步（3）

从节点b开始探索（见图4.5）。从b向e和g移动，计算节点代价。其中，从b

---

① 该示例中事先对所有边赋予边代价，也可以在通过边时进行计算。

向e移动时，e的节点代价为2，小于事先计算的节点代价3，需要更新节点代价；从b向g移动时，g的节点代价为3，大于事先计算的节点代价1，不需要更新节点代价。

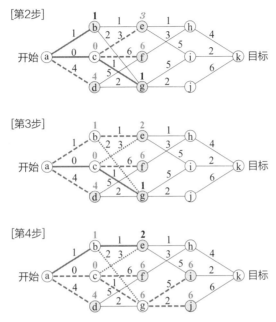

图4.5 迪杰斯特拉算法（二）（说明示例请参考图4.4）

5. 第4步（4）

继续探索节点g连接的节点i和j。比较节点群前端的d、e、f、i、j的节点代价，选择代价最小的节点e。

6. 第5步（5）

继续探索节点e连接的节点h和i。比较节点群前端的d、f、h、i、j的节点代价，选择代价最小的节点h和j。存在多个最小代价节点时需要分别进行探索。

7. 第6步（6）

继续探索节点h连接的节点k（见图4.6）。比较节点群前端的d、f、i、j、k的节点代价，选择代价最小的节点j。

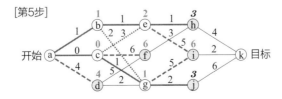

图4.6 迪杰斯特拉算法（三）（说明示例请参考图4.4）

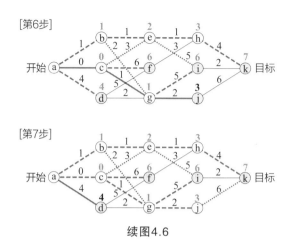

续图4.6

8. 第7步（7）

继续探索节点j连接的节点k。从j向k移动时，k的节点代价为9，大于事先计算的节点代价7，不需要更新节点代价。比较节点群前端的d、f、i、k的节点代价，选择值最小的节点d。

9. 第8步（8）

继续探索节点d连接的节点f和g。从d向f移动时，f的节点代价为9，大于事先计算的节点代价6，不需要更新节点代价。从d向g移动时，g的节点代价为6，大于事先计算的节点代价1，不需要更新节点代价。比较节点群前端的f、i、k的节点代价，选择值最小的节点f、i。存在多个最小节点时需要分别进行探索。

10. 第9步（9）

继续探索节点f连接的节点h（见图4.7）。从f向h移动时，h的节点代价为9，大于事先计算的节点代价3，不需要更新节点代价。比较节点群前端的i、k的节点代价，选择值最小的节点i。

11. 第10步（10）

继续探索节点i连接的节点k。从i向k移动时，k的节点代价为8，大于事先计算的节点代价7，不需要更新节点代价。这时节点群前端只有节点k，而且已达到目的地，结束探索。

根据上述结果，a-b-e-h-k为代价最小的路径。

该示例探索了所有节点，但也可以在确认目的地的节点代价小于其他节点时结束探索。或者说，无需探索所有节点正是迪杰斯特拉算法的一个优点。

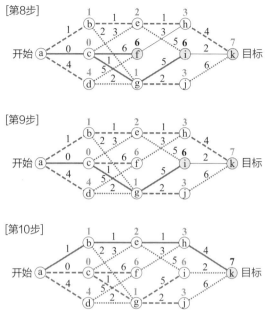

图4.7 迪杰斯特拉算法（四）（说明示例请参考图4.4）

而且由于城市道路地图的节点和连线结构几乎不随时间变化，在自动驾驶中无需频繁进行路径探索。只要在自车偏离路径等情况发生时进行探索即可。

4.3 运动规划

运动规划是指确定驾驶运动和实现驾驶运动的必要信息。驾驶运动包括停止/行驶，汇入/不汇入车道，行驶车道的选择，跟随/超车等。实现驾驶运动的必要信息包括可行驶区域等。

机动车在公共车道上行驶时的运动规划必须考虑交通规则和其他车辆的行动两方面因素。图4.8的示例中，中央车道中有一条白色虚线（可超车），自车前方的车辆行驶速度较慢。

这种情况下运动规划模块首先会确认法定速度，识别出前车的速度比法定速度慢，然后识别出自车可以改变车道行驶，最后选择跟随前车或超车或变道。

图4.8　运动规划示例

上述运动规划的输入和处理流程如下。

4.3.1　运动规划的输入

考虑到交通规则和其他车辆的行为两方面因素，在公共车道上自动驾驶时，运动规划的输入包括路径和环境信息。环境信息具体包括以下内容。

（1）道路信息（道路的种类、路宽、道路中心线、车道数量等）。

（2）标识信息（法定速度、停止线、白线的种类等）。

（3）信号灯信息（设置位置、当前颜色等）。

（4）自车信息（位置、姿态、速度、角速度、加速度、角加速度等）。

（5）障碍物信息（静止障碍物、移动障碍物）。

运动规划模块通过传感器、识别模块和地图（矢量地图）获取环境信息。例如，通过加速度传感器获取自车的加速度，通过识别模块获取当前信号灯的颜色，通过地图获取路宽等信息。

包含道路等信息的地图与数据库相似。例如，欧洲标准化的地图格式"OpenDRIVE"是以XML格式描述的[6]。OpenDRIVE的地图信息包括道路种类、道路终点、路宽、车道编号、白线的种类、道路中心线等。从事三维地图测量等业务的日本公司AISAN TECKNOLOGY（株）定义的地图中包括白线、停止线、护栏、信号灯、道路中心线等[7]。矢量地图的详情请参考3.2.2节。

将地图作为运动规划所需的环境信息的信息源，其优势在于能够获取静止障碍物的准确位置，无需识别标识，识别信号灯颜色时可以限定目标区域，可以获取传感器探测范围之外的区域信息等。

面临的问题包括地图更新的繁琐性，未及时更新地图时，实际环境与地图不一致，地图的数据容量过大等。至少在2020年，日本全国的所有道路地图尚不完善，而且通行量较小的道路在将来也可能无法被记入地图。在无法通过地图获取信息的道路上行驶时，只能依赖传感器等在行驶过程中实时识别的环境信息。

4.3.2　运动规划的处理流程

上述内容可以总结为下述运动规划的处理流程。

（1）获取自车的推荐车道、推荐速度和可行驶区域等前提条件。

（2）获取自车的位置、姿态等自车信息。

（3）获取静止障碍物的位置、姿态和移动障碍物的预测轨迹。

（4）根据自车的位置、姿态和与障碍物的位置关系等明确自车所处的状态。

（5）定义一套自车在所处状态下可以采取的驾驶行为。

（6）选择一种驾驶行为。

也就是说，流程（1）~（4）获取运动规划所需的信息，在流程（5）和（6）进行运动规划。

据此，自车和前方慢速行驶车辆的运动规划处理如图4.9所示，具体处理流程如下。

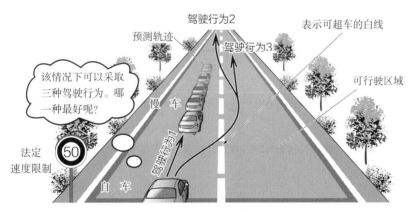

图4.9　运动规划示意图

（1）根据地图获得自车的推荐车道是它正在行驶的车道，推荐速度为50km/h，可行驶区域为当前行驶车道及相邻车道。

（2）根据自车定位模块获取自车当前位置和姿态，根据速度传感器获取自车的当前速度，根据其他传感器获取其他车辆信息。

（3）根据障碍物识别模块获悉没有静止障碍物，根据移动体预测模块获取慢于自车的其他车辆的预测轨迹。

（4）根据自车与其他车辆的位置关系了解自车前方有其他慢车，相邻车道有可行驶区域。

（5）定义该状态下可以采取的三种驾驶行为（1：跟随，2：超车，3：变道）。

（6）从三种驾驶行为中选择一种。

其中自车定位模块指的是实现自车定位技术（参考第3章）的模块，障碍物识别模块指的是实现物体识别技术（参考2.1和2.2节）的模块，移动体预测模块指的是实现行人和车辆路径预测技术（参考2.3和2.4节）的模块。此外，驾驶行为的定义和驾驶行为的选择方法也是多种多样，大体上分为采用学习行为的方法和不采用学习行为的方法。

4.3.3　参考状态迁移图的运动规划

车辆所处的状态和该状态下的驾驶行为在一定程度上受到交通规则的限制。这种有限的状态和基于这种状态的驾驶行为可以由人定义并在行为决策模块中实施。然后，行为决策模块根据这些定义确定自动驾驶期间的驾驶行为。

不采用学习行为的运动规划中有一种采用状态迁移图的运动规划方法。状态迁移图用于定义有限状态及该状态下执行的驾驶行为。状态迁移图的状态指的是自车及其周边环境在某个时间的状态。

参考状态迁移图的运动规划被用于DARPA城市挑战赛（DARPA Urban Challenge）[①]中出场的多台自动驾驶车辆[1, 8]，我们以参赛队伍之一的德国卡尔斯鲁厄理工学院（Karlsruher Institut für Technologie，KIT）的自动驾驶车辆"AnnieWAY"为例，对状态迁移图进行说明。

AnnieWAY的运动规划模块定义了嵌套结构的状态迁移图。最外层的状态迁移图定义了Drive（自车沿路行驶）、Zone（自车在停车场等特殊区域中行驶）、Intersection（自车在十字路口行驶）等驾驶行为，以及过渡到该驾驶行为的状态。嵌套结构内层的状态迁移图定义了各种驾驶行为的状态迁移图。

内层的状态迁移图中，Intersection的状态迁移图如图4.10所示。

---

① 2007 年由美国国防部高级研究计划局（DARPA）举办的自动驾驶车比赛。

Intersection内的各个方框定义了驾驶行为、箭头上定义了自车状态[①]。据此，运动规划模块首先获取当前执行的自车驾驶行为和自车周边状态。然后在当前执行的驾驶行为画出的箭头中选择与获取状态一致的状态，并选择箭头指向的驾驶行为。此外，图中指定了状态与驾驶行为的唯一（确定性）关系。还有一种方法叫作马尔可夫决策过程（Markov decision process，MDP）[9]，是根据自车状态计算驾驶行为被选中的概率，根据概率规划驾驶行为。

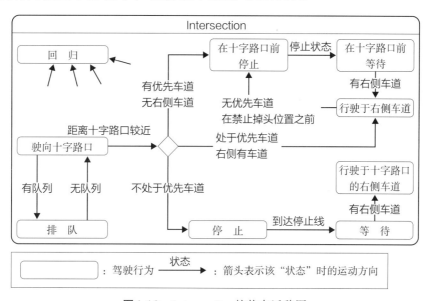

图4.10 Intersection的状态迁移图

　　状态迁移图也有弊端，状态越多，状态迁移图越复杂，而且无法保证可以描述所有状态。不仅如此，在遇到未定义的状态时，无法规划驾驶行为，可能会发生紧急停止甚至失控，而且根据某些状态迁移图的定义，自动驾驶车辆可能会过度安全驾驶，导致交通紊乱。

4.3.4 采用学习行为的运动规划

　　状态迁移图是人为定义的，而采用学习行为的运动规划是通过学习获取状态与该状态下选择的驾驶行为的对应关系。采用学习行为的运动规划中，状态指的是从环境中获取的信息。采用学习行为的运动规划优点是可以避免人为定义对应关系，能够获取想象不到的对应关系，消除主观臆断的（如过度安全驾驶）对应关系。

　　从学习方法的角度可以将学习行为分为监督学习、无监督学习和强化学习。

---

① 以右侧通行为前提。

监督学习指的是向学习模型赋予训练数据（标准答案），使训练数据等同于学习模型的输出的学习方法。无监督学习指的是在不赋予训练数据的状态下学习输入数据中的未知模式的学习方法。强化学习指的是学习模型在不赋予训练数据的状态下，判断自身行为引起的环境变化是好还是坏，并学习引起好的环境变化的行为的学习方法。

其中，通过监督学习来学习状态与驾驶行为的对应关系时，很难人为定义训练数据。具体举例来说，当前车速度较慢，有的驾驶员会选择超车，而有的驾驶员会选择跟随。而且训练数据中容易含有主观判断。而无监督学习主要采用数据分组（聚类算法）和主成分分析等方法，不适合用于学习状态与驾驶行为的对应关系。

人们正在积极研究通过强化学习进行运动规划，从而在不使用训练数据的前提下获取状态与驾驶行为的对应关系。

通过强化学习进行运动规划的学习流程如图4.11所示。首先将自车状态输入示意图左侧的学习模型，学习模型输出策略。策略指的是状态与行为的对应关系[①]。自车根据策略执行行为，并引起环境变化。无论环境发生的变化是好还是坏，学习模型都会得到奖励。接着，学习模型根据奖励修正策略。这一循环在各种状态下反复进行，推进学习。

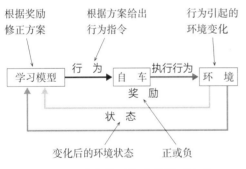

图4.11　强化学习策略的学习流程

据此，自车前方有慢车时的学习示例如图4.12所示。当前的初始策略为"前方有慢车的状态下，保持当前速度直行"。这时自车按照该策略保持当前速度直行（原速直行）。结果在环境内与前车发生碰撞。碰撞自然不好，学习模型得到低于不碰撞的奖励。低奖励使得学习模型学习到这种策略是错误的。

接下来，学习模型在同样状态下偶然输出"减速直行"的策略，自车未与前车发生碰撞。这时学习模型得到高于碰撞的奖励。得到高奖励的学习模型学习到"在前方有慢车的状态下减速直行"的策略。各种状态下重复这种学习，学习模型的性能得以提升。

[①] 严格地说，是某个状态下各种行为选择的含条件概率。

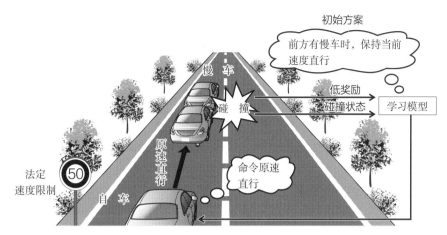

图4.12　自车前方有慢车时的学习示例

用实车反复进行学习（试错法）当然费时费力，并且伴有事故风险。为了方便和安全，我们选择在模拟器上进行学习。而且使用模拟器可以任意设置其他车辆的位置、车道数量、外部干扰带来的自车速度变化等各种状态，能够实现高效学习。

学习模型中用于深度学习的强化学习叫作深度强化学习。采用深度学习的优势在于能够自动学习模型内的特征量。人们正在研究通过深度强化学习进行运动规划的方法。

运动规划研究必须考虑机动车特有的安全保障问题。也就是说，与自律型移动机器人相比，机动车需要高速移动，发生碰撞时，对碰撞对象和乘客造成的伤害也更大。因此，机动车必须以安全为第一前提，避免与其他车辆及行人发生碰撞。如果学习模型作出错误的推断（输出错误策略），就可能与其他车辆相撞。所以机动车的运动规划方法研究对安全保障作出了各种探索。下面介绍其中的一部分内容。

1. Isele等人的方法

为了输出不与其他车辆发生碰撞的安全驾驶行为，Isele等人提出限制探索空间的方法[10]。介绍这种方法的论文针对没有信号灯的十字路口的左转问题，在学习模型中增加了预测（prediction）模块（见图4.13）。

这里，deep Q network（DQN，深度神经网络）①被用作学习算法。而预测模块则是预测未来的状态。如果预测的状态是危险的，则该行为被掩盖（忽

---

① 用深度神经网络学习动作价值函数 Q 的方法。

略）。在选择行为时忽略被掩盖的行为，限制搜索空间。Isele等人的方法判断预测状态的危险性是行为的结果，并且可以掩盖很少发生的危险行为，这是该方法的一个特点。

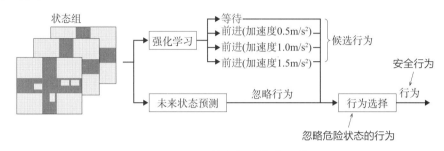

图4.13　Isele等人提出的学习模型

2. Mirchevska等人的方法

Mirchevska等人同样为了输出不与其他车辆相撞的安全驾驶行为，提出了强化学习和规则并用的方法[11]。Mirchevska等人提出的学习模型如图4.14所示。针对高速公路上变换车道问题，计算状态s下各种行为（选择各个车道）的价值函数Q。然后通过规则检查选择各个车道的安全性，从而选出能够安全行驶的车道。其中学习算法采用DQN。

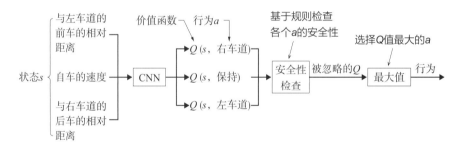

图4.14　Mirchevska等人提出的学习模型

3. Sadat等人的方法

Sadat等人提出的运动规划方法可通过学习获得人工定义的成本函数的权重[12]。他们对车道跟随（跟随前车）、车道变换（变换车道）、车道保持（以设定速度在车道上行驶）、让步（有障碍物时停止）这四种行为及评价上述行为的成本函数群进行定义，在运动规划时选择成本值最小的行为。同时学习该成本函数群的权重。

为了进一步提高学习效率，Sadat等人对资深驾驶员的谨慎驾驶行为进行模仿学习。模仿学习指的是智能体（Agent）模仿资深驾驶员的行为进行自动驾驶，并自主学习该行为引发的状态。

Sadat等人的方法通过模仿学习获得资深驾驶员的行为，效率高于从零开始试错的强化学习方法。其中成本函数群的权重学习采用结构化SVM（structured SVM）[①]。

4.4　轨迹生成

轨迹生成模块的作用是计算能够避让障碍物且舒适度高的轨迹[②]。轨迹生成模块的功能是：

（1）沿车道行驶。

（2）在移动时躲避移动障碍物。

（3）考虑非人体工程学车辆约束。

（4）避免发生突然加减速和剧烈横向加速度。

下面介绍轨迹生成的算法。

4.4.1　轨迹生成模块的输入

如图4.1所示，轨迹生成模块要输入环境信息和驾驶行为。轨迹生成模块所需的环境信息没有正式的定义，具体内容如下：

（1）自车信息（位置、姿态、速度、角速度、加速度等）。

（2）障碍物信息（静止障碍物、移动障碍物）。

运动规划模块中不含道路信息、标识、信号灯信息，这是因为运动规划模块的输出中已含有上述信息。

轨迹生成模块所需的驾驶行为也没有正式定义，包括停止/行驶，汇入/不汇入车道，行驶车道的选择，跟随前车/超车等。需要注意，驾驶行为的输入中含有自车实际实现驾驶行为时所需要的信息。也就是说，为了实现驾驶行为，必须事先准备好参考路径和可行驶区域等信息（见图4.15）。

[①] SVM 学习模型通过学习获得数据分类的超平面系数，将数据分为两个等级。该系数相当于成本函数群的权重。结构化 SVM 是分类扩展到两个等级以外的 SVM。

[②] 轨迹生成的同义专有名词还有路径生成、路径规划等。由于输出轨迹的模块有时是路径生成模块，所以在搜索论文时，不仅要搜索标题，还要搜索正文内容。

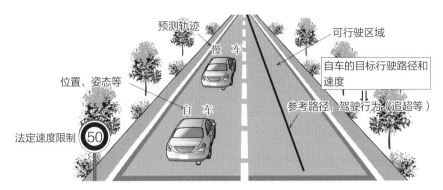

图4.15　自车为实现驾驶运动所需的信息（粗体字）示例

参考路径（reference path）指的是希望自车行驶的路径和速度。参考路径中的路径通常是经过目标行驶车道中心线的路径，无法获取通过中心线的路径时，也可以使用手动驾驶的行驶轨迹日志。速度采用法定速度或速度限制标识上的速度，在交通拥堵时可以随交通流的速度而变化。参考路径本身并不充分考虑自车当前的位置、姿态和速度。综上所述，轨迹生成模块会使自车的当前位置、姿态和速度逐渐接近于参考路径，生成平稳过渡到参考路径的轨迹。

4.4.2　轨迹生成的处理

见表4.1，轨迹生成方法多种多样，不同方法的处理内容也不同，我们以Werling的方法[15]为例进行说明。该方法的目标是在驾驶运动范围内生成能够避障且乘坐舒适的行驶轨迹。

首先定义轨迹生成所用的坐标系。严格说，该坐标系有坡度，应设为三维坐标系。但实际情况中机动车不会像无人机一般急升/急降，所以将轨迹生成所需的可行驶区域近似为二维平面不会带来太大影响。简化表现形式，忽略高低差的角度，将其定义为二维坐标系。

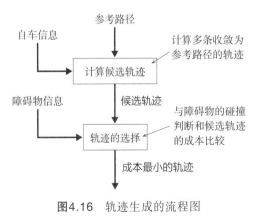

图4.16　轨迹生成的流程图

轨迹生成的流程如图4.16所示，其概要如图4.17所示。

如图4.16图所示，在轨迹生成中，首先计算几个轨迹以收敛到一个参考轨迹，并在参考路径中加入时间信息。这一组轨迹在本章中被称为候选轨迹。所有轨迹必须是平滑的，并满足连续性，同时考虑到对车辆运动的限制（车辆不能突然转向）。

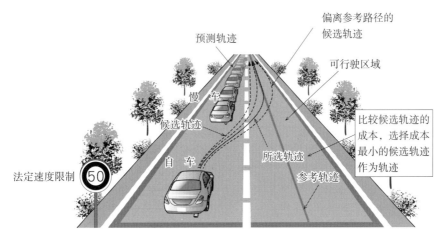

图4.17 轨迹生成的概要

接下来计算候选轨迹的成本，选择成本最小的轨迹。同时判断是否会与周围障碍物发生碰撞，与障碍物发生碰撞时成本提高。图4.12中的运动规划也会粗略判断碰撞，但为了安全起见，要在轨迹生成中进行严格判断。如果跟随参考轨迹的轨迹都相交，则以安全为前提选择暂时大大偏离参考轨迹的轨迹。

由于环境信息时刻都在变化，需要周期性执行轨迹生成。参考文献［1］中的控制周期为0.1秒，参考文献［15］中为0.2秒。

为了安全起见，机动车必须在轨迹生成过程中严格判断是否会与移动体发生碰撞。而严格判断就需要在移动体碰撞的判断上花费大量计算时间。对自车的多条候选轨迹进行碰撞判断则会进一步延长计算时间。例如，参考文献［15］将90%的轨迹生成时间用于碰撞判断。

虽说是严格判断，但碰撞判断的计算时间如此之长是因为模拟了自车和移动体的轨迹，细分时刻后不断进行碰撞判断。如果能用曲线公式表示移动体的预测轨迹，只需要求出移动体的预测轨迹公式和自车轨迹公式的公共解就可以进行碰撞判断，理论上可以缩短计算时间。但实际上移动体（行人和其他车辆等）的速度始终在变化，前进方向也会突然变化，很难用曲线公式描述。

在游戏编程等领域也有许多移动体碰撞判断方法［13］。这些方法在自动驾驶系统中的应用包括用矩形表现自车和移动体，检查矩形之间的重叠情况。在此基础上随着时间的推进反复检查，到达目的地时结束工作。

这里的问题是在一次碰撞决策中要推进的时间增量。如果时间间隔太长，移动体在时间间隔内移动得太远，就会造成在真实环境中不可能出现的错误，例如在图4.18中，移动体在矩形之间滑行。相反，如果时间间隔太短，碰撞检测迭代的次数就会增加。因此，有必要调整时间增量，同时考虑到推进时间时的运动量和计算时间。

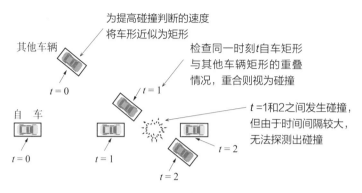

图4.18　碰撞判断的失败示例

4.4.3　不采用学习行为的轨迹生成

DWA（dynamic window approach，动态窗口算法）是不采用学习行为，仅考虑自车控制性能的轨迹生成方法[14]。DWA也被实现于机器人操作系统的 local planner。

DWA设定三个窗口。第一个窗口表示可以输入控制模块的范围（用移动速度的最小值、最大值，角速度的最小值、最大值确定的窗口）。第二个窗口是自车以一定的移动速度和角速度在固定时间内行驶的轨迹，通过改变移动速度和角速度计算多条轨迹，设定包含上述轨迹的区域（窗口）。第三个窗口是与障碍物无交集的区域（窗口）。

接下来从上述窗口重叠区域的轨迹中选择评价函数最好的轨迹。评价函数包括轨迹终端的自车姿态与终点姿态的差，以及移动速度值等。根据评价函数，向终点延伸较长的轨迹易被选中。此后在每个控制周期重复进行窗口设定和轨迹选择，自车会逐渐靠近参考路径（见图4.19）。

由于DWA使自车逐渐靠近参考路径，很难通过一个步骤描述通过特定位置的轨迹。也就是说，在汇入车道等插入其他车辆之间的情况，当特定位置在其他车辆之间时，DWA无法描述通过该位置的轨迹，因此，需要采取其他方法。

Werling等人提出跟随特定位置的轨迹生成方法[15]。该方法考虑到"机动车沿车道行驶"，沿车道定义坐标系。如图4.20所示，将坐标系的原点置于参考路径，s轴与参考路径的切线方向一致，d轴与参考路径的法线方向一致。根据参考路径的位置，切线和法线的方向有时不同，这种s轴和d轴的组合被称为参考路

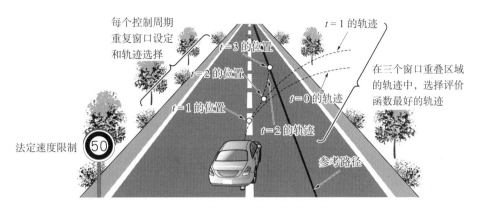

图4.19 DWA的轨迹生成（t的单位是步）

径的运动参考系（moving frame）或Frenet-Serret参考系。用参考路径的运动参考系定义的坐标系在本章叫作s-d运动坐标系。s-d运动坐标系中，时刻t的自车位置$x(t)$用路径长度$s(t)$和参考路径的横向偏移量$d(t)$来表示。

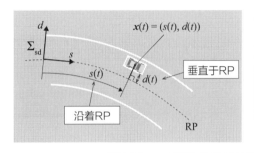

图4.20 s-d运动坐标系的定义

使用上述s-d运动坐标系的优点在于转弯处的处理方式与直线道路相同。图4.21对正交坐标系和s-d运动坐标系表示转弯车辆轨迹的结果进行了比较。右上的正交坐标系显示的自车轨迹在转弯，右下的s-d运动坐标系显示的自车轨迹只有s成分。由于s-d运动坐标系能够用同样的结构表现转弯和直行，所以可以在不考虑转弯的前提下计算轨道。

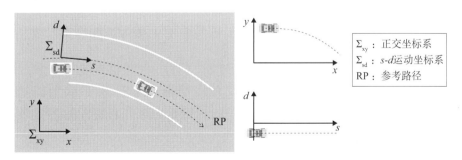

图4.21 坐标系和转弯车辆轨迹的关系

相对地，使用 $s\text{-}d$ 运动坐标系的缺点是转弯时仅凭参考路径的运动参考系无法计算横向 G 值（横方向加速度），需要变换为正交坐标系。

Werling 等人的方法[15]是分别生成 s 轴方向和 d 轴方向的候选轨迹。首先设定一个平面，横轴为时刻 t，纵轴为 s 成分或 d 成分（见图 4.22）。然后在 $t\text{-}s$ 平面任意位置设定终点。画出自车在 $t=0$ 时刻 s 点与终点连接的五阶曲线，在 $t\text{-}d$ 平面同样画出五阶曲线。接下来从 $t\text{-}s$ 平面的五阶曲线群和 $t\text{-}d$ 平面的五阶曲线群中分别选出一条曲线。将选出的两条曲线组合在一起，变换为 $s\text{-}d$ 运动坐标系的轨迹。然后改变选出的曲线，计算多种轨迹，计算它们的成本，选出成本最小的轨迹。用这种方法就可以在任意位置生成平稳行驶的轨迹。

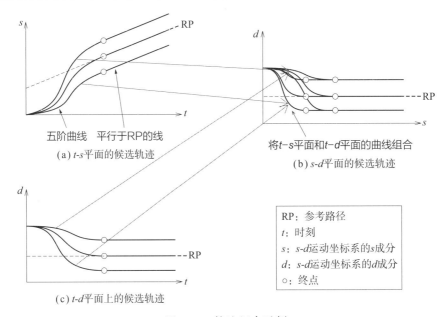

图 4.22　轨迹组合示例

但是用这种方法无法计算多条曲线相连的轨迹。如果无法计算多条曲线，就很难超车（超过前车后回到原车道）或避障。虽然反复使用这种方法可以生成多条曲线，但是无法在重复执行得到的多条轨迹中选出整体最优轨迹，很有可能陷入局部解。

计算出串联多个终点的轨迹群，并在此基础上选择成本最低的轨迹，就可以解决上述问题[16, 17]。将终点作为节点并制成图表，探索时就能优化整个轨迹。

此外，自律型移动机器人的路径探索问题也需要用到图表探索，其与机动车的图表探索不同之处在于"探索时是否考虑连接节点间的轨迹"。自律型移动机器人不考虑上述轨迹，多用直线连接节点，而机动车需要考虑连续性（不能突然加减速或旋转）的轨迹连接节点。

CL-RRT[16]在当前节点周围的随机位置设置节点，选择路径成本最小的节点，反复进行布局和选择，直至到达终点。其中，路径成本指的是从起点到设置的节点之间的成本。为了使轨迹平稳，重点在参考路径周围设置节点。

如图4.23所示，Lattice planner以一定间隔设置节点，选择路径成本最小的节点。参考文献［17］在路径方向以10cm间隔设置节点。

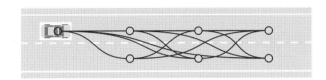

图4.23 Lattice planner的节点

综上所述，使用CL-RRT或Lattice planner能够计算出从起点到终点的整体最优轨迹，难点在于节点数和计算时间的协调。也就是说，增加节点数会使计算时间以指数函数增加，但是减少节点数又会降低轨迹的可调节性。为了达到平衡，需要设定满足计算时间和轨迹可调节性的节点数，并仅在生成轨迹所需的位置设置节点。

4.4.4 采用学习行为的轨迹生成

如上一节所述，不采用学习行为的轨迹生成过程是生成候选轨迹并从中选出一条轨迹，而采用学习行为的轨迹生成过程则不生成候选轨迹，直接规划最优轨迹。这是因为只要通过学习行为得出最佳策略，就能直接决定最优轨迹。

DQN[18]就是一种采用学习行为的轨迹生成方法。该方法定义的状态包括智能体①的当前位置、障碍物、智能体与终点的位置关系。动作的定义是智能体的前进方向。策略的定义是各种状态下智能体选择各种动作的概率。动作引发好的或坏的环境变化时会产生奖励。方法的动作价值是该动作在将来得到的估测奖励。

根据上述设定，学习时各种状态（栅格地图的图像）会被代入网络，学习该状态下执行动作的价值（动作价值函数Q）。反复学习后Q得以简化。最后按照策略选择Q值最高的动作就可以得到学习范围内的最佳动作。

---

① 强化学习中，机动车和机器人等动作主体也可以被称为智能体。

　　DQN的网络（学习模型）如图4.24所示。向网络输入栅格地图的图像，输出前进方向[①]。卷积层（convolutional layer）提取图像特征，全连接层（fully connected layer）决定前进方向。

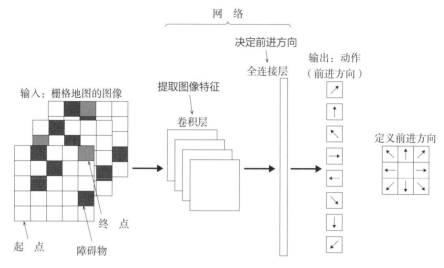

图4.24　利用DQN探索路径的网络

　　DQN方法使用CNN。CNN主要在图像识别领域发展（参考2.2节），而栅格地图与图像相同，栅格规则地排列于二维平面，因此也可以使用CNN。

　　DQN也存在一个问题，就是当学习结果输入的新环境与学习过的环境不同时，无法输出正确的动作。新环境指的是栅格地图中障碍物的位置发生变化。无法输出正确的动作是因为DQN只能在学习环境中通过试错来学习。在学习环境中获得的未来奖励无法直接用于新环境。例如，学习环境中得到的未来奖励最高的路径，在新环境中可能存在障碍物。因此，为了在新环境仍然能够顺利执行动作，要同时学习未来奖励的获得方法。Value iteration network（价值迭代网络）[19]在价值函数Q的学习过程中加入了学习奖励、迁移目标状态，成功地在不同于学习环境的新环境中执行了正确动作。

　　将轨迹生成中的图表探索用于深度学习时，由于与相邻节点的相对距离和连接节点数不规则，不是栅格状，所以轨迹生成的图表与卷积的协调度较差。针对该问题，人们提出卷积的相邻节点布局不规则的GCN（graph convolution network，图卷积网络）[20]。

[①] 机动车行驶于栅格中时，考虑到机动车的移动约束，需要计算出当前栅格到目标栅格之间的曲线轨迹。

Bansal等人还提出了基于学习的轨迹生成方法"ChauffeurNet"[21]。该方法属于监督学习，将资深驾驶员的驾驶数据作为训练数据。如图4.25所示，ChauffeurNet由FeatureNet和AgentRNN组成。FeatureNet中输入道路地图和信号灯状态等7种图像。用图像输入而不是数值输入的好处是能够灵活应对其他车辆数量上的变化，添加信息时只要将信息以图像的形式添加即可，无需改良界面。

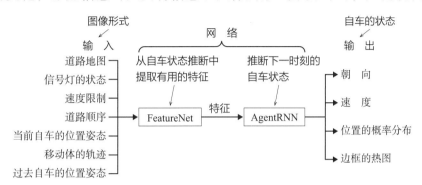

图4.25　ChauffeurNet的网络结构

FeatureNet网络使用CNN，CNN会提取图像特征（并非图像识别结果），然后由AgentRNN①输出特征。

AgentRNN输出下一时刻的自车状态。自车状态包括车辆朝向、速度、位置的概率分布、边框的热图②。将上述数据与资深驾驶员的驾驶数据相比较，进行差分运算（imitation losses）。再用边框的热图计算自车与其他车辆的碰撞、轨迹跟随状态，计算与理想状态的差分（environment losses）。最后更新AgentRNN模型，使模拟损失和环境损失最小化。

ChauffeurNet经过模拟器和实验跑道的真车实验，证明其成功学习了十字路口的停止和右转等驾驶行为[22]。

4.5　决策功能的实用化

为了将自动驾驶实用化，人们正在积极研发决策功能。而自动驾驶的实用化时间尚未决定。

---

① RNN 是将网络输出代入网络输入，进行循环式学习的网络。它根据过去的信息（网络输出）进行学习，适合时序数据的学习。看重过去位置连续性的轨迹生成与 RNN 的默契度较高。

② heatmap（热图）是将颜色不同或深浅不一的数据投射到二维平面上，用来从视觉上描述数据特征。ChauffeurNet 的热图描述自车处于该位置的概率。

本节介绍决策功能的研发情况，深度学习在决策功能中的应用问题，以及决策功能可靠性的保障方法。

4.5.1　决策功能的开发情况

从2020年到现在，决策功能的研发情况如下，简要介绍公共道路复杂条件下两个成功案例[①]。

Waymo从2017年起在美国亚利桑那州的凤凰城（Phenix）进行自动驾驶试验，2018年开始提供自动驾驶出租车服务。2018年配备了安全驾驶员，2019年取消[23]。该项服务的流程是，使用者先通过智能手机呼叫出租车。自动驾驶车辆出现在指定位置，使用者上车并指定目的地后，自动驾驶车辆开始运行。自动驾驶车辆会实时识别其他车辆、行人、信号灯和标识等，不仅能沿道路行驶，在有车插入时还能够减速以保持车距，在对向车辆通过后再左转[②][24]。

Cruise公布了在狭窄道路有多辆其他车辆和行人的情况下，自动驾驶功能的工作情况。如果有多条车道，自动驾驶车辆只要在中央车道行驶，避开停在路边的车辆和行人即可，但是狭窄道路上，自动驾驶车辆必须在车道内避开上述障碍物，需要进行极其复杂的决策。在一般车道上的真车实验中，Cruise成功完成了自动驾驶车辆实时识别其他车辆、行人，超过停止车辆，以及在遇到有人下车的停止车辆时停车[25]。

期待今后能够扩大可行驶区域，并能将决策功能搭载于在售车辆等。

4.5.2　深度学习在决策功能中的应用问题

深度学习在自动驾驶系统的识别功能（参考第2章）中得以应用，部分已进入实用化，但它在决策功能中的应用相对慢了许多。本节将讨论深度学习应用于决策功能时面临的问题。

深度学习应用于决策功能面临的最大问题是在未学习的环境和情况下的推断。我们很难提供驾驶过程中所有环境和状况的数据集，即使能提供，也难以收敛学习。因此，如果将深度学习用于决策功能，需要机器学习以外的算法作为推断失败时的保障。

---

① 本田技研工业（株）开发的交通拥堵辅助是一种ACC（控制功能），在本节不多作介绍。辅助过程中乘客无需注视前方，交通拥堵辅助属于3级自动驾驶。

② 在美国，机动车右侧通行，所以在左转时，对向车辆与自车的路径相交。

此外，决策依据的解释也是一大难题。深度学习得到的学习模型是"黑箱"，发生事故时难以解释决策依据。如果无法解释依据，也就无法查明事故原因，无法划分责任归属。Sadat等人通过人工定义自车采取的动作和成本函数，只用深度学习成本函数的权重[12]。

4.5.3 提高安全性

无论是否采用深度学习，安全保障都极为重要。为了提高决策功能的安全性，考虑以下功能。

（1）运动规划模块和轨迹生成模块分别检查各自的输出是否安全。

（2）3级自动驾驶条件下，生成在时间上足以由自动驾驶安全转换为手动驾驶的轨迹。

（3）设定ODD（operational design domain，运行设计域），在ODD范围内转换为手动驾驶或停车。

（4）将传感器设置为冗余状态以减少传感疏漏。

（5）预测死角区域的状态以消除决策材料遗漏。

（6）定义自动驾驶中可能发生的脚本多样性，验证所有情况下能否进行运动规划和轨迹生成[①]。

---

① 德国 PEGASUS 项目探讨了自动驾驶中可能发生的脚本多样性。

第5章
纵横方向的车辆运动控制

本章介绍自动驾驶系统中的车辆运动控制，由加速、制动的纵向车辆运动控制（longitudinal vehicle motion control）和转向的横向车辆运动控制（lateral vehicle motion control）两部分组成[①]。

首先讲解机动车的自动化等级定义，介绍自动驾驶系统和已经实用化的先进驾驶辅助系统（advanced driver-assistance system，ADAS）的区别。

然后分别介绍自动驾驶系统和ADAS中使用的车辆运动控制技术。

接下来讲解控制系统的设计，性能评价中的重要思维方式和方法论。

最后探讨将深度学习应用于控制系统的可能性。

① 我们习惯称车辆的前后方向为纵向，左右方向为横向。

5.1 自动驾驶系统和ADAS的关系

　　自动驾驶系统和ADAS的差别在于自动化等级不同。自动化等级是从人类和机器（系统）协作的角度，表示某一方承担责任的程度的指标。表5.1给出了美国汽车工程师协会（Society of Automotive Engineers，SAE）对驾驶自动化等级的定义①。根据SAE的定义，ADAS可分为0级～2级，自动驾驶可分为3级～5级。下面对各等级进行简单介绍。

表 5.1　SAE 的驾驶自动化等级

（节选自JASO. TP 18004机动车驾驶自动化系统的等级分类及定义，汽车工程师协会，2018）

等级	名　称	定　义（口语描述）	动态驾驶任务		难以维持动态驾驶任务时的响应	限制区域
			连续横向、纵向车辆运动控制	目标物体、情况的探测和响应		
驾驶员执行部分或全部动态驾驶任务						
0	无驾驶自动化	驾驶员执行全部动态驾驶任务（包括得到驾驶安全系统的辅助）	驾驶员	驾驶员	驾驶员	不适用
1	驾驶辅助	驾驶自动化系统在特定限制区域内持续执行动态驾驶任务，纵向或横向（二选一）的车辆运动控制子任务　同时驾驶员需要执行剩余的动态驾驶任务	驾驶员和系统	驾驶员	驾驶员	限　制
2	部分驾驶自动化	驾驶自动化系统在特定限制区域内持续执行动态驾驶任务，纵向或横向的车辆运动控制子任务　同时驾驶员需要完成目标物体、情况的探测和响应，并监督系统	系　统	驾驶员	驾驶员	限　制
自动驾驶系统（工作时）持续执行所有动态驾驶任务						
3	有条件驾驶自动化	自动驾驶系统持续执行所有动态驾驶任务。在工作难以持续时做好响应准备的使用者不仅需要对其他动态驾驶任务执行系统相关的系统故障作出反应，还需要接受自动驾驶系统输出的介入要求，并做出正确的响应	系　统	系　统	工作难以持续时做好响应准备的使用者（成为替代驾驶员）	限　制
4	高级驾驶自动化	驾驶自动化系统在限制区域内持续执行所有动态驾驶任务和工作难以持续时的响应　在工作难以持续时，不需要使用者响应介入要求	系　统	系　统	系　统	限　制

---

① 除了 SAE 标准[1]，日本汽车工程师学会还出版了一份技术文件[2]，该文件是对 SAE 标准的翻译。

续表 5.1

等级	名　称	定　义 （口语描述）	动态驾驶任务		难以维持 动态驾驶 任务时的 响应	限制 区域
			连续横向、 纵向车辆运 动控制	目标物体、 情况的探测 和响应		
5	完全 驾驶 自动化	驾驶自动化系统持续且无限制地（即不 受限制区域所限）执行所有动态驾驶任务 及难以持续工作时的响应。在工作难以持 续时，不需要使用者响应介入要求	系　统	系　统	系　统	无限制

注: 表中内容并非对驾驶自动化系统等级作出规定，更倾向于解说及参考; 并非法律规定，更倾向于技术层面的分级。
　　多种要素并非各等级中的最高水平，而是最小能力。表中的"系统"指的是驾驶自动化系统或自动驾驶系统。

　　首先，我们对专用术语作出定义。动态驾驶任务（dynamic driving task，DDT）指的是车辆驶向目的地过程中的所有驾驶任务中，驾驶车辆承担的任务。图5.1所示的驾驶任务概略图中，外框表示目的地规划等战略等级的任务，内部两个框中的任务都是DDT。

　　如图5.1所示，DDT分为战略等级任务和操作等级任务两种。战略等级任务包括识别其他车辆及其动向，据此作出运动规划; 操作等级任务包括纵向车辆运动控制的加速、制动，以及横向车辆运动控制的转向。战略等级任务请参考第4章的内容。本章讲解操作等级任务。

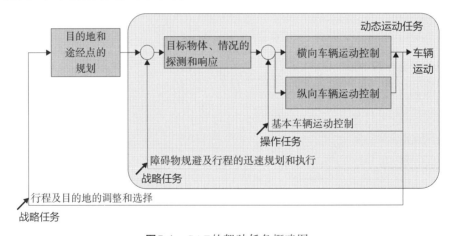

图5.1　SAE的驾驶任务概略图

（节选自JASO. TP 18004机动车驾驶自动化系统的等级分类及定义，汽车工程师协会，2018）

1. 0级自动化

　　0级自动化表示驾驶员执行所有DDT，系统不执行任何DDT。例如，车道偏离预警系统（lane departure warning，LDW）的辅助。

2. 1级自动化

1级自动化指的是系统在操作等级的DDT中仅执行纵向或横向操作，由驾驶员执行其他DDT，现有ADAS程序大多属于此类。例如，系统控制加速踏板保持一定速度的定速巡航，控制加速踏板、制动、改变速度并跟随前车的自适应巡航控制ACC，控制转向以避免偏离车道的车道保持辅助LKA，控制转向、保持车辆行驶于车道中心的车道居中辅助（lane centering assist，LCA）等。上述ADAS程序概要参考5.2节。

3. 2级自动化

2级自动化指的是系统执行全部操作等级的DDT。但是驾驶员有责任始终监控周围情况，必要时介入系统，保障安全。同时执行ACC和LKA/LCA的系统就属于这一等级。2020年起，2级自动化已在一部分机动车公司实现应用。2级自动化中，系统会探测驾驶员是否始终执行手握方向盘等监控行为。

4. 3级自动化

3级自动化中，系统在特定限制区域内执行全部DDT，驾驶员无需监控周围情况，当车辆进入限制区域外的区域或发生系统无法应对的状况时，系统会请求驾驶员响应。例如，恶劣天气（如大雨导致传感器无法获得充足的环境信息）等导致系统到达极限时，系统将告知驾驶员无法继续工作，会在几秒后中断驾驶操作，将驾驶权移交给驾驶员。

5. 4级自动化

4级自动化中，系统在特定限制区域内执行全部DDT，包括紧急情况。在离开限制区域之前，驾驶员无需参与，可以完全离开驾驶座，包括紧急情况。离开限制区域时，与2级自动化相同，系统需要留出充分的时间告知驾驶员将中断驾驶操作，并将驾驶权移交给驾驶员。不仅如此，4级自动化下如果驾驶员未应答，系统必须执行将车辆停至安全场所等操作。

6. 5级自动化

5级自动化中，系统在从出发地到目的地的所有区域执行全部DDT。也就是说，驾驶员无需进行任何操作。极端地说，车辆甚至无需配备驾驶员操控方向盘。

有人认为SAE的自动化等级定义并不完善[3, 4]。例如，表5.1中的3级自动化，系统在紧急情况会留出充分的时间提前告知驾驶员，要求移交驾驶权，但是从感知工程角度来看，如果驾驶员未对系统的移交要求作出响应，则还需要增加一种自动化等级，系统需要出于故障保护而继续控制车辆。SAE标准并未设定这一阶段的等级，可以理解为包含在3级自动化内。

因此，相同的3级自动化驾驶系统也会有功能差别，容易使用户感到疑惑。从人类与机器的协作角度来说，这一问题尚待解决。

5.2　ADAS技术

本节将介绍当前已经实用化的与车辆控制相关的ADAS技术。

如前面章节所述，0级～2级自动驾驶即ADAS技术，指的是纵向车辆运动控制（加速、制动）和横向车辆运动控制（转向），两种操作任务中至少有一种自动化。本节探讨的ADAS技术概略图如图5.2所示。下文分别从纵向、横向和纵横两个方向车辆运动控制进行讲解。

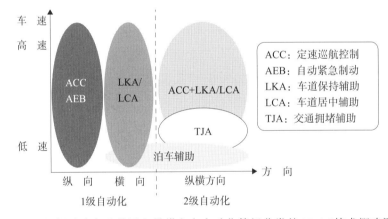

图5.2　根据对应车速范围和纵横方向自动化等级分类的ADAS技术概略图

5.2.1　纵向车辆运动控制

纵向车辆运动控制分为定速巡航及其发展型，以及自动紧急制动（autonomous emergency braking，AEB）。

1. 定速巡航及其发展型

定速巡航是指由车辆系统控制油门，保持驾驶员设定的速度不变的功能。定速巡航仅采用反馈控制，不进行制动控制，通过调节加速踏板开度控制速度，所以在较长下坡时可能超过设定速度，而且不能突然减速。

ACC功能在仅有油门控制的定速巡航的基础上加入制动控制，根据路况改变速度以跟随前车。如果没有前车，则以设定速度行驶，接近前车时根据前车减速，保持车距。此时需要根据前车的速度调整自车车速，并从安全角度出发，根据速度决定车距。通常以自车与前车的车距和相对速度的商，即TTC（time-to-collision，碰撞时间）为指标。ACC与定速巡航同为反馈控制，ACC通过同时进行制动控制来扩大速度调整范围。不同系统对应的车速范围不同，近年来支持全车速范围的ACC正在成为主流。如果ACC能够支持起始到停止的全车速范围，就可以完成纵向控制的自动化。接下来，如果第4章中的决策系统能够施加目标跟随速度指令值，就打好了自动驾驶的基础。

应用车车通信的协调型ACC（cooperative ACC，CACC）是ACC的发展型。普通ACC通过自车传感器探测前车的加减速，反映到控制系统会发生延迟，而协调型ACC通过车车通信将前车的车速和加速度信息直接用于控制系统，可以消除控制延迟，实现更加高效的控制。从技术层面来说，属于ACC的反馈控制与基于前车信息的前馈控制组合，实现双自由度控制。

2. 紧急制动技术

紧急制动技术在碰撞危险较高且驾驶员未采取制动时，能够自动制动，减轻碰撞带来的伤害。为避免用户将该技术与自动驾驶功能中的自动制动混淆，日本国内称该技术为紧急制动技术。

由于传感器的探测功能有限，紧急制动技术的实用化首先从追尾及对行人的碰撞开始，将目标逐渐扩展到自行车和夜间的行人等。今后面临的问题是在探测难度较高的左右转弯及恶劣天气等情况下，提升紧急制动技术的工作效率。

基础紧急制动控制只要根据探测距离或TTC进行简单反馈控制即可实现，但有的碰撞类型需要减缓制动。例如，右转时为避免与对向车辆发生碰撞，不制动而是直接通过更有可能降低危险。从探测到碰撞的反应时间较短，虽然ADAS技术的重点在于可靠性，但今后也要考虑加入转动方向盘躲避和预测其他车辆行为的高级控制。

5.2.2 横向车辆运动控制

下面介绍横向车辆运动控制中的车道保持辅助。

车道保持辅助（LKA）是在车辆即将偏离车道时，系统操作转向使车辆回到车道的功能。相对的，车道居中辅助（LCA）是系统始终操作转向，保持车辆行驶于车道中间的功能。LKA和LCA的不同之处在于前者是系统在车辆偏离车道时被动工作，后者是保持车辆始终在车道中间行驶的主动工作。有时我们统称它们为车道保持辅助系统（LKA system，LKAS）。

现在的系统均以车辆在白线指示的车道中行驶为前提。也就是说，在有车道指示的前提下，以LCA功能完成横向控制的自动化。其后通过第4章介绍的决策系统提供目标跟随路径，就可以打好自动驾驶的基础。横向车辆控制装置包括根据车道中间的路径曲率进行前馈控制和通过驾驶员的方向盘操作进行反馈控制。

此外，LKA/LCA常作为ACC的功能之一，与ACC同时运行，被视为2级自动驾驶的程序。

5.2.3　纵横两个方向的车辆运动控制

纵向和横向的统筹控制包括交通拥堵辅助和自动泊车。

1. 交通拥堵辅助

交通拥堵辅助（traffic jam assist，TJA）指的是交通拥堵时低速跟随前车的功能。TJA的特征是自动前进和停车。TJA由ACC和LKAS组合而成，被视为2级自动驾驶。

2. 自动泊车

泊车辅助（parking assist）是泊车时辅助方向盘操作的功能。尤其是纵向泊车和并列泊车时，需要对自车的宽度和长度有准确的把控，并能相应作出正确的方向盘操作。驾驶员操控加速和制动的1级自动驾驶方式是目前的主流，也有一部分是系统操控加速和制动的2级自动驾驶方式。

泊车辅助以数km/h的极低速工作为前提，大舵角有可能引发机械性控制偏差，需要高精度泊车辅助。与在一般道路和高速公路上行驶不同，停车场通常没有车道，因此，与LKAS不同，泊车辅助的转向控制通常依赖于以车辆的长、宽和速度等为基础的前馈控制。

此外，人们也在研究在停车场自动行驶至指定停车位并停车的系统——自动代客泊车（autonomous valet parking，AVP）系统的实用化。实现后即可成为限制区域内的4级自动驾驶系统。

5.3　自动驾驶系统的控制技术

本节将介绍自动驾驶系统的控制技术。这里的控制主要是路径跟随，是一种跟随通过轨迹生成得到的轨迹的技术[5]。这种控制可以分为两种类型：无模型的方法，如PID控制和纯追踪算法（pure pursuit），以及基于模型的方法，如模型预测控制。

本节在介绍代表车辆运动的车辆模型之后，将分别介绍无模型的方法和基于模型的方法。

5.3.1 车辆模型

车辆模型分为运动学模型（kinematic model）和动力学模型（dynamic model）。两者最大的不同在于前者仅考虑运动中车辆的位置和速度，而后者考虑引发运动的力。前者的参数较少，计算简单，常常用作车载设备和机器学习的学习模型；而后者需要车辆运动知识，以运动方程为基础，因此，用于车辆的操纵稳定性解析等需要考虑力学限制的情况。下面来看两种模型的推导方法和思考方式。

为了简化这一论题，我们以双轮驱动模型为前提，假设四轮驱动车辆的左右轮胎特性和质量完全对称。由双轮驱动模型向四轮驱动模型的推导过程请参考文献[6]。

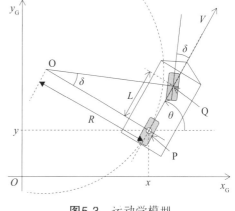

图5.3 运动学模型

1. 运动学模型

以图5.3为例，运动学模型在以车速V和前轮转角δ为输入时，车辆的后轮轴中心P在以点O为圆心、以R为半径的圆周上画圆。

这时车辆的运动通过x_G-y_G平面上的位置坐标(x, y)和车辆方向θ表示，即x_G轴方向逆时针为正。

$$\begin{cases} \dfrac{\mathrm{d}x}{\mathrm{d}t} = V\cos\theta \\[2mm] \dfrac{\mathrm{d}y}{\mathrm{d}t} = V\sin\theta \\[2mm] \dfrac{\mathrm{d}\theta}{\mathrm{d}t} = r \end{cases} \tag{5.1}$$

车辆后轮轴的横摆角为r。在图5.3的条件下，横摆角r可以表示为

$$r = \frac{V}{R} = \frac{V\tan\delta}{L}$$

可以视之为以前轮转角δ为输入的模型。而前后轮轴的中心PQ距离为L，在半径为R的圆周上画圆的前轮转角δ在几何学上用下式表示。

$$\tan \delta = \frac{L}{R} \tag{5.2}$$

这里的前提是操控方向盘时前后轮的瞬时方向与旋转圆的方向一致，轮胎不受地面摩擦力。也就是说，此处假设完全不可能发生打滑或出现车辆横向加速度（横G）。但是实际上，车辆必须以低于人的步行速度的极低速稳态画圆才能够满足该条件，所以该模型真正成立的条件极其有限。

2. 动力学模型

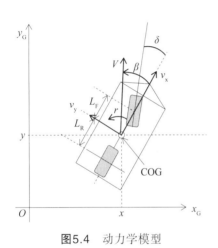

图5.4　动力学模型

车辆的运动解析中应用最广的动力学模型是图5.4所示的等价双轮模型[6]，以车速V和前轮转角δ（侧滑角①）为输入，以β和横摆角r为状态变量。

通过车辆的纵向速度v_x、横向速度v_y和横摆角r，图5.4中模型的运动方程表示如下：

$$\begin{cases} m\dfrac{\mathrm{d}v_x}{\mathrm{d}t} = mv_y r \\[2mm] m\dfrac{\mathrm{d}v_y}{\mathrm{d}t} = 2\,Y_F + 2\,Y_R - mv_x r \\[2mm] I\dfrac{\mathrm{d}r}{\mathrm{d}t} = 2\,L_F Y_F - 2L_R Y_R \end{cases}$$

其中，车辆质量为m，车辆的惯性力矩为I，车辆重心（center of gravity，COG）到前后轮的长度分别为L_F和L_R，作用在前后轮上的侧滑力②分别为Y_F和Y_R。

此时假设侧滑角β极小，车速不变，则速度$v_x \approx V$，下式成立。

$$\begin{cases} \dfrac{\mathrm{d}v_x}{\mathrm{d}t} = \dfrac{\mathrm{d}}{\mathrm{d}t}(V\cos\beta) \approx \dfrac{\mathrm{d}V}{\mathrm{d}t} = 0 \\[2mm] \dfrac{\mathrm{d}v_y}{\mathrm{d}t} = \dfrac{\mathrm{d}}{\mathrm{d}t}(V\sin\beta) \approx \dfrac{\mathrm{d}}{\mathrm{d}t}(V\beta) = V\dfrac{\mathrm{d}\beta}{\mathrm{d}t} \end{cases}$$

且侧滑力为

---

① 车辆前进方向 V 和车辆朝向 v_x 的夹角称为车辆的侧滑角。

② 车轮侧滑时产生的抗力中，与车轮的前进方向成直角的叫作侧滑力。

$$
\begin{cases}
Y_{\mathrm{F}} = -K_{\mathrm{F}}\left(\beta + \dfrac{L_{\mathrm{F}} \cdot r}{V} - \delta\right)\\[3mm]
Y_{\mathrm{R}} = -K_{\mathrm{R}}\left(\beta - \dfrac{L_{\mathrm{R}} \cdot r}{V}\right)
\end{cases}
$$

其中，K_{F}和K_{R}分别为前后轮的等价偏转刚度[①]。

根据上式，图5.4的模型可表示为下式。

$$
\begin{cases}
mV\,\dfrac{\mathrm{d}\beta}{\mathrm{d}t} = -mVr - 2K_{\mathrm{F}}\left(\beta + \dfrac{L_{\mathrm{F}} \cdot r}{V} - \delta\right) - 2K_{\mathrm{R}}\left(\beta - \dfrac{L_{\mathrm{R}} \cdot r}{V}\right)\\[3mm]
I\,\dfrac{\mathrm{d}r}{\mathrm{d}t} = -2L_{\mathrm{F}}K_{\mathrm{F}}\left(\beta + \dfrac{L_{\mathrm{F}} \cdot r}{V} - \delta\right) - 2L_{\mathrm{R}}K_{\mathrm{R}}\left(\beta - \dfrac{L_{\mathrm{R}} \cdot r}{V}\right)
\end{cases}
$$

时刻t对应的车辆位置坐标(x, y)计算如下：

$$
\begin{cases}
x(t) = x_0 + \displaystyle\int_0^t V\cos\beta(\tau)\mathrm{d}\tau\\[3mm]
y(t) = y_0 + \displaystyle\int_0^t V\sin\beta(\tau)\mathrm{d}\tau
\end{cases}
$$

其中，x_0和y_0表示车辆的初始位置。

这种等价双轮模型的关键在于假设车辆重心的侧滑角β极小，且车速不变。根据该假设，车辆的纵横平移运动可以替换为侧滑角的旋转运动，大幅度简化模型。这也使得侧滑角较大或车速变化较大时，模型精度降低。

5.3.2　PID控制

控制工程中，PID控制是最基础、最被人熟知的控制方法，其概念图如图5.5所示。PID控制结合比例控制（P控制）、积分控制（I控制）和导数控制（D控制）来计算控制输入，将控制输出值和目标值之间的差异（偏差）减少到零。不需要对感兴趣的模型有任何先验知识，也就是说，它是一种无模型的方法。

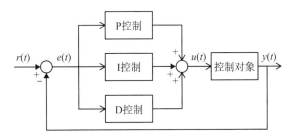

图5.5　PID控制的概念图

[①] 单位侧滑角的侧滑力叫作偏转刚度。本书在车辆侧滑角的基础上加入了前轮转角和车辆重心周围的转角速度成分，称之为等价偏转刚度。

采用PID控制的轨迹跟随控制有多种形式，其中一例如图5.6所示，将后轮轴中心到目标轨迹的最近近邻点的距离作为横向偏差e_{lat}，近邻点的切线方向和自车方位角的角度差作为姿态偏差e_θ。为简化这一议题，我们假设车速能够按照目标值进行控制。这时根据横向偏差和姿态偏差，偏差矢量$\boldsymbol{e}$可表示如下[1]：

$$\boldsymbol{e} = \begin{bmatrix} e_{\text{lat}} & e_\theta \end{bmatrix}^{\text{T}}$$

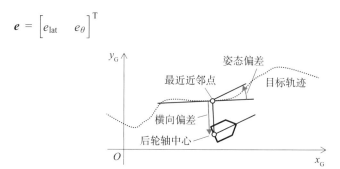

图5.6　采用PID控制的横向偏差和姿态偏差

用PID计算前轮转角δ，使$\boldsymbol{e} \approx 0$，可进行轨迹跟随控制，即

$$\delta = \boldsymbol{K}_{\text{p}} \cdot \boldsymbol{e} + \boldsymbol{K}_{\text{i}} \int_0^t \boldsymbol{e}\,\mathrm{d}\tau + \boldsymbol{K}_{\text{d}} \frac{\mathrm{d}\boldsymbol{e}}{\mathrm{d}t} \tag{5.3}$$

其中，$\boldsymbol{K}_{\text{p}}$、$\boldsymbol{K}_{\text{i}}$、$\boldsymbol{K}_{\text{d}}$分别是设计参数中的比例增益、积分增益、微分增益。

基于PID控制的轨迹跟随结果如图5.7所示。实际是否能进行高精度跟随取决于精密的调整，图中的跟随轨迹带有微小振动。

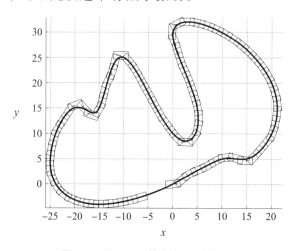

图5.7　基于PID控制的跟随轨迹

图5.7的轨迹跟随误差随时间变化如图5.8所示。误差用车辆的横向偏差e_{lat}表

---

① T表示倒置。

示。此时均方根误差（root mean square error，RMSE）为0.120，平均每步执行时间为10.8ms。此外，用$N+1$个数据表示的偏差e与RMSE的关系计算如下：

$$\text{RMSE} = \sqrt{\frac{1}{N+1}\sum_{k=0}^{N}\left[e(k)\right]^2}$$

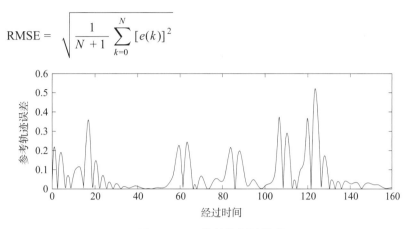

图5.8　PID控制的跟随误差

PID控制中，即使没有控制目标的先验知识，也可以通过调整三种设计参数进行控制。设计者可以通过简单的试错设定三种设计参数，更加直观易懂。这种控制方法比较简单，应用范围较大。

K_p、K_i、K_d三种设计参数有多种调整方法，具体请参考5.4.1节和5.5.1节。

5.3.3　纯追踪算法

纯追踪算法（pure pursuit）是20世纪80年代公布的轨迹跟随算法[7, 8]。它的特点是，通过确定目标路径上的一个点（注视点），根据车辆前方一定距离内的圆形路径来确定转向量。纯追踪算法本身是用于控制转向量的算法，车速通过PID控制等进行控制。

纯追踪算法可以制作数理模型。如图5.9所示，标注目标轨迹和自车位置（后轮轴中心的位置）时，设目标轨迹上的注视点和自车当前方位角差分为α，设自车与注视点之间的距离为L_G，如果一个圆形经过自车的后轮轴中心和注视点，则圆的半径R通过弦切角定理和正弦定理表示如下：

$$2R = \frac{L_G}{\sin \alpha}$$

根据式（5.2），自车的前轮转角δ计算如下：

$$\delta = \arctan\left(\frac{2L\sin \alpha}{L_G}\right)$$

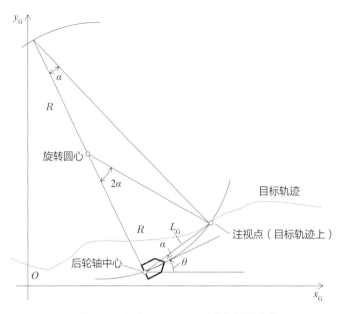

图5.9　通过pure pursuit导出旋转半径

　　基于纯追踪算法的轨迹跟随结果如图5.10所示。这种跟随比PID控制更平滑，但在旋转半径较小的曲线上，跟随精度较低。它与PID控制同为无模型方法，不考虑车辆的力学影响。因此，在车速较大时，车辆即使接收到小旋转半径的急转弯指令，也无法跟随，会失去稳定性，转向系统的延迟也同样不稳定。轨迹跟随误差随时间变化如图5.11所示。此时均方根误差RMSE为0.276，平均每步执行时间为10.0ms。

　　人们针对不稳定问题提出了根据速度延长自车与注视点之间的距离等方案。这种方法正好对应在高速公路驾驶时视线尽头比一般道路更远的情况。

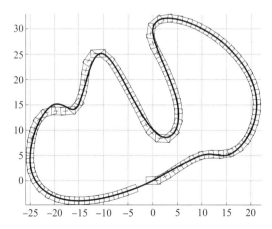

图5.10　基于pure pursuit的轨迹跟随

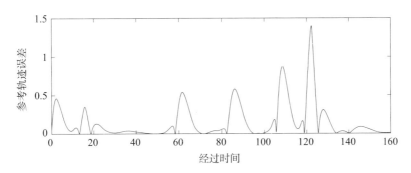

图5.11 基于pure pursuit的轨迹跟随误差

此外，PID控制的D控制是根据该点的局部斜率线性预测未来并进行修正，而Purepursuit则是根据向前注视点的未来预测应用修正。与PID控制的D控制相比，它的优点是不需要进行区分。

从另一个角度说，PID控制是一种反馈控制，而纯追踪算法是前馈控制。

综上所述，纯追踪算法是一种直觉上简单易懂的算法，但是理论上无法确保稳定性，有时需要通过试错确定注视点。

5.3.4　模型预测控制

近年来，随着计算机性能显著提升，MPC（model predictive control，模型预测控制）控制方法备受瞩目。本节将在介绍MPC的思路之后，以最基本的二次规划问题为例概述优化问题这一中心议题。之后论述MPC在轨迹跟随中的具体应用方法。

1. 什么是MPC

MPC（模型预测控制）是通过模型预测有限时间内的动作，实时解决优化问题的控制方法[9]。PID控制通过D控制，纯追踪算法通过注视点预测未来的动作，而MPC使用的预测模型更加精密，能够进行更加准确的预测。

MPC的控制思路如图5.12所示。MPC在各个控制周期考虑预测跨度，即未来N步内的有限区间，反复执行下列计算。

（1）在预测跨度中根据预测模型计算预测输出。

（2）计算使评价函数最小化的最优输入。其中，评价函数由预测输出和参考值的差分及输入等组成。使用评价函数，可以将输入和输出的限制条件考虑进去。

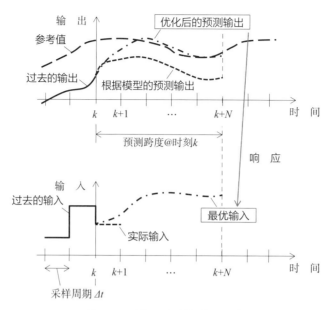

图5.12　模型预测控制的思路

[根据预测模型，在*N*步之后有限区间内计算最优输入，决定实际输入（控制输入）]

（3）将获得的最优输入的初始值作为当前控制周期的控制输入。

综上所述，MPC考虑到将来某个时间点之前的时间，通过计算每个周期的最优输入，实现高精度控制。同时也因为每个周期都要解优化问题，因此计算负担较大。

LQR（linear quadratic regular，线性二次型调节器）控制器与MPC较为相似。LQR是在有限时间或无限时间内事先进行解析式计算，得到使评价函数最小化的最佳控制输入。其中，最优控制输入表现为状态反馈增益的形式，在有限时间或无限时间内，始终要用该增益计算输入。MPC与LQR不同，它的特长在于实时、迭代地解决优化问题。

2. MPC优化示例

下面介绍MPC的优化问题。

优化问题通常指根据限制条件$g(x) = 0$，$h(x) \leqslant 0$，采用优化算法使目标函数$f(x)$最小化的问题，即

$$\min_{x} f(x)$$

限制条件：$g(x) = 0$，$h(x) \leqslant 0$

如果限制条件和目标函数为非线性、高维，则求解时间较长。将优化算法实

用化并应用于MPC时需要解决这一问题。自动驾驶的轨迹跟随等面临非线性、高维的限制条件和目标函数，计算时间成为一大难题。

　　MPC的应用方式多种多样，下面概述一种解决线性系统的方法，将其归结为二次编程问题，使二次型[①]的评价函数最小化[9]。为简化探讨内容，忽略限制条件。

　　下面将n次方m输入离散时间线性系统视为控制对象。

$$x(k+1) = Fx(k) + Gu(k) + w(k) \tag{5.4}$$

其中，设离散时刻为$k \in \mathbf{Z} \geqslant 0$（大于等于0的整数），时刻$k$下，各个系统的状态变量矢量为$x(k) \in \mathbf{R}^n$（n次方实矢量），系统的输入矢量为$u(k) \in \mathbf{R}^m$，系统的干扰[②]矢量为$w(k) \in \mathbf{R}^n$。且$F \in \mathbf{R}^{n \times n}$（$n \times n$的实矩阵），$G \in \mathbf{R}^{n \times m}$。

　　此时计算使评价函数最小化的最优输入$u(k)$。

$$J(x, u) = \frac{1}{2}x^{\mathrm{T}}(N)Q_f\,x(N) + \frac{1}{2}\sum_{k=0}^{N-1}\left[x^{\mathrm{T}}(k)Qx(k) + u^{\mathrm{T}}(k)Ru(k)\right] \tag{5.5}$$

其中，设时刻$k = N$终端成本的相关状态变量矢量的权重为准正定矩阵$Q_f \in \mathbf{R}^{n \times n}$，时刻$k = 0, \cdots, N-1$阶段成本的相关状态变量矢量的权重为准正定矩阵$Q \in \mathbf{R}^{n \times n}$，输入矢量的权重为正定矩阵$R \in \mathbf{R}^{m \times m}$。

　　时刻$k = 0, \cdots, N$的状态变量矢量$x(k)$，时刻$k = 0, \cdots, N-1$的输入矢量$u(k)$和干扰矢量$w(k)$总结如下：

$$X = \left[x^{\mathrm{T}}(0), \ldots, x^{\mathrm{T}}(N)\right]^{\mathrm{T}}$$

$$U = \left[u^{\mathrm{T}}(0), \ldots, u^{\mathrm{T}}(N-1)\right]^{\mathrm{T}}$$

$$W = \left[w^{\mathrm{T}}(0), \ldots, w^{\mathrm{T}}(N-1)\right]^{\mathrm{T}}$$

此时式（5.4）的状态方程可以改写为下式

$$X = \bar{F}x(0) + \bar{G}U + \bar{S}W \tag{5.6}$$

其中，

---

① 式中的变量次方数均为2。
② 扰乱状态的干扰作用。

$$\overline{F} = \begin{bmatrix} I \\ F \\ \vdots \\ F^N \end{bmatrix}, \quad \overline{G} = \begin{bmatrix} 0 & & & & 0 \\ G & 0 & & & 0 \\ FG & G & 0 & \cdots & 0 \\ \vdots & & \ddots & \ddots & \vdots \\ F^{N-2}G & F^{N-3}G & \cdots & G & 0 \\ F^{N-1}G & F^{N-2}G & \cdots & FG & G \end{bmatrix}, \quad \overline{S} = \begin{bmatrix} 0 & & & & 0 \\ I & 0 & & & 0 \\ F & I & 0 & \cdots & 0 \\ \vdots & & \ddots & \ddots & \vdots \\ F^{N-2}G & F^{N-3}G & \cdots & I & 0 \\ F^{N-1}G & F^{N-2}G & \cdots & F & I \end{bmatrix}$$

同理，式（5.5）的评价函数也可以改写为下式

$$J(X, U) = \frac{1}{2}X^{\top}\overline{Q}X + \frac{1}{2}U^{\top}\overline{R}U \tag{5.7}$$

$$\overline{Q} = \mathrm{blkdiag}(Q, \ldots, Q, Q_f), \quad \overline{R} = \mathrm{blkdiag}(R, \ldots, R)$$

其中，$\mathrm{blkdiag}(A_1, \cdots, A_N)$表示下列块对角矩阵。

$$\begin{bmatrix} A_1 & 0 & \cdots & & 0 \\ 0 & A_2 & 0 & \cdots & 0 \\ \vdots & & \ddots & \ddots & \vdots \\ & & \cdots & 0 & A_{N-1} & 0 \\ 0 & & \cdots & & 0 & A_N \end{bmatrix}$$

将式（5.6）代入式（5.7），整理得到

$$J(U) = \frac{1}{2}U^{\top}\left(\overline{G}^{\top}\overline{Q}\overline{G} + \overline{R}\right)U + (\overline{F}x_0 + \overline{S}W)^{\top}\overline{Q}\overline{G}U$$
$$+ \frac{1}{2}(\overline{F}x_0 + \overline{S}W)^{\top}\overline{Q}(\overline{F}x_0 + \overline{S}W)$$

可以归结为最小化一个仅有U的估值函数的问题。其中表示最小化快慢的梯度矢量为

$$\frac{\partial J}{\partial U} = U^{\top}M + N$$

其中，

$$M = \overline{G}^{\top}\overline{Q}\overline{G} + \overline{R}, \qquad N = (\overline{F}x_0 + \overline{S}W)^{\top}\overline{Q}\overline{G}$$

所以梯度矢量为0的平稳解U^*为

$$U^* = M^{-1}N^{\top}$$

而黑塞矩阵为

$$\frac{\partial^2 J}{\partial U^2} = \overline{G}^{\top}\overline{Q}\overline{G} + \overline{R} \tag{5.8}$$

因为Q是准正定，R是正定，所以式（5.8）的黑塞矩阵是正定，评价函数$J(U)$是凸函数。因此，平稳解U^*是大范围最优解，这样就解决了优化问题。

为了简化探讨内容，上述示例中没有考虑限制条件，而MPC的特长之一就是在考虑限制条件的基础上解决优化问题。具体示例请参考文献 [9, 10]。

3. 在轨迹跟随中的应用案例

下面介绍将二次规划问题的MPC应用于轨迹跟随的具体案例。根据运动学模型式（5.1）进行线性化，以应用MPC。前提是车速V能够按照目标值进行控制，且已知目标轨迹的x-y坐标、目标方位角和目标旋转半径。

首先，考虑将x-y坐标转换为基于目标轨迹上近邻点的目标方位角θ_{ref}的坐标系。只要在原坐标系的基础上旋转$-\theta_{\text{ref}}$即可，所以

$$\frac{\mathrm{d}}{\mathrm{d}t}\begin{bmatrix} \bar{x} \\ \bar{y} \end{bmatrix} = \begin{bmatrix} \cos(-\theta_{\text{ref}}) & -\sin(-\theta_{\text{ref}}) \\ \sin(-\theta_{\text{ref}}) & \cos(-\theta_{\text{ref}}) \end{bmatrix}\begin{bmatrix} V\cos\theta \\ V\sin\theta \end{bmatrix} = \begin{bmatrix} V\cos(\theta-\theta_{\text{ref}}) \\ V\sin(\theta-\theta_{\text{ref}}) \end{bmatrix}$$

此时车辆的方位为$\bar{\theta} = \theta - \theta_{\text{ref}}$，所以

$$\frac{\mathrm{d}\bar{\theta}}{\mathrm{d}t} = \frac{\mathrm{d}}{\mathrm{d}t}(\theta - \theta_{\text{ref}}) = \frac{V\tan\delta}{L} - \omega_{\text{ref}}$$

其中，ω_{ref}是目标轨迹上近邻点的目标角速度。

$$\omega_{\text{ref}} = \frac{V}{R_{\text{ref}}}$$

用目标轨迹上近邻点的目标旋转半径R_{ref}来表示，总结如下：

$$\frac{\mathrm{d}}{\mathrm{d}t}\begin{bmatrix} \bar{x} \\ \bar{y} \\ \bar{\theta} \end{bmatrix} = \begin{bmatrix} V\cos\bar{\theta} \\ V\sin\bar{\theta} \\ \dfrac{V\tan\delta}{L} - \dfrac{V}{R_{\text{ref}}} \end{bmatrix}$$

根据轨迹跟随的目的，假设车辆的方位与目标方位基本一致，即θ极小，且前轮转角δ极小，则可进行下列线性化[①]。

$$\frac{\mathrm{d}}{\mathrm{d}t}\begin{bmatrix} \bar{x} \\ \bar{y} \\ \bar{\theta} \end{bmatrix} \approx \begin{bmatrix} V \\ V\bar{\theta} \\ \dfrac{V\delta}{L} - \dfrac{V}{R_{\text{ref}}} \end{bmatrix}$$

而且由于速度不变，省略x方向，y和θ用状态方程表示如下：

$$\frac{\mathrm{d}\boldsymbol{x}}{\mathrm{d}t} = \boldsymbol{A}\boldsymbol{x} + \boldsymbol{b}\boldsymbol{u} + \boldsymbol{w}_c$$

---

① ≈是约等于号。

其中，

$$\boldsymbol{A} = \begin{bmatrix} 0 & V \\ 0 & 0 \end{bmatrix}, \qquad \boldsymbol{b} = \begin{bmatrix} 0 & \dfrac{V}{L} \end{bmatrix}^{\mathrm{T}}, \qquad \boldsymbol{w}_c = \begin{bmatrix} 0 & -\dfrac{V}{R_{\mathrm{ref}}} \end{bmatrix}^{\mathrm{T}}$$

设离散时间为Δt，用下述欧拉法进行离散化，形式与式（5.4）相同，这样就可以应用MPC了。

$$\begin{cases} \boldsymbol{F} = \boldsymbol{I} + \boldsymbol{A}\Delta t = \begin{bmatrix} 1 & V\Delta t \\ 0 & 1 \end{bmatrix} \\[2mm] \boldsymbol{g} = \boldsymbol{b}\Delta t = \begin{bmatrix} 0 & \dfrac{V}{L}\Delta t \end{bmatrix}^{\mathrm{T}} \\[2mm] \boldsymbol{w}_d = \boldsymbol{w}_c\Delta t = \begin{bmatrix} 0 & -\dfrac{V}{R_{\mathrm{ref}}}\Delta t \end{bmatrix}^{\mathrm{T}} \end{cases}$$

基于上述应用案例的实际轨迹跟随结果如图5.13所示。从图5.13可知，使用MPC时，跟随的平滑度优于图5.7的PID控制，且精度高于图5.10的纯追踪算法控制。图5.13的轨迹跟随误差的时间变化如图5.14所示。此时RMSE为0.0459，平均每步执行时间为367ms。

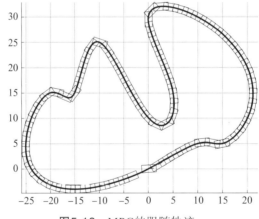

图5.13　MPC的跟随轨迹

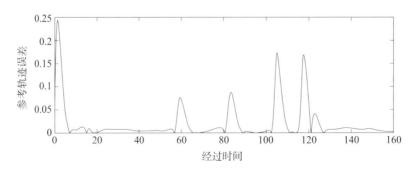

图5.14　MPC的跟随误差

综上所述，虽然MPC的精度高于PID控制和纯追踪算法控制，但是需要30～40倍的计算时间。

4. MPC的问题

为了让MPC成为实时解决优化问题的方法，必须在规定时间内高速解决优化问题。但事实证明，任何问题都不存在高效的万能算法，需要根据不同的问题巧妙组合运用以下三种解决办法。

（1）改良优化算法。例如，线性规划时将单纯形法改为内点法等。

（2）转换、拟合限制条件，使之变为易解问题。例如，拟合限制条件，归结为无限制非线性优化问题等。

（3）转换、拟合目标函数，使之变为易解问题。例如，将目标函数严格线性化，归结为二次规划问题等。

具体示例请参考文献［9～13］。

此外，MPC的预测以模型为基础，因此，从计算量和模型精度的角度来说，使用优质模型极为重要。本节介绍了应用运动学模型的示例，此外还有使用动力学模型的轨迹跟随[10]。

也就是说，模型改良在MPC的应用中起着至关重要的作用，在准确描述现象的同时，设计者必须使用最适合解决优化问题的模型。

5.4 控制系统的设计及性能评价

5.4.1 控制系统的调节

上文介绍的控制方法本身无法实时响应自动驾驶车辆面临的所有环境。自动驾驶车辆面临的环境多种多样，例如，高速公路变道、十字路口左右转弯等。而且各种环境都具有独特的性质，需要进行有针对性的控制和调整。换言之，为了提高控制方法的实用性，需要分别确立符合各种情况的调整方法。控制系统的调整方法分为以下几类。

（1）根据设计者的经验试错。

（2）基于某种法则的调整方式。

（3）多次模拟评价。

（4）机器学习的自动调整。

下文以PID控制为例，分别介绍上述方法。

1. 根据设计者的经验试错

PID控制中，设计者常通过试错进行调整。也就是说，如5.3.2节所述，设计者在考虑控制对象的响应性等前提下，思考P控制、I控制、D控制分别应该怎样工作，并进行调整。

从性质上讲，P控制用于确定基础控制性能，I控制用于针对环境变化使偏差归零，D控制用于提高收敛速度。由于最多只有三个设计参数，控制性能可以通过试错来确定。

2. 基于某种法则的调整方式

根据设计者的经验试错可以充分获得控制性能，但为了缩短时间，需要一些指导。从1942年Biegler和Nichols首次提出临界增益法（ultimate gain method）和过程响应曲线法（process reaction curve method）[14]起，人们基于经验法则提出了各种各样的调整方法[15, 16]。

例如，阶跃响应法。这种调整方法首先测量控制对象的系统阶跃响应，根据结果决定是否调整参数（启动斜度R和启动时间L），如图5.15所示。然后根据参数R和L的值决定PID控制的三种增益，见表5.2。其中设

$$T_i = \frac{K_p}{K_i}, \qquad T_d = \frac{K_d}{K_p}$$

阶跃响应就是这样一种较为容易的调整方法。

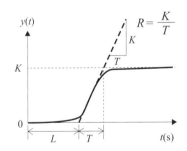

图5.15　阶跃响应法的参数定义

[针对时刻0施加的阶跃输入的阶跃响应（实线），计算启动斜度R和启动时间L]

表 5.2　阶跃响应法的参数设定

控制器	K_p	T_i	T_d
P	$\frac{1}{RL}$	—	—
PI	$\frac{0.9}{RL}$	$\frac{L}{0.3}$	—
PID	$\frac{1.2}{RL}$	$2L$	$0.5L$

其他各种调整方法的基准结果比较请参考文献[16]。

3. 多次模拟评价

近年来以蒙特卡罗法为代表的多次模拟评价调整也极为盛行，其中包括基于PSO（particle swarm optimization，粒子群优化）的PID调整[17]。

PSO是基于群智能的通用型优化算法，由Kennedy等人提出[18]，通过组合尝试粒子群的各种参数找出使评价函数最小化的组合。PSO的最大缺陷在于计算量，随着近年来包括多重处理在内的计算机能力的提升，它已经能够支持较大规模的用途。

但是PID控制的调整充其量是三种参数的优化，计算时间为实用级别。面临的问题是评价条件是什么，以及用什么评价函数进行评价。例如，如何在评价函数中反映这些规范，以应对评价条件，如过冲的百分比应保持在多少，或上升时间应保持在多少秒。这就是设计师的知识和经验发挥作用的地方。

4. 机器学习的自动调整

人们最近也在研究采用深度学习的PID控制调整，具体示例请参考5.5.1节。

5.4.2 与感知系统评价方法的不同

常见的自动驾驶系统结构如图5.16所示。感知系统将传感器探测的外部环境信息作为输入，将自车定位提供的自车位置和姿态、环境识别提供的地图和障碍物信息等作为输出①。而控制系统则将目标轨迹和当前的自车位置、姿态的偏差作为输入，将对致动器下达的速度和加速度等控制指令值作为输出。

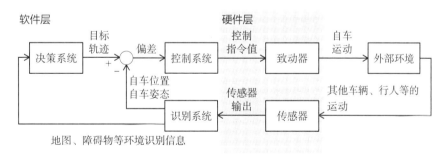

图5.16 自动驾驶系统结构图

对识别系统来说，自车定位和环境识别面临的最大问题是准确获取自车和外部环境信息，也就是使识别结果无限接近于真实值。因此，识别系统的性能评价采用开环系统结构，如图5.17所示。自动驾驶也好，手动驾驶也好，只要提供车

---

① 根据识别结果更新以自车为中心的本地地图。

载传感器的输入数据，就能够实现识别系统的单独评价。由图5.17的系统结构可知，传感器能否获取真实值对识别系统尤为重要，我们可以采用高精度传感器或提前测量等方法。

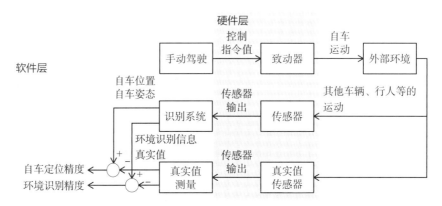

图5.17　识别系统评价结构图

对控制系统来说，使自车这一控制对象跟随目标轨迹是最重要的问题。因此，控制系统的性能评价采用闭环结构，如图5.18所示。不仅如此，控制系统的评价包括两方面内容，一是自车的运动这一控制结果，另一个是自车运动带来的外部环境变化。采用固定数据集的开环系统结构从本质上来说评价并不充分[①]。

也就是说，控制系统必须评价车辆自动驾驶时的状态。此外还需要考虑评价试验的安全保障等评价本身以外的因素，试验较为复杂，因此，控制系统的评价并不简单。

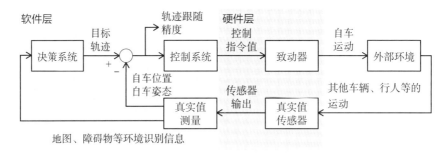

图5.18　控制系统评价结构图

5.4.3　形式模型的安全性评价

如上一节所述，控制系统评价面临的问题是需要考虑自车运动及其引发的外部环境变化两方面因素。因此，自动驾驶车辆的安全保障是一道难题。

---

① 理论上，只要控制对象是线性系统，开环评价就能够保证闭环的系统性能，但是自动驾驶原本就是非线性系统。

为了解决这一问题，Shalev-Shwarts等人提出了RSS模型（responsibility sensitive safety model）[19]。RSS模型不直接评价控制系统，而是定义自车行为及伴随其发生的外部环境变化等情况，在此状态下用数学形式描述和证明自动驾驶车辆的安全保障范围，也是形式化方法（formal methods）的一种。

1. RSS模型的思路

为了保障自动驾驶车辆的安全性，RSS模型以各台自动驾驶车辆的行为均遵循某种约定为前提。只要自动驾驶车辆依据约定执行正确行动，就可以在发生事故时免责。需要注意的是，事故责任划分是由人类社会的法律和社会共识决定的，不同国家、地域和时代背景下会有细微差别。现在的RSS模型规定并非唯一正确依据。

下面来看RSS模型规定的具体驾驶运动。为避免自动驾驶车辆引发事故，RSS模型用数学公式规定应该采取的驾驶运动。其中规定的驾驶运动在社会共识上是对驾驶员的5个常识性要求，具体如下：

（1）不追尾。

（2）不强行加塞。

（3）即使自车行驶在优先道路上，也要根据情况互让。

（4）在死角多的地方谨慎驾驶。

（5）自车以避免发生事故为目的采取行动，无论自责或他责。

RSS模型根据上述规则为道路中面临的各种情况定义适宜的驾驶运动。

2. 具体追尾案例

下面介绍最基本的规则"不追尾"对应的具体追尾案例。

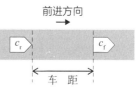

图5.19 追尾案例

如图5.19所示，两辆车同向行驶于直线道路上，常识上后车c_r必须避免与前车c_f追尾。因此，需要设定与前车的安全距离，如果车距小于安全车距，就需要适当踩刹车。追尾案例的安全车距定义如下。

设前车c_f和后车c_r分别以速度v_f和v_r行驶。这时如果前车以最大减速$a_{max, brake}$踩下刹车，则前车在停稳之前的前进距离，即制动距离d_{front}最短

$$d_{\text{front}} = \frac{v_{\text{f}}^2}{2a_{\text{max,brake}}}$$

如果后车在踩刹车之前的反应时间ρ内以最大加速度$a_{\text{max, accel}}$加速，则这段时间内后车的前进距离，即空走距离d_{reaction}最长

$$d_{\text{reaction}} = v_{\text{r}}\rho + \frac{1}{2}a_{\text{max,accel}} \cdot \rho^2$$

如果后车以最小减速度$a_{\text{min,brake}}$制动，从开始制动到停车的前进距离，即制动距离d_{brake}最长

$$d_{\text{brake}} = \frac{(v_{\text{r}} + \rho a_{\text{max,accel}})^2}{2a_{\text{min,brake}}}$$

根据上式，为了避免后车追尾，最小车距d_{min}定义如下[①]：

$$d_{\text{min}} = \max \{d_{\text{reaction}} + d_{\text{brake}} - d_{\text{front}}, 0\} \tag{5.9}$$

安全车距的定义为后车停止距离（空走距离和制动距离的和）与前车制动距离的差。进入危险车距时的正确驾驶运动定义如下。

见式（5.9），设车距低于安全车距的时刻为t_{b}，前车和后车必须分别采取下述驾驶运动。

（1）前车必须踩下大于减速度$a_{\text{max, brake}}$的制动，直到恢复安全车距，进入安全车距后（t_{safe}以后）不得减速。

（2）后车可以在$t \in [t_{\text{b}}, t_{\text{b}}+\rho]$之间以加速度$a_{\text{max, accel}}$为上限进行加速，恢复安全车距之前必须踩下大于减速度$a_{\text{min, brake}}$的制动，进入安全车距后（t_{safe}以后）不再加速。

基于上述内容的前车和后车的加速度情况如图5.20所示。安全车距d_{min}，前车的制动距离d_{front}，后车的空走距离d_{reaction}，制动距离d_{brake}之间的关系如图5.21所示。

要注意，上述驾驶运动对后车和前车都有限制。也就是说，如果前车减速并超出定义限制，后车无法预测，就有可能增加追尾事故的可能。这时未遵守RSS模型规定的前车承担责任，后车对事故无责。诸如此类，遵守RSS模型有助于明确事故责任归属。

---

① 注意定义中不取负数。

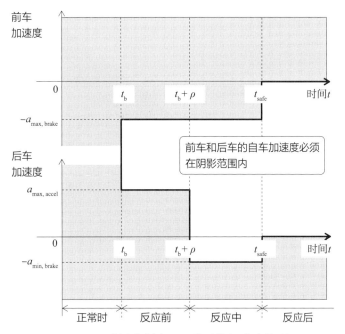

图5.20　追尾案例中RSS模型的加速度情况

（正常状态下，加速度不受限制，在低于安全车距的时间t_b起ρ秒内，加速、制动受限，后车必须进行强制动并停车）

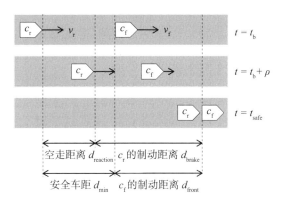

图5.21　追尾案例中RSS模型的安全车距关系

（后车在ρ秒内的空走距离$d_{reaction}$和其后的制动距离d_{brake}减去前车的制动距离d_{front}就是安全车距d_{min}）

　　上述驾驶运动规定的前车和后车的速度与安全车距的关系如图5.22所示。通常我们所知的安全车距仅用后车的停止距离表示，也就是图中x轴上的点。RSS模型中还加入了前车的制动距离，所以根据前车的车速，车距比这些点更短。

　　图5.22中各参数设置如下，参考人类驾驶员对前车制动的反应时间中值为0.8s[20]和$0.3g$[①]时，一般认为是紧急制动和加速[21]。

---

① 单位g是标准重力加速度，$1g = 9.80665\text{m/s}^2$。

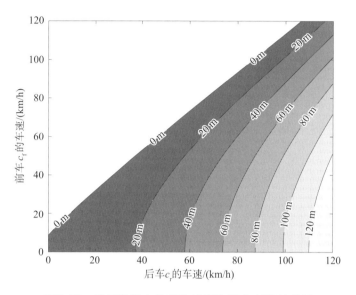

图5.22　追尾案例中各车的速度和安全车距的关系

$\rho = 0.5\text{s}$，$a_{\text{max, brake}} = 0.5g$

$a_{\text{max, accel}} = 0.3g$，$a_{\text{min, brake}} = 0.5g$

3.总　结

如本节所述，使用RSS模型有助于明确自动驾驶车辆的系统能够应对的情况范围，可以避免范围内自动驾驶车辆因过失引发事故。而且可以归纳式地证明，如果所有自动驾驶车辆都遵守RSS模型的规定，就能够打造无事故环境。

RSS模型能否直接被社会接纳还是个未知数，但是持续朝这个方向努力，一定会对自动驾驶车辆的安全性评价方法和保障范围达成社会共识。

5.5　深度学习在车辆运动控制中的应用探究

5.5.1　神经网络PID

本节介绍用神经网络进行PID增益调整的神经网络PID控制[22,23]。

神经网络PID控制在考虑控制对象输入输出特性的同时，采用神经网络权重的调整方法——误差反向传播，自动调整PID控制。自动驾驶车辆采用神经网络PID控制可以自动调整加速和制动的PID控制增益。而且神经网络PID控制在控制对象工作过程中也能够进行线上学习，因此支持控制对象在工作中的特性变化。

在以往的研究中，神经网络PID控制已被应用于电气机动车的转矩速度控制[24]和制动控制[25]，近年来还被应用于自动驾驶车辆的目标跟随和避障控制[26]。

神经网络PID控制的控制模型概要如图5.23所示。神经网络PID控制由PID控制部分、控制对象部分和神经网络部分组成。各个部分的输入输出如下。

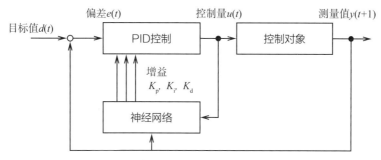

图5.23　神经网络PID控制模型的概要

（神经网络PID控制由PID控制部分、控制对象部分和神经网络部分组成。PID控制部分输出操作控制对象的控制量。控制对象部分根据控制量输出控制对象的测量值。神经网络部分向下一步输出PID控制部分使用的比例增益K_p、积分增益K_i、微分增益K_d）

1. PID控制部分

PID控制部分在时刻t的输入是控制对象的目标值$d(t)$和控制对象的测量值$y(t)$的偏差$e(t)$。PID控制部分接收神经网络的输出——PID增益（比例增益K_p、积分增益K_i、微分增益K_d），输出是操作控制对象的控制量$u(t)$。

2. 控制对象部分

控制对象部分的输入是控制量$u(t)$，输出是控制对象的测量值$y(t+1)$。

3. 神经网络部分

神经网络部分的输入是操作控制对象的控制量$u(t)$和控制对象的测量值$y(t+1)$。此外，某些情况下$u(t-1)$, $u(t-2)$, ……和$y(t-1)$, $y(t-2)$……等历史数据也被用于输入。输出则是下一步PID控制部分使用的比例增益K_p、积分增益K_i、微分增益K_d。根据上述值，通过目标值$d(t)$和测量值$y(t)$计算偏差$e(t)$，用于调整PID增益。也就是说，神经网络的学习以偏差$e(t)$表示的误差$E(t)$最小化为目的更新权重。$E(t)$的定义在后文中讲解。

下面介绍将神经网络PID控制应用于控制对象时的控制步骤。首先，在时刻t向神经网络输入操作控制对象的控制量$u(t-1)$和控制对象的测量值$y(t)$，输出PID增益。接下来，PID控制部分用PID增益和偏差$e(t)$输出控制量$u(t)$。然后将控制

量 $u(t)$ 用于控制对象，获得测量值 $y(t+1)$。最后通过控制对象的目标值 $d(t+1)$ 和测量值 $y(t+1)$ 计算偏差 $e(t)$，更新神经网络。

上述神经网络的概要如图 5.24 所示。时刻 t 的等级型神经网络输入用 $x(t)$ 表示，其他各要素用 $x_i(t)$ 表示。神经网络的权重 $\boldsymbol{W}^1(t)$ 表示时刻 t 输入层到中间层神经网络连接强度的矩阵，各要素用 $w_{ij}^1(t)$ 表示。相对的，神经网络的权重 $\boldsymbol{W}^2(t)$ 表示时刻 t 中间层到输出层神经网络连接强度的矩阵，各要素表示为 $w_{ij}^2(t)$。其中 i，j，k 表示输入层、中间层、输出层的单元（节点到节点的输入输出组）号码，$i = 1, \cdots\cdots, N$；$j = 1, \cdots\cdots, M$；$k = 1, 2, 3$。输入层、中间层、输出层各单元输出表示为 $\boldsymbol{o}^1(t)$、$\boldsymbol{o}^2(t)$、$\boldsymbol{o}^3(t)$，各要素表示为 $o_i^1(t)$、$o_i^2(t)$、$o_i^3(t)$。

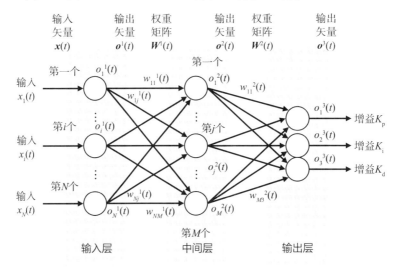

图5.24　输出PID增益的神经网络概要

（输出PID增益的神经网络输入包括作为控制对象输入的控制量、控制对象的测量值和历史数据。输入层的单元数随使用的历史数量而变化。需要设定中间层为1层，根据输入层的单元数调整中间层的单元数。因为神经网络的输出是PID控制部分使用的比例增益 K_p、积分增益 K_i 和微分增益 K_d，所以输出层的单元数是3）

中间层的激活函数采用S形函数（2.3节），输出层的激活函数采用恒等函数 $[f(x) = x]$。

神经网络PID控制的具体执行步骤如下所示，分为六步。

（1）第一步：初始设定。设时刻 $t = 0$，设定神经网络的权重初始值 $W^1(0)$、$W^2(0)$。另外分别设定各个增益的学习率 η，神经网络的学习率 α，学习临界值 ε，控制对象测量值的目标值 $d(t)$。

（2）第二步：计算神经网络的PID增益。向神经网络输入 $x_i(t)$，进行正向计算，以输出形式获得PID增益 K_p、K_i、K_d。

（3）第三步：计算PID控制的控制量。本节介绍的方法中，控制量$u(t)$不会立即对目标值$d(t)$的突然变化作出响应，因此要使用离散时间速度型PID控制（I-PD控制）。具体通过式（5.10）计算操作控制对象的控制量$u(t)$。

$$
\begin{aligned}
u(t) =\ & u(t-1) \\
& + K_{\mathrm{p}}\,[e(t)-e(t-1)] + K_{\mathrm{i}}\,e(t) \\
& + K_{\mathrm{d}}\,[e(t)-2e(t-1)+e(t-2)]
\end{aligned}
\tag{5.10}
$$

（4）第四步：测量控制对象。将控制量$u(t)$用于控制对象，获得控制对象的测量值$y(t+1)$。

（5）第五步：计算误差。将控制对象的目标测量值$d(t+1)$和控制对象的测量值$y(t+1)$组合为回归问题时，假设测量值$y(t+1)$中加入遵守高斯分布的误差，则目标值$d(t+1)$和测量值$y(t+1)$二乘误差的最小化就是将模型可信度最大化，所以将式（5.11）表示的二乘误差作为误差函数使用。

$$
\begin{aligned}
E(t+1) &= \frac{1}{2}e(t+1)^2 \\
&= \frac{1}{2}[d(t+1)-y(t+1)]^2
\end{aligned}
\tag{5.11}
$$

此外，误差E和学习临界值ε满足式（5.12）时，无需进行神经网络学习，完成时刻t的处理，回到步骤（2）。不满足式（5.12）时进行神经网络学习，进入步骤（6）。

$$
E(t+1) \leqslant \varepsilon \tag{5.12}
$$

（6）第六步：更新神经网络权重。

$$
\delta_k^2(t) = e(t+1)\,\mathrm{Jac}(t+1)\,\frac{\partial u(t)}{\partial o_k^3(t)} \tag{5.13}
$$
$(k=1,2,3)$

$$
\delta_j^1(t) = \sum_{k=1}^{3}\delta_k^2(t)\,w_{ij}^2(t)\,o_j^2(t)[1-o_j^2(t)] \tag{5.14}
$$
$(i=1,\cdots,N;\ j=1,\cdots,M)$

式（5.13）的系统雅克比$\mathrm{Jac}(t+1)$的计算方法请参考之后的内容。

计算出式（5.13）、式（5.14）表示的一般化误差$\delta^2(t)$和$\delta^1(t)$之后，用动量法更新神经网络的权重[①]。一般化误差$\delta^2(t)$对应输出单元数，由要素$\delta_1^2(t)$、

---

① 动量法是神经网络权重的优化方法之一。随机梯度下降（SGD）有一个额外的特点，即保持过去梯度的移动平均值，并提供梯度方向的连续性。这一特点抑制了梯度的突然振荡，确保了权重的稳定更新。

$\delta_2^2(t)$、$\delta_3^2(t)$组成，用于更新中间层到输出层的权重$W^2(t)$。一般化误差$\delta^1(t)$对应中间层的单元数，由下列要素组成

$$\delta_1^1(t), \cdots, \delta_j^1(t), \cdots, \delta_M^1(t) \tag{5.15}$$

用于更新输出层到中间层的权重$W^1(t)$[①]。

对式（5.10）分别计算K_p、K_i、K_d的偏微分，式（5.13）的$\dfrac{\partial u(t)}{\partial o_k^3(t)}$计算见式（5.16）。

$$\frac{\partial u(t)}{\partial o_k^3(t)} = \begin{cases} e(t)-e(t-1) & (k=1) \\ e(t) & (k=2) \\ e(t)-2e(t-1)+e(t-2) & (k=3) \end{cases} \tag{5.16}$$

根据式（5.17）和式（5.18），将中间层到输出层的神经系统权重$w_{jk}^2(t)$和输入层到中间层的神经系统权重$w_{ij}^1(t)$更新为$w_{jk}^2(t+1)$和$w_{ij}^1(t+1)$。

$$w_{jk}^2(t+1) = w_{jk}^2(t) + \eta\,\delta_k^2(t)\,o_j^2(t) + \alpha\Delta w_{jk}^2(t)$$
$$(j=1,\cdots,M;\quad k=1,2,3) \tag{5.17}$$

$$w_{ij}^1(t+1) = w_{ij}^1(t) + \eta\,\delta_j^1(t)\,o_i^1(t) + \alpha\Delta w_{ij}^1(t)$$
$$(i=1,\cdots,N;\quad j=1,\cdots,M) \tag{5.18}$$

式（5.17），式（5.18）中

$$\begin{cases} \Delta w_{ij}^1(t) = w_{ij}^1(t) - w_{ij}^1(t-1) \\ \Delta w_{jk}^2(t) = w_{jk}^2(t) - w_{jk}^2(t-1) \end{cases}$$

然后回到步骤（2）。

式（5.13）的系统雅克比$\mathrm{Jac}(t+1)$对应控制对象的输出变动和输入变动的比。虽然也可以扰动实际控制对象的输入（干扰）并直接计算，但扰动实验可能会带来不良影响。因此人们提出采用由神经网络组成的控制对象仿真器的系统雅克比算法[22,24]。

如图5.25所示，该算法在进行神经网络PID控制前，进行输入层、中间层、输出层组成的神经网络仿真器的系统辨识[②]，通过得到的权重计算系统雅克比。此外，图中Z^{-p}，Z^{-q}表示控制量$u(t)$和控制对象测量值$y(t)$的输入延迟分别为p和q。

[①] 此处省略一般化误差$\delta^2(t)$和$\delta^1(t)$的推导过程，具体请参考文献[24]。
[②] 用于系统辨识的神经网络不同于输出PID增益的神经网络。

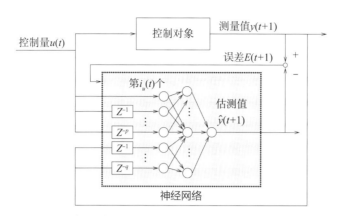

图5.25　使用神经网络的控制对象的系统辨识模型概要

（系统辨识使用的神经网络仿真器由输入层、中间层和输出层组成。该神经网络的输入包括作为控制对象输入的控制量、控制对象的测量值和历史数据。输出是控制对象的输出估测值。神经网络通过学习更新权重，使控制对象的测量值和估测值的二乘误差最小化）

用于系统辨识的神经网络的输入是控制量$u(t)$，$u(t-1)$，……，$u(t-p)$，以及控制对象的测量值$y(t)$，$y(t-1)$，……，$u(t-q)$，输出是控制对象输出的估测值$y(t)$。用于系统辨识的神经网络通过学习更新权重，使控制对象的测量值$y(t)$和估测值$y(t)$的二乘误差最小化。

$$\frac{1}{2}[y(t) - \hat{y}(t)]^2$$

用于系统辨识的神经网络学习之后，设输入的输入层控制量$u(t)$是第$i_{u(t)}$个神经，将输入层第$i_{u(t)}$个节点到中间层第j个节点之间的权重描述为$w^{1'}_{i_{u(t)},j}$，则如式（5.19）所示，可以计算出系统雅克比$\mathrm{Jac}(t+1)$。

$$
\begin{aligned}
\mathrm{Jac}(t+1) &\approx \frac{\partial \hat{y}(t+1)}{\partial u(t)} \\
&= \sum_j^M w^{2'}_{jk}(t) o^{2'}_j(t) [1 - o^{2'}_j(t)] w^{1'}_{i_{u(t)},j}(t)
\end{aligned}
\tag{5.19}
$$

$$(j = 1, \cdots, M; \quad k = 1)$$

式（5.19）的$w^{2'}_{jk}(t)$和$o^{2'}_j$分别表示用于系统辨识的神经网络的中间层和输出层之间的权重，以及中间层的输出。

5.5.2　端到端（End-to-End）自动驾驶及其面临的问题

本书及其他大量研究案例[27, 28]均以划分为识别系统、决策系统、控制系统模块，并顺次将信息传递给下一阶段的MP（modular pipeline，模块管道）自动驾驶为前提，而端到端自动驾驶是一种通过传感器的测量值和地图数据等输入直接输出车辆运动控制的模型构建方法。

也就是说，端到端自动驾驶是一种利用神经网络和其他方法进行黑箱建模的方法，创建一个完全替代人类驾驶的模型，也被称为IL（imitation leaning，模仿学习）等[29]。早在20世纪80年代就有人提出了这种方法[30]，近年来随着深度学习和深度强化学习的发展，更广泛的模型可以更快地被训练出来，这项研究开发也愈加活跃[29, 31~35]。此外，人们还提出作为MP和IL之间的一个中介，将驾驶所需的少数特征量置于识别和控制之间的方法（direct perception，DP）[36, 37]。

虽然将深度学习应用于自动驾驶控制系统的研究正在蓬勃发展，但实用化还有很长的路要走。下文将简单概括采用深度学习等的端到端自动驾驶的实用化所面临的问题。

1. 品质保证

第一个问题是品质保证。控制品质的保证是以某种方式表明所执行的控制在假定的用例中属于预期的误差范围。虽然控制理论中有严格处理误差的方法，并能在理论上显示误差范围，但目前很难保证端到端自动驾驶的控制品质。

近年来流行可解释性人工智能（explainable AI，XAI）研究，但尚不完善。因此，人们提出采用大量数据进行实验，以概率论评价的方法。但是人类驾驶员的死伤事故率为1×10^{-6}/h，相当于每100万小时遭遇一次事故。如果要从概率论上证明自动驾驶车辆不会引发死伤事故，就需要十倍或上百倍的实验时间，如10亿小时的行驶数据。这就需要100辆车24小时不间断行驶，并持续一年以上。在这种背景下，不能完全依赖实验数据，也要探索5.4.3节中的模型的方法，事先从数学角度确定安全保证范围，尽可能省略实验。

2. 学习成本

第二个问题是学习成本。如5.4.2节所述，控制系统的评价通常需要实机试验的评价。也就是说，如果想通过深度学习直接组成控制系统，需要车辆实际执行学习所需的运动，需要大量时间和成本。此外，为了避免试验中碰撞引发车辆损坏，要做好防护措施。

为了弥补这种高成本实机试验的数据不足，也可以使用第7章讲解的模拟器，但是这种情况下，实机和模拟器之间的模型化误差问题尚待解决。实际上，用模拟器将高性能控制器植入车辆时，常常无法得到预期性能。尽管可以将模拟器用于学习，最终还是要通过实机试验评价性能。

第6章
多车协同控制

本章介绍需要进行多台自动驾驶车辆协同控制的互让和列队行驶。二者是自动驾驶车辆实现顺畅交通流必不可少的驾驶行为和行驶形式，需要考虑到车辆间的相互作用。

互让指的是在环岛或十字路口根据情况让路给其他车辆，使其率先通过的运动。列队行驶指的是多台自动驾驶车辆以较近车距行驶的行驶形态。

6.1 互 让

本节在介绍车辆之间互让的概要之后，通过具体示例介绍验证互让效果的 RC（radio control，遥控）车实验环境，采用深度强化学习DQN[1]实现互让的方法，以及互让影响交通流量的验证结果。

6.1.1 互让概述

近年来，自动驾驶车辆技术发展可喜，日本在限定区域内开展了无人自动驾驶移动服务的实用化[2]等。自动驾驶车辆个体的控制技术发展尤为显著，随着自动驾驶车辆的普及，众多自动驾驶车辆应通过怎样的相互作用才能提高整体交通系统的效率呢？这方面的研究尚不充分。在这样的大背景下，为了使自动驾驶车辆形成顺畅的交通流，本节将着眼点放在自动驾驶车辆自律性决策下协同控制的一种典型行动——行驶路径的互让[3, 4]。

我们通过图6.1讲解什么是互让行为。欧洲的交通规则规定，已经行驶于环岛中的车辆比试图从外部进入环岛的车辆更具有先行权。也就是说，车辆进入环岛后基本可以保持行驶。

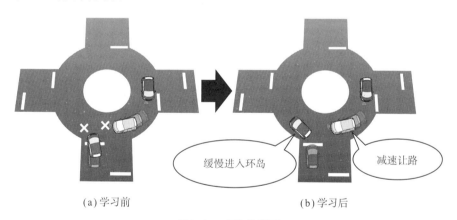

(a)学习前　　　　　　　　　　　(b)学习后

图6.1　互让的概要

（环岛中的互让示意图。已经行驶于环岛中的车辆具有先行权，但是让路给试图进入环岛的车辆可能有助于提高整体通行效率。例如，当试图从外部进入环岛的车辆之后还有多台车辆，根据环境路径的信息进行让路可能有助于提高整体通行效率）

但是环岛中行驶的车辆在发现试图进入环岛的车辆后略微减速，让路给试图进入环岛的车辆，也有可能提高整体交通效率。也就是说，从行驶在环岛中的车辆的角度来看，在交通效率方面，始终不让行是主导性行动，但是从车群整体的角度来看未必如此。例如，当试图从外部进入环岛的车辆之后还有多台车辆时，行驶于环岛内的车辆根据环境路径的信息让行，可能有助于提高整体交通效率。

此外，在十字路口也会出现让行有助于提高交通效率的情况。例如，十字路口前只有单向单条车道，没有右转专用车道，拥堵的第一辆车等待对向车辆通过以便右转，导致计划直行的其他车辆也被迫等待。如果这时对向车道的车辆在合理驾驶范围内让右转车辆先行，则等待右转的车辆后面所有车辆都可以移动，提高了整体交通效率。虽然让行在某些状态下可以提高整体交通效率，但是让行通常在什么情况下有效这一点尚不明确。

我们常常看到，资深驾驶员遇见驾驶技术尚不纯熟的驾驶员时，从防患于未然的角度减速避让，使之从侧道顺利汇入主道。这种行为成立的条件是驾驶员之间具有互让精神，他们至少具有相同的价值观（有意避免引发事故），使这种规矩约定俗成。也就是说，互让不同于遵守交通信号灯和道路标识驾驶，没有明确的规则。因此，机器代替人判断情况并进行驾驶操作的自动驾驶很难实现互让。我们期待自动驾驶车辆能够学习互让，从而减少事故发生，进一步实现一般道路上的自动驾驶。

6.1.2 相关研究

下面介绍自动驾驶车辆通过机器学习获得驾驶运动的先进研究和自动驾驶车辆之间互让的相关研究。NVIDIA公司的Bojarski等人公布了他们的自动驾驶系统，端到端驾驶运动学习系统仅从传感器的输入信息和电机的输出中学习沿途产生的所有处理[5]。该系统采用CNN（卷积神经网络），将驾驶席搭载的摄像机拍摄的图像作为输入，将加速和转向控制量作为输出，直接学习驾驶运动。Wayve公司的Kendall等人在自动驾驶车辆偏离车道时，人工驾驶车辆返回车道，在这个学习环境中，成功采用Actor-Critic算法令自动驾驶车辆通过20分钟的训练学会车道内行驶[6]。Actor-Critic算法是一种TD误差学习方法，特点是支持连续值行动，可以学习高效行动选择。

石川等人的研究[7]就是将上述学习方法应用于自动驾驶的实例，尽管是以模拟为基础。Q学习是强化学习方法之一，它在可能的行动中选择行动值最高的行动，使累积奖励最大化。通过应用奖励设置，对停车或超过一定距离的车辆给予负奖励，并引入合作学习框架，其中多个车辆参考和更新相同的行为价值函数Q，学习自动驾驶车辆在单一路段瓶颈处的加速和减速以及车道变化的时机，交通流量得到提高。

自动驾驶和DQN的组合研究中还包括David等人的研究。他们的研究认为，在用DQN控制自动驾驶车辆通过无信号灯的十字路口时，任务完成时间和目标成功率都高于基于规则的情况[8]。

日本电信电话（株）、丰田自动车（株）和（株）Preferred Networks三大公司提出的"防撞汽车"概念的实车展示就是遥控汽车的研究实例。展示中，在车辆行驶区域上部设置摄像机，获取车辆的位置数据，通过DQN学习各车的加减速、转向控制，从而获得预防碰撞的驾驶运动[9,10]。

此外，车辆汇合区域的自动驾驶车辆控制方法研究中，Jackeline等人针对用传感器收集车辆状态和车辆周边的信息，并通过网络进行积累、共享的互联型自动驾驶车辆集中型和分散型车辆控制分别提出了多种汇合方法[11]。他们还将互联型自动驾驶车辆汇合的评价焦点放在油耗上，探讨集中型控制的优越性[12]。

自动驾驶车辆的信息共享问题，田成等人提出在服务器上共享自动驾驶车辆状态和路径空间信息及车辆协同控制方法[13]。佐藤等人还利用对车辆和行人进行统筹信息管理的LDM（local dynamic map，局部动态地图）验证了实车的信息共享[14]。

6.1.3 遥控汽车实验示例

下面介绍用遥控汽车验证互让影响交通效率的示例。

1. 遥控汽车实验的必要性

软件模拟验证所需的商用模拟软件虽然价格昂贵，但成本明显低于实机实验，而且支持多种设定。不仅如此，完善计算机环境后还能实现城市规模的数十万台车同时实验，这是实机实验做不到的。加速模拟时间还可以进行比实时快得多的高速验证。但是我们仍然很难将实际车辆行驶环境中的天气、路面状态、通信环境、驾驶运动和车辆的个体差异等所有要素植入模型并复现真实情况。

我们毕竟以车辆在真实环境中的行驶为终极目标，因此，从复现角度来说，实机实验仍然是最有用的实验环境。但是使用实机进行实验时，碰撞事故的安全保障并非易事，完善环境和预备多台车辆的巨大成本问题尚待解决。因此，实际使用多台车辆进行协同控制的实验示例并不多见。

遥控汽车的实验环境可以说处于软件模拟和实机实验之间。遥控汽车实验环境的特点在于能够比软件模拟更加自然地获取定位、通信延迟、不稳定性、环境干扰和车辆的个体差异等现实要素，而且费用低于实机实验。

在下文中，根据每个实验环境的特点，软件模拟被应用于需要大量实验的互让行为的获得过程，如通过强化学习获得驾驶行为，而使用遥控汽车的实验环境被用于验证和评估驾驶行为。

2. 实验环境的具体示例

多辆遥控汽车的行驶实验环境示例如图6.2所示。实验环境由搭载Raspberry Pi 3的遥控汽车（至多16辆）、车辆定位摄像机、车辆控制计算机、日志查看器和跑道组成，实验环境的系统结构概要如图6.3所示。

图6.2　遥控汽车行驶跑道一览

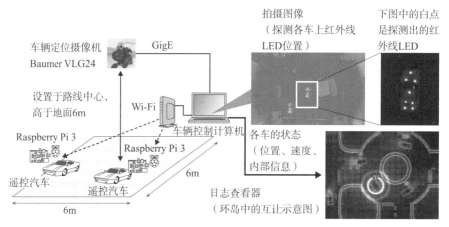

图6.3　实验环境的系统结构概要

（该实验环境由搭载Raspberry Pi 3的遥控汽车、车辆定位摄像机、车辆控制计算机、日志查看器和跑道组成，根据各车的定位结果进行驾驶控制）

也就是说，根据摄像机拍摄的图像探测各车顶部内侧的红外线LED（IR LED）位置，对各车进行定位。车辆控制计算机根据所有车辆的位置决定各车的前进方向和移动速度，发送给各车搭载的Raspberry Pi 3。控制计算机与各车之间的通信可以使用Wi-Fi。各车搭载的Raspberry Pi 3根据从控制计算机接收的信息控制电机。日志查看器从车辆控制计算机接收各车的位置、速度和内部信息等并将其可视化。

3. 遥控汽车的定位和驾驶控制

上述遥控汽车示例中，各车至多搭载8个红外线LED，通过其中3个红外线LED进行定位，通过余下的5个红外线LED进行识别。根据各车搭载的红外线LED的位置关系决定各车的位置、前进方向和各车的ID。定位过程由图像转换、图像失真补正、透视转换、各车的位置和各车ID的识别构成。

在上述示例中，用于车辆定位的红外线摄像机从高空6m处拍摄整个跑道。摄像机拍摄的图像分辨率为1920px × 1200px，通过千兆网（GigE）以27.8帧/秒的速度发送给控制计算机。控制计算机根据铃木等人提出的算法[15]对图像的失真进行补正，计算图像（图6.3右上）中白点代表的红外线LED区域的重心。图像失真补正、各红外线LED的坐标计算、各车坐标、前进方向，以及各车ID的计算等具体算法请参考文献［16］。

如图6.4所示，遥控汽车的驾驶控制由按照目标速度移动的加速控制和向各车目标点移动的转向控制组成。其中，加速控制应用了反馈控制中的PID控制，如图6.5所示，加速PID模块的输入是自车的当前速度和目标速度，输出是控制油

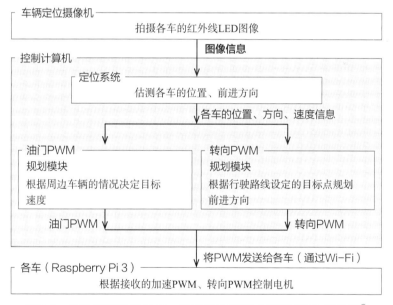

图6.4 实验环境中的定位、加速PWM和转向PWM的决定步骤[①]

（实验环境中遥控汽车行驶所需的各车定位、加速PWM和转向PWM的决定处理如图所示。控制计算机通过车辆定位摄像机拍摄的各车红外线LED图像对各车定位，决定加速PWM和转向PWM。然后通过Wi-Fi发送给各车的加速PWM和转向PWM控制电机）

---

① PWM（pulse width modulation）是一种采用ON/OFF切换的控制方法。改变电机ON或OFF的时间宽幅（脉冲宽幅），从而控制电机的旋转速度。由于是通过PWM调整加速和转向，所以称发送给各车的信号为PWM。

门的电机的PWM。转向控制也使用PID控制，输入是自车当前的前进方向和转向的目标角度，输出是控制转向的电机的PWM。

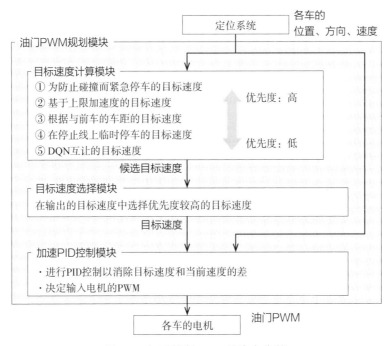

图6.5　加速控制PWM的决定步骤

（实验环境中，遥控汽车行驶所需的加速PWM的决定处理如图所示。根据遥控汽车的定位结果，通过目标速度计算模块和目标速度选择模块决定目标速度。加速PID控制模块执行PID控制，消除目标速度和当前速度的差，从而决定加速PWM。用发送给遥控汽车的加速PWM控制遥控汽车的电机）

6.1.4　遥控汽车通过DQN互让的示例

接下来，介绍遥控汽车通过DQN进行学习，获得互让的方法，以及获得的互让效果。

1. DQN的引入

DQN是基于Q学习的深度强化学习方法。Q学习用Q表（Q-table）矩阵描述行动价值函数，在可以采取的行动中选择行动价值最高的行动，将累积奖励最大化。Q表中，行表示状态，列表示行动，各要素表示被称为Q值的行动价值。也就是说，在当前状态下，从Q表中选择最大Q值对应的行动，Q表再根据获得的奖励进行更新，从而推进学习。由于Q表表现为矩阵形式，所以较为离散，无法处理连续状态空间和行动空间。如果将连续状态空间和行动空间类比为离散式，则Q表矩阵的尺寸过于庞大，难以学习。

DQN方法的出现就是为了弥补Q学习的这一缺陷。DQN采用神经网络Q网络

（Q-network）作为行动价值函数，输入状态而非Q表，输出行动Q值，从而支持高维状态，能够处理实际大小的状态空间。DQN中含有经验回放（experience replay）、固定目标网络（fixed target Q-network）、误差剪裁（error clipping）、回报剪裁（reward clipping）等方法，还能够实现稳定学习，具体介绍如下。

经验回放存储每一步的内容（当前状态、行动、奖励和下一个状态），而Q学习则按时序更新每一步的Q值，当学习行动价值函数（即Q网络）时，通过小批量学习来更新神经网络，小批量学习是指在一定时期内从存储的内容中随机提取，从而更新权重和偏置的间隔。如果像Q学习一样按时序学习内容，则神经网络会学习相似内容，容易引起过度学习。因此，随机提取学习内容的经验回放可以看作一种防止过度学习的方法。

目标网络在经验回放的误差函数内将下一个状态的Q值作为监督信号，在这种方法中，目标Q网络和输出当前状态Q值的Q网络不是同时更新，而是以固定周期将目标Q网络替换为Q网络。

误差剪裁方法在误差函数中应用Huber函数，抑制误差过大。作为监督信号的固定目标网络的Q值和目标网络的Q值的差在指定范围内时，Huber函数取二乘误差；差值超出指定范围内时，Huber函数根据差值取线性增加的误差。

回报剪裁是将各步骤获得的奖励简化为-1，0，1的方法。

DQN按照下列步骤进行学习。

（1）初始化Q网络和目标Q网络。

（2）向Q网络输入当前状态，计算各个行动的Q值。其中，用ε-greedy策略选择行动。ε-greedy策略以概率ε随机选择行动，其他情况下选择价值最大（取最大Q值）的行动。

（3）保存当前状态、行动、奖励、行动后的状态。

（4）以指定的Q网络学习间隔重复步骤（2）和步骤（3）。

（5）经过指定的Q网络学习间隔后应用经验回放，或从保存内容中随机提取，根据目标Q网络和Q网络的输出误差更新Q网络。

（6）在指定的目标Q网络更新间隔将目标Q网络替换为Q网络。

（7）在满足结束条件之前重复步骤（2）～步骤（5）。

2. DQN获得的互让和效果验证

用DQN通过机器学习使自动驾驶车辆获得互让驾驶行为的原因之一是自动驾驶需要掌握十字路口内各车的速度和距离等特征量，而它们都是连续性参数。如图6.5所示，假设用DQN决定互让的目标速度，图6.6的环岛中有前车B和试图汇入的车C，享有车道先行权的车A学习互让的目标速度，以期实现互让。

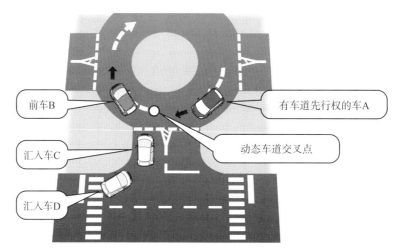

图6.6　环岛周边的车辆名称设定

（为环岛周边的车辆设定名称。根据各车的位置和状态分别命名为有车道先行权的车A、前车B、汇入车C和D）

图6.7设定了这样一个互让场景，如果有车道先行权的车A选择停车或减速，则试图汇入的车C可以先通过环岛；如果有车道先行权的车A选择高速，就会先于试图汇入的车C通过汇入点。DQN的输入特征量包括环岛内车辆数量、速度和环岛周边的待机车辆数量，见表6.1。为了增加整体交通流量，将所有车辆的平均速度作为奖励。对避撞的紧急停车和持续停车赋予负奖励。奖励设定无法限制在-1，0，1三个值内，所以回报剪裁并不适用。

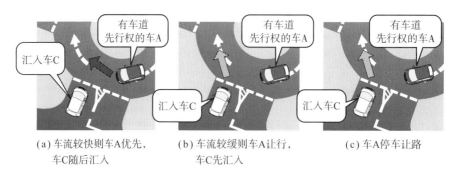

（a）车流较快则车A优先，　　　（b）车流较缓则车A让行，　　　（c）车A停车让路
　　　车C随后汇入　　　　　　　　　　车C先汇入

图6.7　前车的行动选择的影响

[环岛内有车道先行权的车A有三种行动可供选择：(a)原速行驶，(b)减速行驶，(c)停车]

表 6.1　互让学习状态下的状态、行动、奖励示例

状　态	·具有车道先行权的车 A 的速度
	·汇入车 C 或前车 B 的速度
	·汇入车 D 的速度
	·汇入点 O 和具有车道先行权的车 A 之间的距离 OA
	·汇入点 O 和汇入车 B 之间的距离 OB
	·汇入点 O 和汇入车 D 之间的距离 OD
	·汇入车的待机车数
	·环岛内的车数
	·总车数
	·所有车辆的平均速度
行　动	·有车道先行权的车 A 的速度：停车（0m/s）
	·有车道先行权的车 A 的速度：低速（0.50m/s）
	·有车道先行权的车 A 的速度：高速（0.65m/s）
奖　励	·所有车辆的平均速度（正奖励）
	·紧急停车（避撞）（-100.0）
	·有车道先行权的车 A 选择停车 10 秒以上（-100.0）

DQN模型结构中，输入单元数为状态数10单元，中间层数为3层，各层单元数为10单元。其中，单元指的是神经网络节点之间的输入输出组。DQN的输出单元数对应表6.1中的三种行动（高速、低速、停车），共3个单元。此外，激活函数采用ReLU，优化函数采用RMSProp。

现在，收集DQN训练数据，所有车辆的坐标、速度、到每个路口的距离、动作和奖励都被储存在控制PC的数据库中，遥控汽车行驶时，在227 358个训练数据上以100的批量大小训练10万步，相当于12辆遥控汽车行驶3小时。换句话说，就是用100个随机取样的学习数据进行10万个学习步骤。此外，用于实验的跑道由环岛及其周边道路组成，设单向单一车道不发生追超。为了评价互让的学习效果，对学习后使用DQN和不使用DQN的情况分别进行3次12辆车同时行驶5分钟的试跑，并比较其结果。

也就是说，使用DQN的情况下，所有车辆都采用学习后的DQN；不使用DQN的情况下，提高环岛中行驶车辆的优先程度，将环岛中的行驶车辆设定为不会停车。

5分钟的行驶数据中，起步的1分钟数据受车辆开始行驶的初始位置影响，个体差异较大，不算在结果之列，仅分析后4分钟的数据。尤其在比较结果时，为了确认互让的获得情况，重点关注互让的发生频率。

3次试验的4分钟内，汇入车C距离汇入点远和近两种情况下，有车道先行权的车A的行动比例见表6.2（根据图6.6中的车名设定）。

表 6.2　DQN 的输出比例

	有车道先行权的车 A 的行动			合　计
	停　车	低　速	高　速	
汇入车 C 离汇入点较远	0	0.15%	18.04%	18.19%
汇入车 C 离汇入点较近	6.84%	0	74.97%	81.81%
合　计	6.84%	0.15%	93.01%	100.00%

使用DQN学习互让行为时，有车道先行权的车A的行动选择机会为一次试验中平均279.33次。也就是说，在汇入车C距离汇入点较远时，有车道先行权的车A选择高速（18.04%）行驶于环岛中。而汇入车C距离汇入点较近时，有车道先行权的车A选择停车（6.84%）或高速（74.97%）。其中，表现出互让行为的是表6.2中"汇入车C距离汇入点较近"时，有车道先行权的车A的行动为"停车"。因此，采用DQN学习互让行为时，有车道先行权的车A在所有行动选择中约有6%的概率采取互让。

接下来，为了确认互让对交通流量的影响，我们观察采用和不采用DQN时12辆遥控汽车行驶4分钟的平均移动距离。如图6.8所示，三次试验中，采用DQN获得互让的平均移动距离高于不采用DQN的情况，三次试验显示的平均移动距离约增加15%。此外，采用DQN时，有车道先行权的车停车让汇入车辆先行，可以减少其他停止车辆，增加车辆的总移动距离，增加交通流量。可以在Youtube[17]上收看获得互让的遥控汽车行驶在实验环境中的视频。

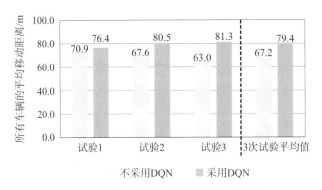

图6.8　12辆遥控汽车的平均移动距离

6.2　列队行驶

在上一节的互让内容之后，本节将介绍多台车辆协同控制技术的典型案例——列队行驶，概述其概要、效果和控制。

6.2.1　列队行驶的概要及效果

列队行驶是一种多台自动驾驶车辆保持1～20m的小车距行驶的自动驾驶车辆行驶形式。列队行驶有效利用了机器驾驶的特长，可以说达到了真人驾驶无法实现的效果。因此，列队行驶的效果备受关注，研发工作正在积极进行。

早在20世纪90年代，人们就期待列队行驶能够提升交通容量，美国加利福尼亚大学（Univ. of California）等正在积极开展研发和实验。真人驾驶能够实现的交通容量为每车道最大约2000辆/小时，而通过自动控制车距，最大容量有望增加至3倍，达5000～6000辆/小时。根据当时的研究结果，仅凭机动车的车载传感器提供的测量信息（车距、相对速度）无法实现小车距的车队稳定（队列稳定性）行驶，小车距列队行驶需要头车和前车的加速度等车载传感器无法测量的信息，即需要车车通信[18]。

因此，列队行驶的前提是行驶车队（小队 = Platoon）支持车车通信，所以列队行驶也叫Platoon行驶。从通信角度上可以说，将车车通信用于自适应巡航控制（ACC）的协调型ACC（cooperative ACC，CACC）是列队行驶的专用功能。

此外，列队行驶不仅能够提升交通容量，还有助于节能。也就是说，提升交通容量不仅能够抑制不必要的加减速，还能够通过缩短车距减少空气阻力，从而降低油耗。机动车行驶时受到的空气阻力主要分为两种：前方空气受压缩产生的阻力和后方出现部分真空时产生的阻力。两辆机动车以小车距行驶能够降低后车前方的空气受压缩时产生的阻力，同时前车也能更加顺畅地脱离空气，受到的空气阻力小于单独行驶。空气阻力约与速度的平方成正比，在高速公路上列队行驶有助于节能。

在日本，列队行驶的空气阻力减少效果也引起了人们的关注，从2008年到2012年，作为能源ITS促进项目（通过自动驾驶开发节能技术的项目）的一部分，新能源和工业技术开发组织（NEDO）开发了卡车列队行驶系统。如图6.9所示，四辆卡车编队行驶，车辆之间的距离为4

图6.9　NEDO"能源ITS推进事业"
的4m车距的列队行驶

米，行驶实验证实该系统节省了大约15%的油耗[19]。近年来，无人驾驶汽车跟随有司机驾驶汽车的列队运行系统的开发和示范已被作为一项节省劳动力的技术加以推广，以应对出生率下降的老龄化社会中物流领域的人力短缺问题。

此外，20世纪90年代的SSVS（super smart vehicle system）概念中，人们提出将单人小型电动车根据用途和乘客情况进行合体行驶[20]。基于该想法的列队行驶示意图如图6.10所示[21]。近年来普及的共享车辆服务中，为了便于回收使用后的车辆和站点间的移动，人们还提出一位驾驶员带领多辆车移动的方法。

图6.10　小型电动车的高密度列队行驶

6.2.2　前后方向的控制

这种列队行驶的控制中，头车要有真人驾驶或采用常见的自动驾驶车辆的驾驶方式。因此，列队驾驶控制指的是第二辆车之后的跟随车辆的前后方向控制（推进力、制动力的控制），以及左右方向的控制（转向控制）。

下面讲解前后方向和左右方向的控制思路。

首先，前后方向的控制目的是保持车距维持目标值，列队行驶时，尤其是以车队的形式行驶时，必须保证充分的力学稳定性。"力学稳定性"指的是速度、加速度、车距的变化不会被放大或传递给后车，也被称为队列稳定性[22]。

不满足队列稳定性时，当车队的头车从80km/h降速到50km/h，第一辆跟随车减速至45km/h，然后加速，第二辆跟随车减速至40km/h，然后加速，第三辆跟随车减速至35km/h……以此类推，速度的变化逐渐增加。而满足队列稳定性时，第一辆跟随车减速至45km/h，然后加速，第二辆跟随车减速至46km/h，然后加速，第三辆跟随车减速至46km/h……以此类推，跟随车会减缓前车的速度变化[23]。换句话说，列队行驶中的前后方向控制必须保证队列稳定性。

前后方向控制中的车距目标值d（m）通常设定如下：

$$d = L + Hv \tag{6.1}$$

其中，v表示速度（m/s），L是不受速度影响的车距（m），H叫作车间时间（车头时间）（s）。

为了实现近似于机械连接的列队行驶，需要将式（6.1）中的H设为0或设为近似于0的小数值。但H偏小时，只采用机动车车载传感器的测量信息（相对速度、车距）进行控制无法满足队列稳定性。如果将H设为较大值（约1s以上），则仅采用机动车车载传感器的测量信息（相对速度、车距）进行控制也能够满足队列稳定性。

车间时间H起到缓冲感应延迟的作用。如图6.11所示，考虑以速度v行驶的队列的头车加速至$v+v'$的情况。设加速后前车的位置为A'，后车位置为图中的B'和C'。这时如果目标车距增加，头车行驶距离为$A'-A$，后车行驶距离为较短的$B'-B$，$C'-C$更短。也就是说，即使前车延缓加速，也无需更大的加速度进行补救。这时将机动车对指令加速度的响应设定为时间常数τ(s)的一次延迟，根据机动车车载传感器的测量信息（相对速度、车距），满足队列稳定性的最小H值为2τ[24]。

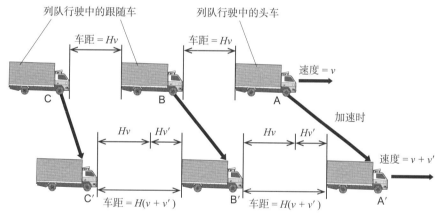

图6.11 列队加速时车间时间的影响

而跟随车采用车车通信获取头车的速度目标指令值、加速度指令值，以及前车的加速度指令值和加速度，并用于控制，即便设定H为较小值也有可能满足队列稳定性。综上所述，前后方向的控制被应用于ACC、在ACC中采用车车通信的协调型ACC和列队行驶，H在ACC中通常设为1.3～2.4s，协调型ACC中约为1s，列队行驶中约为0s。

6.2.3 左右方向的控制

列队行驶中，左右控制的目的是控制转向角度，使车辆在保持编队的同时保持在车道内行驶，或者像小鸭子和它的父母一样跟随领先车辆的轨迹（印随驾驶）。

首先是维持车道内行驶的横向控制。不组队列，单车行驶时，用车载摄像机等探测2s之后（＝车速×2的距离）的车道中央标识，根据横向偏差ε决定转向角δ。以下式简单决定转向角，

$$\delta = K\varepsilon$$

也可以一定程度上跟随车道行驶，其中K是比例常数。

但是列队行驶时，车距较小，前车遮挡视线，无法如实探测车道标识的可能性极高。出于这个原因，在上述车辆之间距离为4米的列队行驶中，使用一个车载摄像头来检测车辆旁边的白线，以便进行转向控制[19]。但是在探测两侧的横向偏差时，稳定的控制不仅需要横向偏差量，还需探测并使用车道方向与车体朝向的相对角。此外还需要将车道中央前方的曲率变化的相关信息作为前馈输入。

人们也在研究转向控制方法，在高精地图中储存车道中央的位置信息，根据自动驾驶车辆测量、估测的自车位置控制车辆行驶在车道中央。这时无需考虑车距是否会影响白线的探测。

接下来介绍印随行驶所需的横向控制。此处的印随行驶指的是后车（鸭子宝宝）紧跟头车（鸭子妈妈）直行或左右转向的行驶形式。如果后车能够实现印随行驶，那么真人驾驶头车时就能够实现列队行驶，而无需考虑车道。

头车或前车探测自车的横向偏差，根据横向偏差量决定转向角，可以在一定程度上解决这个问题，但是仅凭自车与前车的横向偏差量进行转向控制时，速度相对于车距增加，转向会发生振动。

以长队列进行印随行驶时，头车轨迹积累的误差问题尚待解决。例如，第二辆车在转弯处的头车轨迹外侧30cm处行驶。第三辆车在第二辆车的轨迹外侧30cm行驶，则第三辆车相当于在头车轨迹外侧60cm处行驶。以此类推，尽管头车行驶在车道内侧，但是队列后方车辆都会偏离车道。也就是说，在较窄的车道上以长队列进行印随行驶时，需要测量、推算前车轨迹的横向偏差，从而控制后车在相同的轨迹上行驶（同辙控制）。

6.2.4　列队行驶控制示例

下面介绍基于上述列队行驶控制概念的实际列队行驶前向和后向控制的例子。

首先用数学算式表示队列稳定性。如图6.12所示，设第i辆车的前车距为r_i，第$i+1$辆车的车距为r_{i+1}，则前车距和后车距之间的传递函数$G_R(s)$为r_i和r_{i+1}进行拉普拉斯变换后的（$R_i(s)$，$R_{i+1}(s)$）的比[22]

$$G_R(s) = \frac{R_{i+1}(s)}{R_i(s)} \tag{6.2}$$

其中，s是拉普拉多算子。

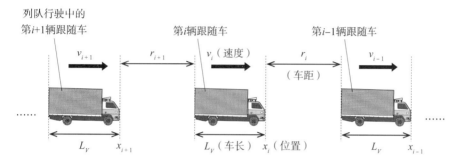

图6.12 列队行驶控制示例

式（6.2）中，所有频率时范数小于1，等价于满足队列稳定性，此时可表示为下式。

$$|G_R(j\omega)| \le 1 \qquad (\forall\omega) \tag{6.3}$$

其中，j是虚数单位。式（6.1）计算了前车车距变化传递给后车时的传递函数，前车的速度变化和加速度变化传递给后车时的传递函数也相同[24]。

接下来分析决定车辆目标加速度的算法，目标车距如下：

$$d = L + Hv \tag{6.4}$$

此时反馈与目标车距的误差，以及与前车的速度误差（相对速度）并控制第i辆车的加速度，第i辆车的目标加速度u_i（m/s²）为

$$u_i = K_1(r_i - d) + K_2(v_{i-1} - v_i) \tag{6.5}$$

实际车辆的加速度x_i对于控制器的加速度指令u_i会产生延迟。载客车的延迟约为0.2s，大型车约为0.5s。将各车的加速度响应延迟用时间常数τ的一次延迟特性（下文称之为加速度响应特性）近似为式（6.6）

$$\ddot{x}_i = \frac{1}{\tau}(u_i - \ddot{x}_i) \tag{6.6}$$

式（6.4）和式（6.6）忽略与力学无关的L_V和L，设$r_i = x_{i-1} - x_i$，$v_i = \dot{x}_i$，用x_i表示式（6.5）如下：

$$\tau \ddot{x}_i + \ddot{x}_i + (K_2 + K_1 H)\dot{x} + K_1 x_i = K_2 \dot{x}_{i-1} + K_1 x_{i-1} \qquad (6.7)$$

用传递函数可写作

$$[\tau s^3 + s^2 + (K_2 + K_1 H)s + K_1] X_i(s) = (K_2 s + K_1) X_{i-1}(s) \qquad (6.8)$$

因此，表示前车的车距变化传递给后车的传递函数 $G_R(s)$ 为

$$
\begin{aligned}
G_R(s) &= \frac{R_{i+1}(s)}{R_i(s)} \\
&= \frac{X_i(s) - X_{i+1}(s)}{X_{i-1}(s) - X_i(s)} \\
&= \frac{K_2 s + K_1}{\tau s^3 + s^2 + (K_2 + K_1 H)s + K_1}
\end{aligned}
\qquad (6.9)
$$

也就是说，为了使 $G_R(s)$ 满足式（6.3），前后方向的控制只要设定 K_1、K_2 和 H 即可。但此时 $H < 2\tau$，不存在满足队列稳定性的 K_1 和 K_2。

以实现较小的 H 的控制为例，我们尝试在决定 u_i 的式中加入车车通信提供的前车信息。设车车通信显示前车的加速度 a_{i-1}，速度 v_{i-1}，则 u_i 决定如下：

$$u_i = F_1(a_{i-1}) + K_1(r_i - d) + K_2[F_2(v_{i-1}) - v_i] \qquad (6.10)$$

其中，$F_1(a_{i-1})$ 表示用 $\dfrac{\tau s + 1}{hs + 1}$ 过滤 a_{i-1}；$F_2(v_{i-1})$ 表示用 $\dfrac{1}{Hs + 1}$ 过滤 v_{i-1}。

这时与式（6.7）的推导相同，式（6.10）用 x_i 表示为

$$
\begin{aligned}
&\tau \ddot{x}_i + \ddot{x}_i + (K_2 + K_1 H)\dot{x}_i + K_1 x_i \\
&= F_1(\ddot{x}_{i-1}) + K_2 F_2(\dot{x}_{i-1}) + K_1 x_{i-1}
\end{aligned}
\qquad (6.11)
$$

用传递函数表示上式为

$$
\begin{aligned}
&[\tau s^3 + s^2 + (K_2 + K_1 H)s + K_1] X_i(s) \\
&= \left(\frac{\tau s + 1}{Hs + 1} s^2 + \frac{K_2}{Hs + 1} s + K_1 \right) X_{i-1}(s)
\end{aligned}
\qquad (6.12)
$$

整理得到

$$X_i(s) = \frac{1}{Hs + 1} X_{i-1}(s) \qquad (6.13)$$

所以，前车的车距变化传递给后车时，传递函数 $G_R(s)$ 为

$$
\begin{aligned}
G_R(s) &= \frac{R_{i+1}(s)}{R_i(s)} \\
&= \frac{X_i(s) - X_{i+1}(s)}{X_{i-1}(s) - X_i(s)} = \frac{1}{Hs + 1}
\end{aligned}
\qquad (6.14)
$$

显然传递函数的范数在所有频率下均小于1 [24]。

　　而且该传递函数中不含K_1和K_2，可以在队列稳定性之外单独调整反馈增益(K_1,K_2)。也就是说，可以不考虑队列稳定性，单独调整车距到达稳定值的过渡特性等。

　　不采用车车通信时，存在满足队列稳定性的K_1和K_2的最小车间时间H是2τ，但式（6.10）的控制算法中不限制车间时间。为了使滤波器F_1的范数不超过1，必须满足$H \geqslant \tau$。

　　当达到$H=0$时，在进行低级控制——其中对加速度指令值的加速度响应的特性对编队中的所有车辆是共同的（或使用具有相同特性的车辆），通过车车通信将前车或头车的加速度指令值作为前馈输入，有可能满足队列稳定性[21, 25]。

第7章

自动驾驶技术的开发工具

本章主要介绍自动驾驶技术开发过程中使用的各种工具，以免费产品为主，如今，人们正尽可能运用免费工具积极推进研发过程。

7.1节介绍用于环境识别、自车定位的公开数据集"KITTI"。7.2节将介绍自动驾驶的两种相关地图规格。7.3节介绍以OSS（open source software，开源软件）形式公开、无偿提供的两种自动驾驶平台。最后，7.4节将介绍三种自动驾驶模拟器。

7.1　环境识别、自车定位数据集

7.1.1　数据集

数据集通常指数据的集合，在自动驾驶技术领域，数据集指的是用于开发或评价实现某项功能的方法的工具。将数据集作为工具时，单纯获取大量数据的意义并不大。也就是说，针对输入的大量数据提供一一对应的目标输出作为标准数据，二者组合而成的数据集才能体现其价值。

例如，2.2.2节介绍的Cityscapes是能够评价语义分割的数据集，它不仅包含图像输入，还包含将输入图像对应的像素单位的目标物体进行分类而形成的标准数据，二者组成数据集。用标准数据组成数据集可以轻松地用于深度学习和各种方法的评价。

深度学习需要大量数据，尽管制作标准数据需要大量时间和成本，但是合适的数据集对技术发展的贡献之大不言而喻。有了合适的数据集，各种方法的开发人员可以免去制作标准数据的麻烦，可以专心研究更优秀的方法。

不仅如此，数据集被公开，方法研发人员使用相同的数据集可以客观地判断各种方法的优劣。近年来，制作数据集的研究就足以写成论文。

7.1.2　KITTI数据集

KITTI Vision Benchmark Suite[1]公开了用于评价自动驾驶技术的各种数据集，即KITTI数据集。

KITTI数据集是由Karlsruhe Institute of Technology和Toyota Technological Institute合作打造的，由图7.1所示的机动车在住宅区和郊外等各种场所行驶时获取的数据组成。车上搭载高精度自车定位GPS和IMU，可以同步获取两张图像的立体摄像机，以及可以用64束激光测量物体距离的LiDAR，能够同步以时序获取自车位置姿势、立体摄像机图像和激光测距数据，可用于多种评价。

用KITTI数据集评价开发方法时，可以使用KITTI指定的评价指标，这样可以评价各种方法并为之排序。在KITTI数据集的排行榜上，一眼就可以看出各种功能中各种方法的性能。

本节主要讲解KITTI数据集如何评价与自动驾驶技术相关的物体探测、语义分割和自车定位。

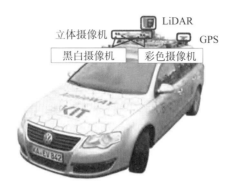

图7.1　制作KITTI数据集时使用的车辆（选自KITTI官网）

KITTI数据集可以评价的功能示例如下：

（1）物体探测（行人、机动车、自行车）。

（2）语义分割。

（3）自车定位。

（4）时序的物体跟随。

（5）根据图像还原距离。

1. 物体探测的评价

KITTI数据集的物体探测评价分为两种，评价二维图像中探测框的准确性，如图7.2(a)所示；以及三维空间中探测盒的准确性，如图7.2(b)所示[①]。

(a) 二维空间　　　　　　　　　　　　(b) 三维空间

图7.2　物体探测数据

（选自Geiger, A., Lenz, P., Urtasun R. Are we ready for Autonomous Driving? The KITTI Vision Benchmark Suite, CVPR, 2012: 3354-3361）

其中，二维物体探测评价中，7481个数据是该方法的开发/评价数据，另外7518个数据是决定排行的数据。输出探测框与标准探测框的重叠度超过70%即为准确，行人和自行车的重叠度超过50%即为准确，用评价漏检的复现率和评价输出准确性的适合率计算AP（average precision，平均精度），再用AP评价各种方法的机动车探测结果。

---

① 本书在用二维探测框和三维探测盒探测物体时分别称作二维物体探测和三维物体探测。

相对的，三维物体探测评价中，以某一时刻同步获取的距离数据和图像数据为一组，共7481组数据作为开发/评价数据，7518组数据作为决定排行的数据。三维物体探测和二维物体探测相同，输出的探测框与正确的探测框重叠度超过70%即为准确，行人和自行车的重叠度超过50%即为准确，用AP评价各种方法的机动车探测结果。

2. 语义分割

语义分割以开发/评价和决定排行的数据为基础，各准备200个数据，用IoU（intersection over union）进行评价。

语义分割评价中，IoU是除KITTI以外十分常用的指标，根据式（7.1）计算。

$$\text{IoU} = \frac{T_P}{T_P + F_P + F_N} \tag{7.1}$$

据此，能够准确估测某个探测目标的所有像素时评价为1，完全无法估测时评价为0。针对每个探测目标A，T_P表示准确识别A的像素数，F_P表示将A以外的探测目标区域识别为A的像素数，F_N表示将A的区域识别为其他探测目标的像素数。

3. 自车定位

KITTI数据集的自车定位评价要用到从某地点前进1m时相对的自车位置姿态误差。自车定位开发/评价中提供的数据示例如图7.3所示。在德国卡尔斯鲁厄（Karlsruhe）的街上行驶时，根据时序获取的自车位置数据绘制车辆轨迹，同步车辆轨迹和自车位置数据获得的图像数据如图7.3所示。

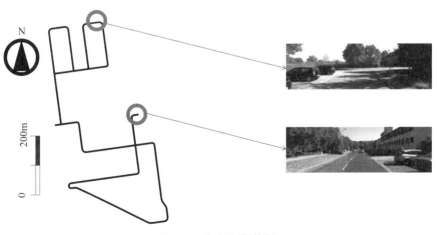

图7.3 自车定位数据

由于同步自车位置，同时获取了图像数据和距离数据，生成三维地图后就可以评价自车定位的性能。其中，提供23201组数据用于方法的开发/评价，20351组数据用于决定排行。

7.1.3 数据集的陷阱

虽然介绍了KITTI数据集，但随着深度学习的广泛应用，近年来也出现了其他数据集。

深度学习只能支持基于数据的预期环境。如果一种方法只学习了晴朗的白天的数据集，则其性能在夜晚或雨天必然降低。来自欧洲数据集的学习手法在日本就可能无法正常工作。此外还会受设备的影响，例如，获取图像的摄像机角度和图像尺寸等，如果摄像机参数不同于预期，也可能无法正常工作。

利用数据集定义的评价指标来竞争并产生优秀方法自然可喜，但纯粹的数据集评价并不应作为研究开发的目的。世界上的确有很多研究人员为了展示自己的方法，将提升公开的数据集排名作为目标，公开的数据集排名与各种方法的必要性自然相关。但是这并不代表排名靠前的方法就适用于所有目标环境。实际上，很多方法只是利用了各种数据集特有的特征，方法的通用性并不高。

在公开的数据集排行中得到好评，并以此为契机打造实际可用的方法，这才是研究者应有的态度。

7.2 地图（HD地图）

如第3章所述，地图数据是自动驾驶系统中至关重要的工具。

特别是，高清地图（HD地图）是世界各地的汽车和地图制造商在技术发展中的重要竞争领域，很多都是以专有格式提供的。在日本，动态地图平台（DMP）已经开发了覆盖全国共29205公里高速公路和机动车道的高清地图，将其转换为所需的数据格式提供给公司[2]。

本节介绍公开了数据标准的OpenDRIVE和Lanelet2两种HD地图格式。这两种标准已在网络上公开，同时提供多种样本数据和数据可视化所需的工具。

7.2.1 OpenDRIVE

OpenDRIVE[3]地图格式由德国VIRES公司研发，目前由欧洲标准化团体ASAM（association for standardisation of automation and measuring system）管理。OpenDRIVE地图主要用于自动驾驶模拟器，与动态描述脚本的OpenSCENARIO地图共同用于模拟软件。文件形式为XML（扩展名为xodr），通用性较高。OpenDRIVE的样本数据可视化后如图7.4所示。

(a) 高速公路的样本数据　　　　　　(b) 城镇一般道路的样本数据
（十字路口的信号灯用点表示）

图7.4　OpenDRIVE的地图数据（选自Atlatec公司[4]的样本数据）

OpenDRIVE最大的特点是根据算式表示的参考线（reference line）描述道路形状。参考线的每个车道区间（lane section）由直线、圆弧、回旋曲线①、三次曲线组合而成的对象来表示，相邻各个车道由基准线ID和车道宽度来定义。道路网络连接通过指定各区间的successor（后继道）和predecessor（先行道）进行明确的定义。

不仅如此，OpenDRIVE可以通过RoadRunner[78]等软件进行可视化和地图生成，还可以输入CARLA[10, 11]和LGSVL Simulator[12, 13]等开源自动驾驶模拟器。

7.2.2　Lanelet2

Lanelet2[5]同样是德国FZI研究所为主研发的地图格式，资料库也以开源形式公开[7]。它的特点是车道表现为基于左右边界（lanelet）定义的要素，文件形式也是XML（扩展名为osm），通用性较高。

Lanelet2格式由点（points）、线段（linestring）、左右边界（lanelet）、区域（area）、调节因子（regulatoly element）几种要素（primitives）组成。points（点）是空间内的点，linestring（线段）由多个点组成。lanelet将两个linestring作为车道的左右边界。相邻车道通过共享彼此的左右边界被判断为相邻。道路网络通过共享各个左右边界的端点，表现为具有连接关系。

Lanelet2也被用作开源自动驾驶软件Autoware[16]的地图形式，用于执行Autoware的识别和行驶路径规划等任务。这个地图数据的制作工具包括JOSM[6]和Autoware Tools的Vector Map Builder[14]。

---

① 匀速行驶的同时以等角速度转向时描绘的行驶轨迹。

OpenDRIVE和Lanelet2的特征归纳见表7.1。

表 7.1 OpenDRIVE 和 Lanelet2 的特征

	OpenDRIVE	Lanelet2
车道形状的描述方法	直线、圆弧、回旋曲线，三次曲线	点的集合
车道的描述方法	距离基准线的宽度	左边界和右边界的组合
车道的连接	由 successor，predecessor 明确定义	通过确认左右边界是否共享端点，判断 lanelet 是否连接
文件形式	XML（扩展名为 xodr）	XML（扩展名为 osm）
阅览器	OpenDRIVE Viewer 等	JOSM[6] 等
示意图（选自参考文献［8］）		

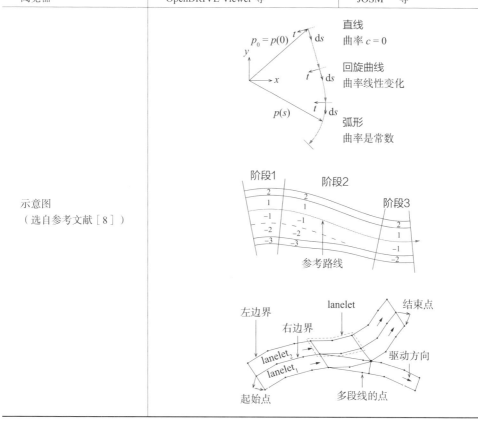

7.3 自动驾驶平台

自动驾驶平台是自车定位、障碍物探测、路径跟随等自动驾驶基础技术的一系列软件群的总称。其中一部分正以OSS[15]形式公开。OSS不仅指源代码公开，也就是任何人都可以访问源代码的软件，还指以OSI（open source initiative，开放源代码促进会）定义的"The Open Source Definition（开源的定义）"为准则，可以无偿使用、修正、二次发布的软件。

自动驾驶平台采用OSS的原因之一是它能使基础运营商、基础销售方和投资方之间互利共赢，最终推动自动驾驶产业整体的发展。

目前自动驾驶OSS平台中较为知名的是Autoware和Apollo。

Autoware由日本名古屋大学、长崎大学、产业技术综合研究所（AIST）共同研发，2015年8月问世，是世界首个开源自动驾驶平台[16]。参与Autoware发展策划的公司成立的非营利团体Autoware Foundation[17]自2018年12月起接替研发工作。

作为机器人开发OSS，Autoware以著名的ROS（robot operating system）为基础。根据ROS的不同种类，共有三个开发项目：基于ROS1[18]的Autoware.AI[19]，基于ROS2[20]的Autoware.AUTO[21]，以及二者的综合界面Autoware.IO[22]。

Apollo[23]是中国Baidu（百度）公司开发的自动驾驶平台，ver.1.0在2017年7月问世。发布时以ROS1为基础，2019年1月发布的ver.3.5.0采用自主研发的运行环境Apollo Cyber RT，2019年6月末发布的ver.5.0开始采用Baidu开发的深度学习平台PaddlePaddle（parallel distributed deep learning），逐渐打造出独家特色。而且它支持V2X（vehicle-to-everything，机动车与外界互通信息的技术或系统），正在发展与社会基础设施的合作[24,25]。

下文介绍Autoware和Apollo的整体情况、功能、尚待解决的问题以及预期动向①。

7.3.1 Autoware的整体情况和深度学习的相关功能

Autoware.AI的软件模块如图7.5所示。下文探讨的内容除特殊标注外均属于Autoware.AI②。

如图7.5所示，Autoware.AI由从各个传感器获取信号的传感系统，进行自车定位、物体状态辨别、物体状态估测的感知系统，判断行驶和停止等的决策系统，生成路径和跟随路径的规划系统，以及将用于路径跟随的控制信号发送给各个车辆的驱动系统组成。其中，只有感知系统中负责识别物体的检测模块使用了深度学习③。此外，自从深度学习的环境识别成为主流，Autoware.AI中也删除了使用手工识别特征量的车辆、行人探测器[28]。

---

① 解说内容基于本书编写时的版本，可能与最新版本不同。最新信息请参考相关网站等。

② Autoware.AUTO 的处理也基本相同。

③ Autoware.AI 的维基百科中指出规划系统中的一部分使用了深度学习[27]，但是本书在编写时（2021 年 3 月）无法确认其在 GitHub 中登记。

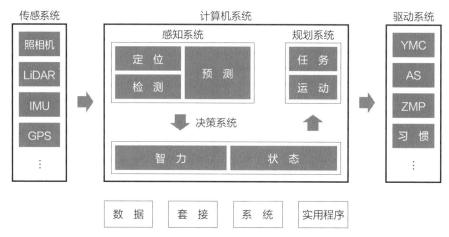

图7.5 Autoware.AI的软件模块图（选自GitHub>Autoware-AI/autoware.ai）

（软件模块大体分成三部分：传感系统、计算机系统、驱动系统，其中计算机系统又分为感知、决策、规划三部分）

Autoware.AI的研发以ROS1为基础，支持ROS1中能够节点（在ROS运行的进程）化的部分。也就是说，与深度学习使用的深度学习资料库类型无关[①]。

Autoware.AI还采用了公开的著名神经网络（信号灯识别采用caffe版SSD[29]，物体识别采用YOLO[30]等）。还实现了PointPillars[31]，它从LiDAR输出的点云中生成三维边框。

摄像机和LiDAR的探测结果可以用ROS1的massage同步（message filters::Synchronizer），进行协调合作[32]。

7.3.2 Apollo的整体情况和深度学习的相关功能

Apollo软件概要如图7.6所示，Apollo由识别环境的感知、预测障碍物轨迹的预测、生成行驶轨迹的规划、自车定位的定位和控制车辆的控制等模块组成，整体模块结构类似Autoware.AI。Autoware.AI中不含执行紧急停车的监护等模块。

其中，感知和预测模块采用了深度学习。

尤其是识别环境的感知[34]在开发初期（v2.5.0）就采用了深度学习，积极打造独家神经网络。深度学习资料库采用Caffe，也有Baidu独家开发的PaddlePaddle作为技术支持[35]。

在感知模块中，深度学习还被用于LiDAR输出的分割化，根据摄像机拍摄的图像探测信号灯，以及车道（白/黄线、虚线/实线、直线/曲线）、消失点[36]

---

① Autoware.AUTO 基于 ROS2，但与 Autoware.AI 的 ROS1 相同。

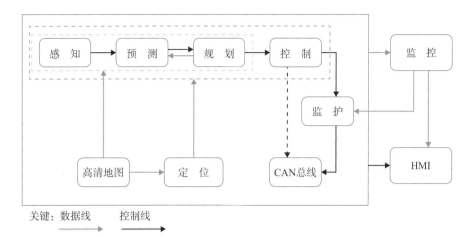

图7.6 Apollo软件概要（选自GitHub>ApolloAuto/apollo#architecture）

（Apollo模块大致分为识别环境的感知、预测障碍物轨迹的预测、生成行驶轨迹的规划、控制车辆的控制、读取高精地图的HD Map地图、自车定位的定位，读取CAN总线数据的CANbus、执行紧急停车的监护，监控系统异常的监控和界面HMI）

和物体等[37]。还能根据消失点探测结果进行自车姿态的估测和摄像机的在线校准①。

预测模块使用深度学习资料库预测感知模块探测出的障碍物轨迹[38]。支持多种深度学习资料库，TensorFlow，Keras[39]和PyTorch[40]等都可以，只要推断进程可以在执行环境Cyber RT中运行。

预测模块包含四个子模块：储存输入信息（识别的障碍物、自车位置、线路）的储存部分（container），选择行驶脚本的脚本部分（scenario），预测障碍物路径和速度并评价规划模块等级的评价部分（evaluator），以及预测障碍物轨迹的预测部分（predictor）[38]。脚本要从沿道路行驶脚本和十字路口脚本中进行选择。评价部分根据脚本选择适合的深度学习模型，输出障碍物的关注等级。在预测部分根据脚本选择深度学习模型，预测关注等级高的障碍物轨迹②。

7.3.3 Autoware和Apollo的比较和尚待解决的问题

表7.2比较了Autoware和Apollo在上述章节中未提及的项目。

Autoware尚待解决的问题之一是定位模块中传感器的冗余性[60]。也就是说，在特征较少的环境或恶劣天气，只用LiDAR进行自车定位精度较低，需要

---

① 在线校准指的是当场获取摄像机参数（摄像机的位置姿态和镜头的焦距等）。Apollo可以获取摄像机的位置姿态。
② 开发初期规划模块中含有从传感器输入向控制指令输出的端到端深度学习模块，在ver.3.5.0中被删除。目前只有搜索类模块。

表 7.2　Autoware 和 Apollo 的比较 ①

	Autoware	Apollo
操作系统（OS）	Ubuntu 18.04[41]	Ubuntu 14.04branch/16.04/18.04[42]
Docker[95] 示意图	有[43]	有[44]
许可证	Apache License 2.0[45, 46]	Apache License 2.0[47]
主要语言	C++	C++
高精地图生成辅助	简易版地图生成工具（Point Cloud Map Builder[48]，Vector Map Builder[49]）	无（以前有，服务已终止）
模拟器	LG 模拟器（Autoware with LG SVL Simulator）[50]	Dreamland[51]，LG 模 拟 器（LGSVL Simulator）[52]
学习数据的使用	Automan[53]	APOLLOSCAPE[54]
安　全	·不支持 Autoware.AI ·使 用 Autoware.Auto 的 ROS2 以 DDS（Data Distribution Service）为基准[55]	·IVI（In-Vehicle-Information systems）具有多种防御功能 ·在 CAN 上实现通信加密或"黑箱"[56]
功能安全	Autoware.Auto，有望获得 ISO 26262[57]	为地图定义相关功能安全[58]
实际成果	超过 100 家公司使用 Autoware.AI，超过 20 个国家的 30 多类车辆行驶[17]	试跑 3380 小时，约 68000km[59]

并用其他传感器。此外，组装机器也存在问题。参考文献［61］将Autoware的部分功能在NVIDIA公司的DRIVE PX2中实现，低耗电组装机器的实现问题也尚待解决。

而Apollo面临的问题之一是规划模块的可靠性。v5.0.0中行驶计划的部分单体实验因有问题，已被注释掉（comment out）[62]。

Apollo自主研发的运行环境Cyber RT公开时间尚短，希望今后的文档和功能更加充实。

今后，Autoware和Apollo的发展趋势都是安全性支持。支持功能安全和安全规格ISO 26262、ISO/PAS 21448对于社会广泛接纳Autoware和Apollo十分重要。

7.4　自动驾驶模拟器

自动驾驶技术领域，在进入真实环境进行验证之前，通常需要在虚拟环境进行充分的验证。采用虚拟环境（模拟器）进行验证的优势在于不经过实机实验也能够迅速发现可控的异常动作，并且可以简单设定各种环境和状态，包括极罕见的环境和状态。

---

① 解说内容基于本书编写时（2021 年 3 月）的版本，可能与最新版本不同。最新信息请参考相关网站等。

自动驾驶模拟器需要具备四个功能。第一是如实再现真实环境的功能。例如，它能够如实再现碰撞障碍物等物理现象，而且能使环境具有照片真实感（像照片一样真实）。第二是复现传感器数据的功能。希望能够用模拟器内的虚拟摄像机、虚拟LiDAR和虚拟雷达等像测量真实环境一样测量虚拟环境，并将传感器数据输出给识别模块。第三是复现各种环境和状态的功能。希望它不仅能够任意设定实际环境中可能出现的道路、障碍物、天气、脚本等，而且设定过程简单。其中脚本指的是其他车辆和行人等障碍物作出的一系列动作。第四是使用简单。例如实现简单，包括与自动驾驶平台的合作。

7.4.1 免费模拟器示例

下面我们分别概述免费模拟器中的AirSim、CARLA和LGSVL Simulator，并比较各种模拟器的功能[1]。

1. AirSim

AirSim是Microsoft research开发的机动车和无人机专用模拟器[75]，终极目标是成为图像识别、深度学习和强化学习的验证平台。

它可以免费使用且功能强大，但是没有自己的API（application programming interface，应用程序接口），无法设定障碍物、地图和脚本，它使用的是电脑游戏的软件套装，即游戏引擎[76]的API。因此，使用AirSim设定任意状态时需要游戏引擎的相关知识。

2. CARLA

CARLA（Car Learning to Act）[77]是由Toyota Research Institute Advanced Development（株）和Intel公司等联合出资，由巴塞罗那自治大学（Universidad Autonoma de Barcelona，UAB）的计算机视觉中心研发的自动驾驶模拟器。

CARLA的地图格式以OpenDRIVE（参考7.2节）为基准，它的特长之一是能够使用RoadRunner[78]等OpenDRIVE基准的地图生成辅助工具生成地图[79]。脚本可以用ScenarioRunner[80]制作。

3. LGSVL Simulator

LGSVL Simulator是LG电子公司在美国的R&D中心开发的自动驾驶模拟

---

① 解说内容基于本书编写时的版本，可能与最新版本不同。最新信息请参考相关网站等。文中三种模拟器之外的其他模拟器请参考文献[74]。

器[81]。它的特长之一是地图的生成辅助功能。不仅能够生成车道和交通信号灯等的位置，还能为地图添加这些位置的注释（annotation）[82]。它与CARLA相同，使用RoadRunner可以生成任意地图[83]。

此外，LGSVL Simulator有一整套基于Python的API，包括用于创建场景的API和用于机器学习注释的API。

7.4.2　免费模拟器比较

AirSim、CARLA、LGSVL Simulator的功能比较见表7.3。

一般来说，软件，不限于开放源代码软件，如果在实现时从源代码编译，就容易出现各种麻烦。本节介绍的模拟器都是以预编译的二进制文件形式提供的，只需下载并解压二进制文件即可使用。

AirSim和CARLA还发布了容器型虚拟环境Docker[95]，模拟器可以在Docker容器上运行，不需要安装模拟器。此外，现有的开发环境不受影响。

它们还可以与7.3节介绍的Autoware、Apollo和ROS组合使用。与Autoware和Apollo组合可以使用所含模块执行识别和决策；如果与ROS组合，模拟器内的自车可以将识别的传感器信息显示在RViz[96]上，并将ROS上计算的控制值传输给模拟器。

表 7.3　自动驾驶模拟器的比较 ①

	AirSim	CARLA	LGSVL Simulator
操作系统	Windows/Linux	Windows/Linux	Windows/Linux
语　言	Python，C++，C#，Java	Python，C++	Python
游戏引擎	Unity/Unreal Engine 4	Unreal Engine 4	Unity
传感器	LiDAR，摄像机，GNSS 等	LiDAR，摄像机，GNSS 等	LiDAR，摄像机，GNSS 等
碰撞探测 API	有	有	有
天气设定 API	有	有	有
时间带设定 API	有	有	有
移动体设定 API	无	有	有
脚本 API	无	有	有
二进制	有[84]	有[85]	有[86]
Docker 示意图	有[87]	有[88]	无
Apollo 合作	无	无	有[89]
Autoware 合作	无	有[90]	有[91]
ROS 合作	有[92]	有[93]	有[94]

① 解说内容基于本书编写时（2021 年 3 月）的版本，可能与最新版本不同。最新信息请参考相关网站等。

第8章
深度学习的基础

本章将概述本书涉及的深度学习的基础技术。

8.1节介绍机器学习、深度学习的概要。8.2节介绍组成神经网络的代表层。最后，8.3节介绍神经网络的具体学习方法。

8.1 机器学习、深度学习

深度学习（deep learning）是一种根据大量学习数据自动学习规则性的机器学习（machine learning）方法，采用多层结构的深度神经网络（deep neural network），如图8.1所示。

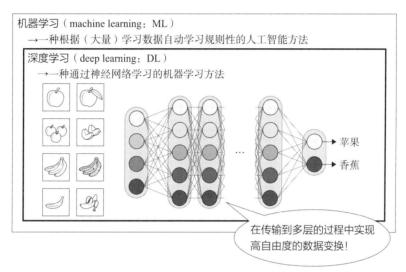

机器学习（machine learning：ML）
→一种根据（大量）学习数据自动学习规则性的人工智能方法
深度学习（deep learning：DL）
→一种通过神经网络学习的机器学习方法

...

苹果
香蕉

在传输到多层的过程中实现高自由度的数据变换！

图8.1 深度学习示意图

（深度学习利用多层结构的神经网络，是一种根据大量学习数据自动学习规则性的机器学习方法）

神经网络在传递到各层的过程中反复进行积和运算和非线性运算，是一种支持高自由度数据变换的"函数"，在许多以图像、声音、自然语言等作为输入的机器学习任务（问题）中，其性能远高于其他方法[1]。

在进入下一节深度学习的技术性讲解之前，本节概述机器学习和深度学习。

8.1.1 机器学习概述

根据程序和数据的性质，机器学习大致分为以下三种。

1. 监督学习

将输入数据和标准答案的组合作为学习数据（训练数据）的学习方法叫作监督学习（supervised learning）。这种方法在一开始就被赋予了标准答案，因此，可以学习输入和标准答案的关系。

监督学习的应用包括分类任务，其中人、车和交通灯（信号）等类别被作为每个图像的正确标签；以及回归任务，其中图像中每个像素的深度被作为正确的数字值。

2. 无监督学习

相对的，仅以输入数据作为学习数据（无训练数据）的学习方法叫作无监督学习（unsupervised learning）。由于这种方法未被赋予标准答案，所以大多数情况下学习的是输入的（本质性）结构。

无监督学习的应用包括，将输入数据划分为具有类似数据属性的多个组合的聚类任务，以及输入数据压缩（降维）任务。

3. 强化学习

用输入数据和奖励（对行动的评价）进行学习的方法叫作强化学习（reinforcement learning）。它在特定环境下反复试错，学习"奖励最大化的行为"。

强化学习的应用包括在围棋或象棋等游戏环境学习每一回合的最优行为的游戏任务，以及在道路环境学习各时刻最优驾驶操作的驾驶操作任务等。

下面我们以最基本的监督学习为例，讲解深度学习的基础技术（强化学习的具体内容参考第9章）。

8.1.2　深度学习的必要性

如本节开头所述，深度学习是一种机器学习，与以往的机器学习相比，它的优点在于能够自动提取输入数据特征。我们以辨别输入图像数据是苹果还是香蕉（推断）这种分类任务为例进行具体讲解，如图8.2所示。

如图8.2(a)所示，以往的机器学习模型中，首先需要思考"辨别苹果和香蕉的图像特征是什么"，并研发算法。接下来将提取的图像特征作为输入，学习辨别苹果和香蕉的高精度规则。使用这种方法时，要想对苹果和香蕉的图像进行高精度分类，图像特征提取算法和分类规则学习算法的设计尤为重要，但支持多种图像的高精度分类的建模通常很难。

以往只能分别进行特征提取和分类规则学习，用深度学习模型可以同时进行，如图8.2(b)所示。

不仅如此，深度学习还丰富了处理大量学习数据的数据环境，能够简单实现高自由度和高复杂度的神经网络框架，以及GPGPU（general-purpose computing on graphics processing units，将GPU用于非图像处理目的的技术）等的计算能力，推进了高精度稳定工作所需的各层结构和学习方法，结合多种要素，构建出更高精度的模型。

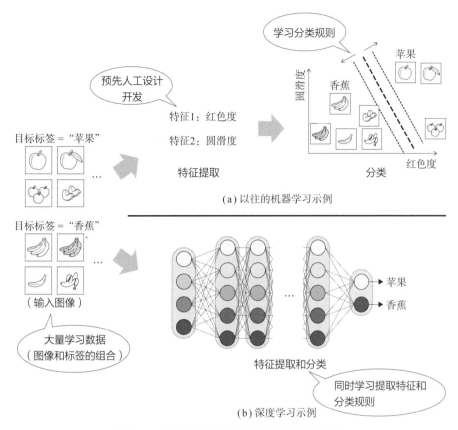

图8.2 以往的机器学习和深度学习的比较

（以往的机器学习分别进行特征提取和学习分类规则，而深度学习可以同时学习，因此能够构建高精度模型）

专 栏 学习方法的多样化

监督学习需要事先为各输入数据配备标准答案数据，指导工作繁杂，难以实现高精度建模。在这种大背景下，人们提出仅通过手工作业配备标准答案数据的监督学习，以及无法明确区分监督学习和无监督学习的多种学习方法。。

1. 半监督学习

半监督学习（semi-supervised learning）是使用少量训练数据和大量无训练数据的学习方法。它位于监督学习和无监督学习之间，例如，在仅通过训练数据学习的机器学习模型（深度学习中是神经网络）中处理无训练数据（推断），在输出置信度高的数据中增加训练数据，从而推进学习。

还有些方法寻找类似现有训练数据的无训练数据，添加进原本的训练数据等。

但是这种学习需要事先定义输出置信和数据类似度。

2. 主动学习

主动学习（active learning）与半监督学习相同，是使用少量训练数据和大量无训练数据的学习方法。

主动学习提取有望改善性能的无训练数据，对提取的数据（人工）提供标准数据，并添加到训练数据中。

与任意（随机）选择数据相比，这种方法有望通过低训练成本实现高性能监督学习。

3. 转移学习

将在某领域（源域）学习的知识应用于其他领域（目标域）的学习方法叫作转移学习（transfer learning）。

例如，有一种方法将在日本国内图像数据（源域）中学习的神经网络的部分参数（知识）用作学习欧美图像数据（目标域）时的神经网络初始值（转移）。

4. 弱监督学习

使用数据的信息量少于需求输出（训练成本低）的学习方法叫作弱监督学习（weakly-supervised learning）。

例如，从图像中提取狗、猫、鸟等目标物体的区域（分割）时，并非每个高训练成本的像素都有标签，而是只提供低训练成本的像素的种类标签。

在这种情况下，图像分类任务首先进行监督学习，然后用一种方法（称为显著性方法）来估计对所学模型的决策有贡献的像素，从而为分割所需的输出产生正确的数据。

5. 自监督学习

能够自动生成监督信号并学习的方法叫作自监督学习（self-supervised learning）。

例如，有一种方法可以根据视频中的两张图像推测动作，不使用标准数据中的动作信息，而是通过推测的动作量进行学习，以提高其中一张图像补正后的图像一致性。

仅通过标准数据自动生成输入数据也可视为自监督学习。例如，通过彩色图像自动生成灰阶图像，从而根据灰阶图像预测彩色图像的学习，以及在鲜明的图像（标准数据）中人为加入噪声的图像（输入数据），从而去除噪声的学习等。

8.2　神经网络的基本结构

神经网络的基本结构如图8.3所示。

神经网络原本是模仿人类大脑工作的模型，含有多个节点（结节、人工神经）集合而成的层。其中，输入数据的第一层叫作输入层（input layer），输出结果的最后一层叫作输出层（output layer），中间的层叫作隐藏层（hidden layer）。

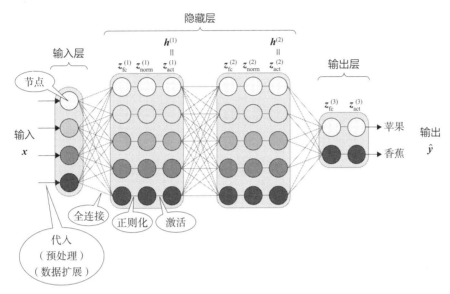

图8.3　神经网络的基本结构

（含有多个由节点集合而成的层，输入数据的第一层叫输入层，输出结果的最后一层叫输出层，中间的层叫作隐藏层。层间（节点间）采用全连接、卷积、正则化、激活等多种组合方式，使神经网络具备优秀的描述能力）

从输入层到输出层的层间（节点间）采用全连接、卷积等组合方式，并结合模仿脑部释放神经传递物质原理的激活等变换方式，使神经网络具备优秀的描述能力。下面总结输入层、输出层和隐藏层的基础知识。

设输入为x，输出为y，隐藏层的各个节点值集合为$h^{(l)}$，$l \in \{1, \cdots, L\}$是层的顺序编号。如图8.3所示，隐藏层与下文中的全连接、正则化、激活等多种变换相结合，用z区别变换前后的节点值集合。

专 栏　神经网络层数的思考方式、计算方式

注意，神经网络层的描述较为模糊。有时将节点值集合$h(l)$描述为层，下文中也会将全连接和卷积等变换部分描述为层。各个隐藏层也会包含多个变换层。

此外，可以选择包含两个隐藏层、输入层和输出层的神经网络，也可以仅计算全连接和卷积等变换部分，2层的神经网络（关注网络结构时多选择前者，关注计算量时多选择后者）。

因此，神经网络层数的思考方式、计算方式有时较为含糊。

8.2.1　输入层

如上文所述，神经网络的第一层叫作输入层，外部将数据x输入到此处。例如，将32px×32px的彩色图像（各像素含RGB三通道）作为输入数据时，输入层的节点数为像素数和彩色通道数的乘积3072（＝32×32×3）。实际上，输入数据常常需要进行预处理和数据扩展（请参考8.3.4节）。

8.2.2　隐藏层

输入层和输出层之间的所有层都叫作隐藏层（中间层），神经网络通过重复线性变换和非线性变换获得高自由度的描述能力。

下面介绍五种具有代表性的隐藏层：全连接层、激活层、卷积层、取样层和正则化层。

1. 全连接层。

全连接层（fully connected layer）是一种典型的隐藏层结构，连接上一层和该层的所有节点进行变换，如图8.4所示。

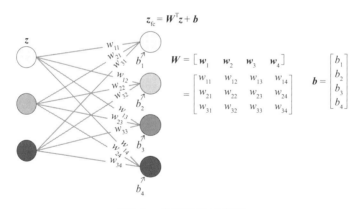

图8.4　全连接层示意图

（连接上一层和该层的所有节点进行变换。归纳节点之间连接强度的矩阵$\boldsymbol{W}$叫作权重，b是偏置，T表示倒置）

设变换前的节点值集合（矢量）为z，变换后的节点值集合（矢量）为z_{fc}，则算式如式（8.1）所示。

$$z_{\mathrm{fc}} = \boldsymbol{W}^{\mathrm{T}} z + \boldsymbol{b} \tag{8.1}$$

其中，$\boldsymbol{W}$是节点间连接强度的矩阵，被称为权重；矢量$\boldsymbol{b}$被称为偏置；T表示矩阵的倒置。

2. 激活层

激活层是一个隐藏层,模仿大脑中的神经元根据积累的电量而发射的现象。

设变换前的节点值(标量)为z,变换后的节点值(标量)为z_{act},用S形函数

$$z_{act} = \frac{1}{1 + \exp(-z)} \tag{8.2}$$

和ReLU函数(rectified linear unit function)

$$z_{act} = \max(0, z) \tag{8.3}$$

等非线性函数进行描述,该函数叫作激活函数。

神经网络是多次反复全连接层等线性变换和激活层等非线性变换的结构,能够实现多种描述能力。

3. 卷积层

接下来介绍卷积层,它在以图像为输入的神经网络中发挥了大量的作用。

之前介绍的常见神经网络中,各层数据是节点数次方的矢量数据(一维张量数据),而卷积层是通道C、长度H和宽度W的三维张量数据。这种三维张量数据叫作特征地图,如图8.5所示。

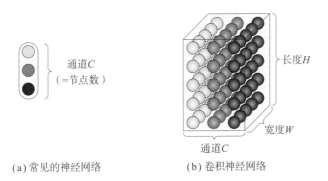

(a)常见的神经网络　　　　(b)卷积神经网络

图8.5 常见的神经网络和卷积神经网络层数据的不同

[常见的神经网络中,各层数据是节点数次方的矢量数据(一维张量数据),而卷积层是通道C、长度H和宽度W的三维张量数据]

卷积层根据上一层的特征地图进行滤波操作(卷积操作),从而生成该层的特征地图,并由此得名。含卷积层(或下文中的取样层)的神经网络叫作卷积神经网络(CNN)。

具体卷积运算示例如图8.6所示。

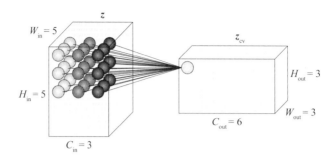

图8.6　卷积层的具体示例

[全连接层对该层各节点与上一层所有节点做积和计算，而卷积层在H和W方向只与空间上接近的节点（图中是9个）做积和计算]

$$C_{in} = 3，\quad H_{in} = 5，\quad W_{in} = 5$$

根据特征地图z

$$C_{out} = 6，\quad H_{out} = 3，\quad W_{out} = 3$$

变换为特征地图z_{cv}。上述全连接层对该层各节点与上一层所有节点做积和计算，而卷积层在H和W方向只与空间上接近的节点（图中是9个）做积和计算。

全连接层中，该层的每个节点连接权重不同，而卷积层在H和W方向共享连接权重。因此，卷积层的计算量小于全连接层。示例中的全连接层需要学习下述权重数量：

$$(C_{in} \times H_{in} \times W_{in}) \times (C_{out} \times H_{out} \times W_{out}) = 4050（个）$$

而卷积层只需学习下述权重数量：

$$C_{out} \times C_{in} \times 9 = 162（个）$$

因此，在输入特大图像时，选择卷积层而非全连接层可以以较少的参数和乘法计算量进行高效数据变换，更稳定地学习描述能力较高的神经网络。

卷积层的基础设定条件如图8.7所示。上一层的特征地图中，空间上接近的

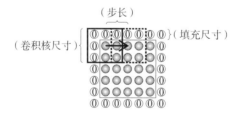

图8.7　卷积层的卷积核尺寸、步长和填充尺寸示例

（上一层的特征地图中，空间上接近的节点矩形集合的长度叫作卷积核尺寸。在滤波操作中，矩形位置移动的间隔被称为步长。此外，在滤波操作之前，在上一层特征地图的H和W方向两端分配0的大小被称为填充尺寸。这种操作允许留有余地，使特征地图的尺寸保持较小）

节点矩形集合的长度叫作卷积核尺寸。在滤波操作中，矩形位置移动的间隔被称为步长。此外，在滤波操作之前，在上一层特征地图的H和W方向两端分配0的大小被称为填充尺寸。这种操作允许留有余地，使特征地图的尺寸保持较小。

决定上述三个参数（卷积核尺寸、步长、填充尺寸）后，特征地图的前后尺寸可表示为式（8.4）。

$$W_{out} = \left\lfloor \frac{W_{in} + 2 \times 填充尺寸 - 卷积核尺寸}{步长} + 1 \right\rfloor \qquad (8.4)$$

其中，$\lfloor \cdot \rfloor$表示省略小数点以后的数位，以整数运算。

专栏　卷积层的多样化

除上述基本结构之外，卷积层还有许多拓展延伸，代表性的例子如下。

1. 扩张卷积层（dilated convolution layer）

与图8.6不同，对空间方向（H、W方向）有空隙的滤波器进行卷积操作后就是扩张卷积层，如图8.8所示。

扩张卷积层能够以普通卷积层的计算成本（积和运算量）在更大范围内进行滤波。

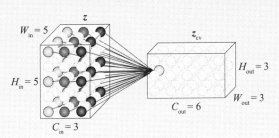

图8.8　扩张卷积的详细示例

（为便于展示位置，无关节点用虚线表示）
（对空间方向有空隙的滤波器进行卷积操作，可以在更大范围内进行滤波）

2. 深度卷积层（depthwise convolution layer）

单独对通道方向进行滤波计算的层叫作深度卷积层，输入通道数C_{in}和输出通道数C_{out}相同。

由于单独对通道方向进行滤波计算，所以与通常的卷积层相比，深度卷积层能够将参数量、积和运算量都减少至通道数分之一。

3. 逐点卷积层（pointwise convolution layer）

卷积核尺寸为1×1的卷积层叫作逐点卷积层。将通常的卷积层分解为深度卷积和逐点卷积的方法叫作深度可分离卷积，如图8.9所示。

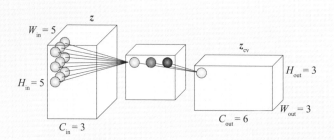

图8.9　深度可分离卷积的详细示例

（将通常的卷积层分解为深度卷积和逐点卷积，可以减少参数量和乘法运算量）

例如，输入通道数为128，输出通道数为256，卷积核尺寸为3，步长为1时，通常的卷积层权重数（偏置数除外）是294912（$= 256 \times 128 \times 3^2$），而使用深度可分离卷积时则是33920（$= 128 \times 3^2 + 256 \times 128$），大幅度减少。

特征地图尺寸为 32×32 时，通常的卷积层乘法次数为301989888（$= 256 \times 128 \times 3^2 \times 32^2$），而深度可分离卷积是34734080（$= 128 \times 3^2 \times 32^2 + 256 \times 128 \times 32^2$），也大幅度减少。

4. 转置卷积层（transposed convolution layer）

将特征地图扩大再卷积后就得到转置卷积层。这种变换可以增大特征地图，常用于图像生成任务。因此，经过这种变换的层也常被称为反卷积层（deconvolution layer），但要注意它的意思与滤波的反函数（deconvolution）不同。

4. 取样层

取样层（pooling layer）独立于通道方向，对空间方向附近的节点值集合进行变换处理，在卷积神经网络中常与卷积层组合使用。包括输出最大值的最大值取样（max pooling）和输出平均值的平均值取样（average pooling）等，与卷积层同样指定卷积核尺寸、步长和填充尺寸。取样层可以在保留卷积层滤波操作提取的局部特征的同时，通过缩小特征地图尺寸来减少次方数。取样层还可以降低特征地图的位置灵敏度，有望提高微错位的稳健性。

采用与特征地图的空间方向相同的卷积核尺寸进行平均值取样的处理叫作全局平均池化（global average pooling）。

5. 正则化层

正则化层（normalization layer）是将上一层的输出值正则化的隐藏层，增加正则化层后，即使神经网络层数多、规模大，也有望实现学习的稳定化、高速化和输出的通用化。

下面介绍最常见的正则化层——BN层（batch normalization layer）[2]。设变换前的节点值（标量）为z，变换后的节点值（标量）z_{norm}算式如下：

$$z_{norm} = \gamma \frac{z - \mu}{\sqrt{\sigma^2 + \varepsilon}} + \beta \tag{8.5}$$

其中，μ和σ分别是该节点学习数据的平均值和标准偏差，用概率性梯度下降法进行学习时，通过学习数据的mini patch进行计算；ε是避免除以0的固定值；γ和β是对节点值进行进一步线性转换的参数，其平均值为0，方差为1，通过学习获得。

此外，上述卷积神经网络中，BN层不是以节点单位，而是以通道单位进行。

8.2.3 输出层

神经网络的最后一层叫作输出层，输出层输出神经网络的结果$\hat{y}$。输出层由目标输出参数（=输出层的节点数）组成，某些用途中（可微分的函数）经过正则化后再输出。

例如，分类任务中输出分类数的估测值（概率），通过式（8.6）所示的soft max函数（soft max function）进行正则化，使所有节点值非负，合计为1。

$$\hat{y}_k = \frac{\exp(z_k)}{\sum\limits_{c=1}^{C} \exp(z_c)} \tag{8.6}$$

其中，C是分类任务的分类数；$z = (z_1, z_2, \cdots, z_C)^T$表示正则化前的节点值集合；$y = (y_1, y_2, \cdots, y_C)^T$表示正则化后的节点值集合。

专 栏 **BN层学习时和评价时的区别**

需要注意，BN层的μ和σ在学习时和评价时的计算方法不同。学习时，BN层的μ和σ通过神经网络学习中使用的概率性梯度下降法（请参考下文）随机提取学习数据内的部分集合来计算。因此，如果这部分集合的数据量（最小批处理数）过小，则无法稳定正则化。

相对的，神经网络通常在学习时多次计算平均值和标准偏差的移动平均值，在评价时使用移动平均值。

此外，还有一种在学习后使用所有学习数据严格计算平均值和标准偏差并评价的方法。这种情况要注意，并非所有层同时计算，而是从距离输入较近的BN层开始依次更新。

8.3　神经网络的学习方法

我们已经在上文中介绍了支持多种描述的神经网络的组成要素。本节将围绕最基本的学习方法——监督学习，介绍组成神经网络的各层参数的学习方法。这是针对某输入数据（矢量）x 和标准数据（矢量）y，用神经网络作为函数 f 模型，根据下述 N 组学习数据决定其参数 Θ 的问题。

$$\mathcal{D} = [(x_n, y_n)]_{n=1}^{N}$$

学习神经网络的基本要素有以下三种。

1. 损失函数

损失函数是计算标准数据 $\{y_n\}_{n=1}^{N}$ 和对应的神经网络输出 $\{\hat{y}_n\}_{n=1}^{N}$ 之间差异的函数。以图8.10为例，损失随等高线越来越小。监督学习中，决定参数 Θ 的条件是使损失最小化。

2. 概率性梯度下降法

概率性梯度下降法（back propagation method）是一种依次更新神经网络参数 Θ 的方法。Θ 的更新轨迹示例如图8.10中的黑色粗箭头所示。

3. 误差反向传播法

神经网络的参数 Θ 对应的损失函数梯度的计算方法叫作误差反向传播法。各参数位置计算的梯度示例如图8.10中的黑色细箭头所示。

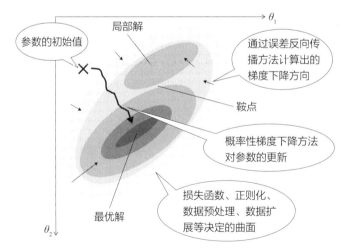

图8.10　损失函数的曲面和梯度示例[参数量为2（$\Theta = \{\theta_1, \theta_2\}$）时]

[颜色深浅表示损失的大小，颜色越深，损失越小。神经网络的学习中，从适合的参数初始值开始更新参数，使损失函数减小（曲面的梯度下降），同时依次探索损失极小值]

下文首先对三种基本要素进行详细讲解，最后介绍神经网络参数 Θ 的初始值的设定方法，损失函数的正则化、数据的预处理，以及数据的扩展等。

请注意，在一般的深度学习框架中，如果主要涉及前向传播的部分（数据输入和神经网络结构）已经实现，那么可以通过简单选择损失函数和优化的超参数（如学习率）进行学习。

因此，尽管可能很少有机会自己实现学习中涉及的部分，但了解学习是如何发生的，对于正确学习和正确分析产生模型的行为是很重要的。为便于区别，下文称学习决定的权重和偏置等为参数，除此之外的预设部分称为超参数。

8.3.1 损失函数

损失函数（loss function）的设计应适合任务需要，且必须是可微分的，以便通过随机梯度下降法进行优化。下面我们通过一个简单的例子介绍常见的损失函数。

首先请思考以标准数据 $\boldsymbol{y}$ 作为连续值的回归任务。回归指的是用含参数的函数匹配连续值的数据。例如，根据图像内的被摄物体估测物体与摄像机的距离（深度）等问题。具体来说，将长度为 H、宽度为 W 的图像矢量化后的 $\boldsymbol{x} \in \mathbb{R}^{HW}$ 作为输入，估测各像素的深度 $\boldsymbol{y} \in \mathbb{R}^{HW}$。此时损失函数采用下列二乘损失。

$$\mathcal{L}(\mathcal{D}, \boldsymbol{\Theta}) = \frac{1}{2} \cdot \frac{1}{N} \sum_{n=1}^{N} \|\boldsymbol{y}_n - \hat{\boldsymbol{y}}_n\|^2 \tag{8.7}$$

其中，$\|\cdot\|$ 表示 L_2（欧几里得）范数[①]。也就是说，二乘损失 $L(D, \Theta)$ 是用欧几里得距离测量标准值和估测值之间的差异的函数。此外，系数 $\frac{1}{2}$ 的目的是方便抵消微分系数 2。

接下来请思考估测图像种类的分类任务。设种类数量为 K，标签为 $l \in \{1, \cdots, K\}$，提供的数据如下：

$$D = [(\boldsymbol{x}_n, l_n)]_{n=1}^{N}$$

分类任务中，输入 $\boldsymbol{x}$ 首先计算分类概率 $\hat{\boldsymbol{y}} \in [0, 1]^K$。然后将概率最大的种类号码

$$\hat{l} = \mathrm{argmax}_k \ \hat{y}_k$$

作为标签进行估测。

---

① d 微矢量 $\boldsymbol{v} \in R^d$ 则用 $\|\boldsymbol{v}\| = \sqrt{\sum_{i=1}^{d} v_i^2}$ 函数表示矢量的长度。

因此，$\hat{y}$的各个要素必须是概率，非负值，且总和为$1\left(\sum\limits_{k=1}^{K}\hat{y}_k=1\right)$。为了满足这一限制，可以将上一节中式（8.6）的softmax函数用作神经网络的输出层激活函数。

此外，损失函数需要测量$\{\hat{y}_n\}_{n=1}^{N}$估测值和标准值的差异。导入第l_n个要素为1，其他为0的K维矢量$y_n\in\{0,1\}^{K}$，被称为独热编码或一位有效编码，各要素非负数，且总和为1，满足上述限制。由此，$\hat{y}_n$可以看作y_n的离散型概率分布，使用概率分布的度量作为损失函数也是很自然的。

具体来说，将两个概率分布的差异作为测量尺，使用下述KL散度（Kullback-Leibler divergence），又称相对熵。

$$\mathrm{KL}(y_n|\hat{y}_n)=\sum_{k=1}^{K}y_{n,k}\,\log y_{n,k}-\sum_{k=1}^{K}y_{n,k}\,\log \hat{y}_{n,k}$$

其中，第1项是与参数Θ无关的常数，仅使用第2项，则分类任务的损失函数如下：

$$\mathcal{L}(\mathcal{D},\Theta)=-\frac{1}{N}\sum_{n=1}^{N}\sum_{k=1}^{K}y_{n,k}\,\log\hat{y}_{n,k}=-\frac{1}{N}\sum_{n=1}^{N}\log\hat{y}_{n,l_n} \tag{8.8}$$

其中，式（8.8）的变形可以理解为$y_{n,k}$是只有第l_n个要素是1，其他是0的独热编码，被称为交叉熵（cross entropy）。式（8.8）中，$-\log x$是$x=0$时无限大[①]，$x=1$时为0的函数，因此标准分类概率$\hat{y}_{n,l_n}$为1时，交叉熵最小。

专栏　从概率模型中推导损失函数

8.3.1节的损失函数最小化问题也可以通过将学习数据分布近似为概率模型导出。也就是说，设学习数据的真实概率分布为$p(x,y)$，概率模型为$q(x,y;\Theta)$，则它们的KL散度定义如下：

$$\mathrm{KL}(p|q)=\mathbb{E}[\log p(x,y)]-\mathbb{E}[\log q(x,y;\Theta)] \tag{8.9}$$

其中，$\mathbb{E}[\cdot]$表示真实概率分布的预期值。

此时要想确定参数Θ使概率模型接近真实分布，只需将第2项最小化即可，但是我们无法计算真实分布的预期值。计算预期值需要许多数据点(x,y)的真实概率密度，我们无从得知。

作为替代方案，采用单独遵守相同分布的学习数据$\mathcal{D}=\{(x_n,y_n)\}_{n=1}^{N}$的平均值

[①] 实用上在x上增加微小的固定值，避免其变为无限大。

$$\mathbb{E}[\log q(\boldsymbol{x}, \boldsymbol{y}; \boldsymbol{\Theta})] \approx \frac{1}{N} \sum_{n=1}^{N} \log q(\boldsymbol{x}_n, \boldsymbol{y}_n; \boldsymbol{\Theta})$$

如果可以近似为上式，则解下述优化问题可以得到参数Θ。

$$\begin{aligned} \hat{\boldsymbol{\Theta}} &= \underset{\boldsymbol{\Theta}}{\text{argmin}} \ -\frac{1}{N} \sum_{n=1}^{N} \log q(\boldsymbol{x}_n, \boldsymbol{y}_n; \boldsymbol{\Theta}) \\ &= \underset{\boldsymbol{\Theta}}{\text{argmax}} \ \frac{1}{N} \sum_{n=1}^{N} \log q(\boldsymbol{x}_n, \boldsymbol{y}_n; \boldsymbol{\Theta}) \end{aligned}$$

（8.10）

换句话说，决定参数的目标是学习目标的模型以最大概率生成学习数据，等价于最大似然估计方法。

下面介绍概率模型$q(\boldsymbol{x}, \boldsymbol{y}; \Theta)$的设计方法。回归任务在含条件概率分布$q(\boldsymbol{y}|\boldsymbol{x}; \Theta)$中假设平均$f(\boldsymbol{x}; \Theta)$，分散$\sigma^2 I$的正规分布。

也就是说，设

$$\begin{cases} q(\boldsymbol{y}|\boldsymbol{x}; \boldsymbol{\Theta}) \propto \exp\left(\dfrac{-\|\boldsymbol{y} - f(\boldsymbol{x}; \boldsymbol{\Theta})\|^2}{2\sigma^2}\right) \\ q(\boldsymbol{x}, \boldsymbol{y}; \boldsymbol{\Theta}) = q(\boldsymbol{y}|\boldsymbol{x}; \boldsymbol{\Theta}) q(\boldsymbol{x}) \end{cases}$$

其中，忽略与参数Θ无关的项，可以得到下述优化问题。

$$\hat{\boldsymbol{\Theta}} = \underset{\boldsymbol{\Theta}}{\text{argmin}} \ \frac{1}{2\sigma^2 N} \sum_{n=1}^{N} \|\boldsymbol{y}_n - f(\boldsymbol{x}_n; \boldsymbol{\Theta})\|^2$$

（8.11）

式（8.11）中，分散σ^2未知，但通常使用固定值，不会影响优化结果。因此它等价于式（8.7）的二乘损失的最小化问题。

此外，分类任务可以在含条件概率分布$q(\boldsymbol{y}|\boldsymbol{x}; \Theta)$中假设分类分布。

$$\prod_{k=1}^{K} f_k(\boldsymbol{x}; \boldsymbol{\Theta})^{y_k}$$

K个要素中只有一个是1，其他是0（独热编码）的K维矢量$\boldsymbol{y} \in \{0, 1\}^K$中，第$k$个要素为1的概率是$\pi_k$时，概率密度函数定义为$\prod_{k=1}^{K} \pi_k^{y_k}$的离散概率分布就是分类分布。

$$\log q(\boldsymbol{y}|\boldsymbol{x}; \boldsymbol{\Theta}) = \sum_{k=1}^{K} y_k \log f_k(\boldsymbol{x}; \boldsymbol{\Theta})$$

注意上式，与式（8.11）相同，整理Θ可以得到下列优化问题。

$$\hat{\boldsymbol{\Theta}} = \underset{\boldsymbol{\Theta}}{\text{argmin}} \ -\frac{1}{N} \sum_{n=1}^{N} \sum_{k=1}^{K} \boldsymbol{y}_{n,k} \log f_k(\boldsymbol{x}_n; \boldsymbol{\Theta})$$

（8.12）

等价于式（8.8）中交叉熵的最小化问题。

综上所述，可以用概率模型近似学习数据的分布以导出损失函数。真实分布的预期值用学习数据的平均值替代。

其中，真实分布的损失预期值叫作泛化损失，学习数据的平均值叫作经验损失，机器学习的目标就是尽可能缩小二者的差。

因此，我们希望学习数据的量够大，且没有偏差，但实际能够获得的数据量较少，也常有偏差。而深度神经网络的描述能力强，容易适应有偏差的数据集。

抑制描述能力的正则化和减少数据集偏差的数据扩张等方法极其重要，详见8.3.4节。

8.3.2　概率性梯度下降法

概率性梯度下降法（stochastic gradient descent）是一种依次探索损失函数的极小值的方法。如果损失函数对于学习目标的参数是凸函数，损失的最小化问题可以解析求解，或高效率探索求解。凸函数指的是如果具有极小值，则其为全局最小值的函数，如二次函数等有唯一谷形的函数等。

而神经网络采用非线性激活函数，且存在无数为输入产生相同输出的权重组合，所以通常损失函数对于参数是非凸函数。因此，只能通过梯度下降法依次探索，但是会出现数据量大、探索时间长，且无法脱离局部解和鞍点[①]等问题。这种情况下，概率性梯度下降法能够发挥作用。

下面我们介绍学习目标的参数Θ中，第1层权重矩阵$W^{(l)}$的相关概率性梯度下降法示例。此外，改变目标参数时也可以使用相同的算式。

作为各数据的损失$L(x_n, y_n, \Theta)$的平均值，损失函数$L(D, \Theta)$可以写作下式。

$$\mathcal{L}(\mathcal{D}, \boldsymbol{\Theta}) = \frac{1}{N} \sum_{n=1}^{N} \mathcal{L}(\boldsymbol{x}_n, \boldsymbol{y}_n, \boldsymbol{\Theta}) \tag{8.13}$$

梯度下降法计算式（8.13）损失函数的第1层权重矩阵$W^{(l)}$的相关梯度（损失增加的方向），并反向更新$W^{(l)}$，从而依次探索损失函数的极小值，如下所示。

$$\boldsymbol{W}_{t+1}^{(\ell)} = \boldsymbol{W}_t^{(\ell)} - \frac{\alpha}{N} \sum_{n=1}^{N} \frac{\partial \mathcal{L}(\boldsymbol{x}_n, \boldsymbol{y}_n, \boldsymbol{\Theta}_t)}{\partial \boldsymbol{W}_t^{(\ell)}} \tag{8.14}$$

其中，t是更新步数；α是表示学习率的超参数。

式（8.14）的第2项用损失函数的梯度和学习率α的积表示，代表权重的更新量，叫作步长。梯度下降法中，损失函数的停留点处梯度为0，所以通常更新过程中损失函数值不再变化时学习结束，或者在达到规定次数T后中止。这就是批处理学习法，其特征是每次更新要用到所有数据。

[①] 损失函数的梯度是 0（停留点），但不取极值。

相对的，概率性梯度下降法在每个更新步骤对数据的子集随机取样并使用，也叫作最小批处理学习法。

$$W_{t+1}^{(\ell)} = W_t^{(\ell)} - \frac{\alpha}{B}\sum_{b=1}^{B}\frac{\partial \mathcal{L}(x_b, y_b, \Theta_t)}{\partial W_t^{(\ell)}} \tag{8.15}$$

其中，B表示最小批处理的数据量（最小批处理 size），在$1 \leq B \leq N$范围内调整超参数。

概率性梯度下降法中，每次更新时计算损失函数的数据集合都不同，所以损失函数的曲面也随之变化。因此，学习在局部解或鞍点附近停滞时也可能脱离。而设定远远小于总学习数据量N的最小批处理的数据量B，可以降低梯度的计算成本，不同于计算机CPU，在GPU等硬件上也可以同时运行。

如果最小批处理的数据量过小，则学习不稳定，过大则会发生批处理学习等问题，设定难度较高。由于计算机的硬件使用容量与最小批处理的数据量B成正比，因此可以根据任务、网络结构的规模和硬件配置设定适宜范围。而且GPU中用2的次方分割容量并访问时效率较高，因此最小批处理的数据量常设定为32，64，…，512，1024等数值。

下面介绍概率性梯度下降法的改良方法。概率性梯度下降法的收敛速度和获得的解的精度与步长密切相关。

也就是说，通常损失函数的曲面较为复杂，根据情况适度改变步长有助于高速化学习，同时提高精度。

人们提出了许多改良方法，其中具有代表性的包括动量法[3]、Adagrad[4]、RMSprop[5]和Adam[6]等。

下面进行详细讲解，为表述简单，损失函数的梯度如下标记。

$$\nabla \mathcal{L}(W_t^{(\ell)}) = \frac{1}{B}\sum_{b=1}^{B}\frac{\partial \mathcal{L}(x_b, y_b, \Theta_t)}{\partial W_t^{(\ell)}}$$

1. 动量法

$$\begin{cases} W_{t+1}^{(\ell)} = W_t^{(\ell)} + \Delta W_t^{(\ell)} \\ \Delta W_t^{(\ell)} = \mu \Delta W_{t-1}^{(\ell)} - \alpha \nabla \mathcal{L}(W_t^{(\ell)}) \end{cases} \tag{8.16}$$

其中，μ（≥ 0）表示惯性强度，常取0.9等数值。

动量法（momentum method）中，步长 $\Delta W_t^{(\ell)}$ 是梯度与上一步长的 μ 倍的和。因此，在维持梯度方向的惯性作用下，可以抑制振动等突然的方向变化，还能够加速向过去梯度方向的发展。

具体来说，它在企图脱离被称为 platea 的近乎平坦的曲面或鞍点时发挥作用。此外，$\mu = 0$ 时等价于通常的概率性梯度下降法。

2. Adagrad

$$(W_{t+1}^{(\ell)})_{ij} = (W_t^{(\ell)})_{ij} - \frac{\alpha}{\sqrt{\sum\limits_{\tau=1}^{t} \left[\nabla \mathcal{L}(W_\tau^{(\ell)})_{ij} \right]^2 + \varepsilon}} \nabla \mathcal{L}(W_t^{(\ell)})_{ij} \tag{8.17}$$

其中，$(W_t^{(\ell)})_{ij}$ 和 $\nabla \mathcal{L}(W_t^{(\ell)})_{ij}$ 分别表示权重矩阵及其梯度的 ij 成分；ε 是避免除以 0 的正的常数，常取 $\varepsilon = 1.0 \times 10^{-6}$。

Adagrad 根据过去梯度的平方积累值为每个权重成分调整步长，极少产生梯度（学习无法进行）的成分中，分母积累值变小，因此，可以增大步长，这样可以对每个成分分别调整适宜的步长。

由于步长的分母相对 t 单调增加，所以经常产生梯度（学习容易进行）的成分中，学习早期步长容易变小，这是它的缺点。

3. RMSprop

$$\begin{cases} (W_{t+1}^{(\ell)})_{ij} = (W_t^{(\ell)})_{ij} - \dfrac{\alpha}{\sqrt{v_{ij,t}} + \varepsilon} \nabla \mathcal{L}(W_t^{(\ell)})_{ij} \\[2mm] v_{ij,t} = \beta v_{ij,t-1} + (1 - \beta) \left[\nabla \mathcal{L}(W_t^{(\ell)})_{ij} \right]^2 \end{cases} \tag{8.18}$$

其中，$\beta \in (0, 1)$ 是移动平均值相关的超参数，常取 $\beta = 0.9$。

RMSprop 使用梯度的二乘移动平均值，仅重视就近梯度，步长的分母不像 Adagrad 一样相对 t 单调增加，可以避免步长过度减小。

4. Adam

$$\begin{cases} (W_{t+1}^{(\ell)})_{ij} = (W_t^{(\ell)})_{ij} - \alpha \dfrac{\dfrac{m_{ij,t}}{1 - \beta_1^t}}{\sqrt{\dfrac{v_{ij,t}}{1 - \beta_2^t}} + \varepsilon} \\[4mm] m_{ij,t} = \beta_1 m_{ij,t-1} + (1 - \beta_1) \nabla \mathcal{L}(W_t^{(\ell)})_{ij} \\[2mm] v_{ij,t} = \beta_2 v_{ij,t-1} + (1 - \beta_2) \left[\nabla \mathcal{L}(W_t^{(\ell)})_{ij} \right]^2 \end{cases} \tag{8.19}$$

其中，$\beta_1 \in [0, 1)$，$\beta_2 \in (0, 1)$是移动平均值相关的超参数，常取$\beta_1 = 0.9$，$\beta_2 = 0.999$。

Adam中，步长的分母与RMSprop同样使用梯度的二乘移动平均值，分子也使用梯度的移动平均值。因此，有望达到与考虑过去的梯度方向的动量法相同的效果。

也就是说，Adam可以被视为动量法和RMSprop的组合形式。实际上设$\beta_1 \rightarrow 0$，Adam可以接近RMSprop的行为。

此外，Adam分别用步长的分子和分母除以$1 - \beta_1^t$和$1 - \beta_2^t$，这是为了补正移动平均值和预期值的偏差，可以防止学习初期步长过小。

然而，无论使用上述哪种改进方法，都需要设定学习率α。换句话说，任何一种方法都应该与α在学习期间变化的方法（调度方法）结合使用。

具体的学习率调度方法通常指使学习率衰减的方法，以使T步后学习率接近于0。该方法除使用每隔几步衰减的阶跃函数之外，还可使用线性函数、指数函数、三角函数等。

此外，虽然实际上只要按照推荐值设定α的初始值和其他超参数就可以充分发挥其功能，但是如果修改数值有助于提升其性能，建议做适度调整。

本节论述了使用损失函数的一阶微分的一次优化方法，通过使用牛顿法等二次优化方法可以简化学习率的调整，还可以实现高效率探索。但是使用二次优化方法有一个缺陷，会增加损失函数的二阶微分（黑塞矩阵）及其反向矩阵的计算成本。

8.3.3　误差反向传播法

我们在前面的章节中介绍了在已知损失函数梯度的前提下更新参数的方法。下文以全连接网络为例，介绍具体的梯度计算方法——误差反向传播法（back propagation method）[7]。

如图8.11所示，全连接网络的各层中，通过权重$W^{(l)}$和偏置$b^{(l)}$对上一层的输入$\boldsymbol{h}^{(l-1)}$进行线性变换，通过激活函数$\phi^{(l)}(\cdot)$对每个矢量要素进行非线性变换，获得输出如下：

$$\boldsymbol{h}^{(\ell)} = \varphi^{(\ell)}(\boldsymbol{W}^{(\ell)^{\mathrm{T}}}\boldsymbol{h}^{(\ell-1)} + \boldsymbol{b}^{(\ell)})$$

L层的神经网络可以通过重复L次这种处理来获得最终输出$\hat{\boldsymbol{y}}$。

$$\hat{\boldsymbol{y}} = \boldsymbol{h}^{(L)} = \varphi^{(L)}\{\boldsymbol{W}^{(L)^{\mathrm{T}}}\varphi^{(L-1)}[\boldsymbol{W}^{(L-1)^{\mathrm{T}}}\cdots$$
$$\varphi^{(1)}(\boldsymbol{W}^{(1)^{\mathrm{T}}}\boldsymbol{x} + \boldsymbol{b}^{(1)})\cdots + \boldsymbol{b}^{(L-1)}] + \boldsymbol{b}^{(L)}\} \qquad (8.20)$$

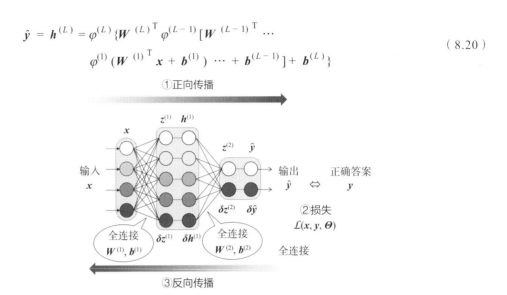

图8.11　$L=2$的全连接网络的误差反向传播法示例

[首先正向传播输入$\boldsymbol{x}$，获得输出$\hat{\boldsymbol{y}}$。接下来使用输出$\hat{\boldsymbol{y}}$和标准答案$\boldsymbol{y}$计算损失函数$L(\boldsymbol{x},\hat{\boldsymbol{y}},\boldsymbol{\Theta})$。然后根据输出$\hat{\boldsymbol{y}}$的损失函数梯度$\delta_{\hat{y}}$，通过微分的链式法则计算各个变数的梯度。它对应将输出$\hat{\boldsymbol{y}}$和标准答案$\boldsymbol{y}$的误差从输出层传播到输入层（反向）]

如式（8.20）所示，神经网络的输出是合成函数的嵌套形式，L越大，越难以直接写下各层参数的相关梯度。

而且层数越多，参数量越大，所以在实际应用时采用每层单独计算梯度的方法效率较低。

误差反向传播法利用微分的链式法则（chain rule），可以高效计算神经网络各层参数的相关梯度。

误差反向传播法的原理如下所示。损失函数表述为各个样本$(\boldsymbol{x}_n,\boldsymbol{y}_n)$对应的损失$L(\boldsymbol{x}_n,\boldsymbol{y}_n,\boldsymbol{\Theta})$的平均值，所以梯度也同样是每个样本的梯度平均值。为了简化标记，考虑到各个样本的梯度，下文中省略脚标n。此外，各层导入中间变数$\boldsymbol{z}^{(l)}$，描述为线性变换和激活两个阶段的处理。

$$\begin{cases} \boldsymbol{h}^{(\ell)} = \varphi^{(\ell)}(\boldsymbol{z}^{(\ell)}) \\ \boldsymbol{z}^{(\ell)} = \boldsymbol{W}^{(\ell)^{\mathrm{T}}}\boldsymbol{h}^{(\ell-1)} + \boldsymbol{b}^{(\ell)} \end{cases}$$

此时假设已知损失函数$\boldsymbol{z}^{(l)}$的相关梯度$\dfrac{\partial \mathcal{L}(\boldsymbol{x},\boldsymbol{y},\boldsymbol{\Theta})}{\partial \boldsymbol{z}^{(\ell)}}$，其后权重和偏置的相关梯度可以分别通过微分的链式法则进行计算，如下所示。

$$\begin{cases} \dfrac{\partial \mathcal{L}(x,y,\Theta)}{\partial W^{(\ell)}} = h^{(\ell-1)} \left[\dfrac{\partial \mathcal{L}(x,y,\Theta)}{\partial z^{(\ell)}}\right]^{\mathrm{T}} \\[2mm] \dfrac{\partial \mathcal{L}(x,y,\Theta)}{\partial b^{(\ell)}} = \dfrac{\partial \mathcal{L}(x,y,\Theta)}{\partial z^{(\ell)}} \end{cases}$$

因此，目标是计算 $\dfrac{\partial \mathcal{L}(x,y,\Theta)}{\partial z^{(\ell)}}$，可以通过对各层的输入输出反复应用链式法则，进行如下计算。

$$\begin{aligned} &\frac{\partial \mathcal{L}(x,y,\Theta)}{\partial z^{(\ell)}} \\ &= \frac{\partial h^{(\ell)}}{\partial z^{(\ell)}} \frac{\partial h^{(\ell+1)}}{\partial h^{(\ell)}} \frac{\partial h^{(\ell+2)}}{\partial h^{(\ell+1)}} \quad \cdots \quad \frac{\partial h^{(L-1)}}{\partial h^{(L-2)}} \frac{\partial h^{(L)}}{\partial h^{(L-1)}} \frac{\partial \mathcal{L}(x,y,\Theta)}{\partial h^{(L)}} \end{aligned} \tag{8.21}$$

又因为

$$\frac{\partial h^{(\ell)}}{\partial h^{(\ell-1)}} = \frac{\partial z^{(\ell)}}{\partial h^{(\ell-1)}} \frac{\partial h^{(\ell)}}{\partial z^{(\ell)}} = W^{(\ell)} \frac{\partial h^{(\ell)}}{\partial z^{(\ell)}} \tag{8.22}$$

代入式（8.21）可以展开为

$$\begin{aligned} &\frac{\partial \mathcal{L}(x,y,\Theta)}{\partial z^{(\ell)}} \\ &= \frac{\partial h^{(\ell)}}{\partial z^{(\ell)}} W^{(\ell+1)} \frac{\partial h^{(\ell+1)}}{\partial z^{(\ell+1)}} W^{(\ell+2)} \frac{\partial h^{(\ell+2)}}{\partial z^{(\ell+2)}} \quad \cdots \\ &\quad \cdots W^{(L-1)} \frac{\partial h^{(L-1)}}{\partial z^{(L-1)}} W^{(L)} \frac{\partial h^{(L)}}{\partial z^{(L)}} \frac{\partial \mathcal{L}(x,y,\Theta)}{\partial h^{(L)}} \end{aligned} \tag{8.23}$$

其中，$\dfrac{\partial h^{(\ell)}}{\partial z^{(\ell)}}$ 是激活函数的输出 $h^{(l)}$ 对输入 $z^{(l)}$ 的偏微分，在作为神经网络的激活函数使用的ReLU或S形函数等函数中是对角矩阵，在恒等映射中是单位矩阵。

例如，采用二乘损失作为损失函数时，输出层的梯度是

$$\frac{\partial \mathcal{L}(x,y,\Theta)}{\partial h^{(L)}} = h^{(L)} - y = \hat{y} - y$$

如果称其为估测值 $\hat{y}$ 和目标值 y 的误差，则可以解释为由 $W^{(l)}$ 和 $\dfrac{\partial h^{(\ell)}}{\partial z^{(\ell)}}$ 对该误差反复进行线性变换，从而反向传播数据。这就是误差反向传播法这一名称的由来。

下面以图8.11中的双层全连接网络为例，介绍误差反向传播法的具体流程。在第1层和第2层，分别描述了线性变换和带有激活函数的非线性变换，每一层损失函数的梯度用δ表示。

$$\frac{\partial \mathcal{L}(x,y,\Theta)}{\partial \hat{y}} = \delta\hat{y}$$

首先通过正向传播输入x来计算$\hat{y}$，计算它与目标值y的损失。然后根据损失的梯度$\delta_{\hat{y}}$进行反向传播，如下所示。

$$
\begin{cases}
\delta z^{(2)} = \dfrac{\partial \hat{y}}{\partial z^{(2)}} \delta \hat{y} \\
\delta h^{(1)} = W^{(2)} \delta z^{(2)}
\end{cases}
$$

在此过程中，根据下式计算权重和偏置的相关梯度。

$$
\begin{cases}
\delta W^{(2)} = h^{(1)} (\delta z^{(2)})^{\mathsf{T}} \\
\delta b^{(2)} = \delta z^{(2)}
\end{cases}
$$

同理，也可以计算第1层。

采用误差反向传播法，只要进行一次反向传播就可以计算所有参数的梯度。同时，与正向传播相同，反向传播也可以仅对前一层的输入进行某种变换再输出，所以各层的模块功能中只要实现反向传播时的动作即可。但是误差反向传播法需要记忆正向传播时各层的输出，内存使用量较大。

最后介绍激活函数相关梯度$\dfrac{\partial h^{(\ell)}}{\partial z^{(\ell)}}$的典型示例。激活函数是ReLU函数时，梯度如下：

$$
\frac{\partial h^{(\ell)}}{\partial z^{(\ell)}} = \mathrm{diag}\left[H\left(z_1^{(\ell)}\right), \cdots, H\left(z_{C^{(\ell)}}^{(\ell)}\right) \right]
$$

其中，$H(x)$被称为海维赛德阶跃函数，$0<x$时$H(x)=1$，$x<0$时$H(x)=0$。

输入为0时，ReLU不连续，其（次）微分$H(0)$不稳定。如果ReLU函数的输入是线性变换等浮点运算结果，则极少出现恰好为0的情况，为方便计算，我们常设$H(0)=0$。激活函数是S形函数时，梯度为

$$
\frac{\partial h^{(\ell)}}{\partial z^{(\ell)}} = \mathrm{diag}\left\{ s\left(h_1^{(\ell)}\right)\left[1 - s\left(h_1^{(\ell)}\right)\right], \cdots, s\left(h_{C^{(\ell)}}^{(\ell)}\right)\left[1 - s\left(h_{C^{(\ell)}}^{(\ell)}\right)\right] \right\}
$$

其中，$s(\cdot)$表示S形函数。而激活函数是softmax函数时，梯度是

$$
\frac{\partial h^{(\ell)}}{\partial z^{(\ell)}} = \mathrm{diag}\left(h^{(\ell)}\right) - h^{(\ell)} h^{(\ell)\mathsf{T}}
$$

不会成为对角矩阵。这是因为softmax函数中$h^{(l)}$的要素经过正则化，合计为1，要素之间存在依赖关系。

此外，分类任务中输出层使用softmax函数，损失函数使用交叉熵时，用标签独热编码描述y为

$$\frac{\partial \boldsymbol{h}^{(\ell)}}{\partial \boldsymbol{z}^{(\ell)}} \frac{\partial \mathcal{L}(\boldsymbol{x}, \boldsymbol{y}, \boldsymbol{\Theta})}{\partial \boldsymbol{h}^{(L)}} = \left[\mathrm{diag}\left(\boldsymbol{h}^{(L)} \right) - \boldsymbol{h}^{(L)} \boldsymbol{h}^{(L)\mathrm{T}} \right] \left(-\boldsymbol{y} \oslash \boldsymbol{h}^{(L)} \right)$$
$$= \boldsymbol{h}^{(L)} - \boldsymbol{y} = \hat{\boldsymbol{y}} - \boldsymbol{y} \tag{8.24}$$

形式与二乘损失相同。其中，$\oslash$ 表示每个要素做除法。

　　本节介绍了全连接网络的示例，前文中的正则化层、卷积层、取样层等也同样可以应用误差反向传播法。

专栏 **梯度消失问题**

　　20世纪60年代已经出现了针对多层神经网络的概率性梯度下降法和误差反向传播法等一系列概念。其后随着计算机技术的发展，神经网络研究在20世纪80年代极为盛行，但未能达到人们所期待的性能，因此时至今日尚不受关注。原因之一就是神经网络形成多层后，梯度的反向传播并不顺利，也就是出现了梯度消失问题。

　　梯度消失问题指的是在输出层传播误差的过程中，出现梯度衰减的现象，阻止了离输入更近的层中的参数学习进展。误差反向传播法中，如式（8.23）所示，损失函数的梯度通过 $\boldsymbol{W}^{(l)}$ 和 $\frac{\partial \boldsymbol{h}^{(\ell)}}{\partial \boldsymbol{z}^{(\ell)}}$ 反复进行线性变换来反向传播，尤其 $\frac{\partial \boldsymbol{h}^{(\ell)}}{\partial \boldsymbol{z}^{(\ell)}}$ 体现了调整梯度大小变化的意义。我们已经介绍过，用S形函数作为激活函数时

$$\frac{\partial h_j^{(\ell)}}{\partial z_j^{(\ell)}} = s\left(h_j^{(\ell)} \right) \left[1 - s\left(h_j^{(\ell)} \right) \right]$$

但此时 $0 < \frac{\partial h_j^{(\ell)}}{\partial z_j^{(\ell)}} \leqslant 0.25$，梯度始终在衰减，层数$L$越多，效果越明显。

　　而用ReLU函数作为激活函数时，因为 $\frac{\partial h_j^{(\ell)}}{\partial z_j^{(\ell)}} \in \{0, 1\}$，只要ReLU函数的输入为正值，梯度的传播就不会衰减。

　　因此，ReLU函数的研发是近年来深度学习成功的主要原因之一，目前大量神经网络结构均以ReLU函数为标准。其他因素中，含有跨层连接的ResNet[8]也起到了极大的作用。跨层连接的含义正如其名，含有跨越层的通道，并能够据此跨越多个层传播梯度。因此，组合使用跨层连接和ReLU函数可以进一步降低梯度消失的风险。实际上，在ResNet出现之前，现实中神经网络的最多层数约为20层，而现有的神经网络结构已经超过了1000层。

　　但是梯度消失问题并未得到彻底解决，相反，还有梯度"爆发"问题。这也是因为反向传播相关的另一个要素——各层的权重 $\boldsymbol{W}^{(l)}$。也就是说，重复施加权重可能使输出过度增加或衰减，因此需要采取适当限制权重的取值范围的初始化方法等，详见8.3.4节。

8.3.4　其他技术

前文介绍了基础的损失函数及其优化方法中的概率性梯度下降法和误差反向传播法。以上文内容定义神经网络的结构，虽然可以进行学习，但实际常常出现问题，需要进行试错。

下面简单介绍几个实际学习中需要考虑的问题。

1. 初始化

深度学习中，损失函数是非凸函数，需要采用概率性梯度下降法等依次探索方法，所以参数的收敛目标还需要依赖初始值。也就是说，通过在学习开始时设定高质量的初始值有助于实现高速化学习和学习结果的改善。而初始化通常使用随机数。

下面介绍He等人[9]提出的以ReLU函数作为激活函数时神经网络权重系数的初始化方法。全连接层从平均值为0，分散为$\dfrac{2}{\text{输入节点数}}$的高斯分布中采样；卷积层从平均值为0，分散为$\dfrac{2}{\text{输入通道数} \times \text{横向卷积核尺寸} \times \text{纵向卷积核尺寸}}$的高斯分布中采样。用这种方法可以保持初始化时各层的节点值集合的分散不变，防止正向传播导致输出过度增加或过度衰减。

有人提出另一种侧重于反向传播的方法，其中，节点或通道的数量是输出数量而不是输入数量。一般来说，BN层的偏压被设定为0、$\gamma = 1$和$\beta = 0$的固定值。

此外还有将预备学习结果用于初始化的微调方法。微调是将所有类似任务中学习的神经网络结构或部分层的数据用于初始值的方法。

由此，类似的数据集规模够大时，可以从较好的初始值开始学习，所以即使目标任务数据较少也可以改善学习结果。为了避免参数更新过大，用随机数进行初始化不如将学习率设定为较小值。

2. 正则化

学习的原始目标是将作为数据生成元的真实分布对应的损失预期值（泛化损失）最小化，但由于实际上无法计算，所以用学习的数据集对应的损失平均值（经验损失）代替。

但是学习数据集的规模有限，而且有偏差，经验损失的最小化不等于泛化损失的最小化。而且由于深度神经网络的描述能力高，容易拟合数据集，还可以在与泛化损失的最小化无关的情况下使经验损失为0。这种现象通常叫作过拟合或过度学习，为了避免出现这种情况，正则化方法得到了大量研究。

也就是说，正则化的目的是抑制机器学习模型的描述能力，用于拟合参数。下文中的数据扩展可以视为对数据集的正则化。

正则化是通过最小化目标函数来完成的，目标函数是损失函数加上与参数有关的正则化项$R(\Theta)$。

$$\mathcal{L}(\mathcal{D}, \boldsymbol{\Theta}) + \lambda \mathcal{R}(\boldsymbol{\Theta})$$

其中，λ是表示正则化强度的非负超参数。也就是说，正确设定λ，使损失函数和正则化项同时最小化，可以降低只有损失函数过小的风险，抑制过度学习。其中，正则化项使用权重矢量范数，通常要尽可能减小权重，常用L_1范数（各权重系数的绝对值之和）和L_2范数（各权重系数平方和的平方根）。

使用L_2范数（的平方）时

$$\mathcal{R}(\boldsymbol{\Theta}) = \frac{1}{2} \sum_{\ell=1}^{L} \sum_{j=1}^{C^{(\ell)}} \| \boldsymbol{w}_j^{(\ell)} \|^2$$

也被称为权重衰减（weight-decay）。正则化项的梯度为

$$\frac{\partial \mathcal{R}(\boldsymbol{\Theta})}{\partial w_j^{(\ell)}} = \lambda \boldsymbol{w}_j^{(\ell)}$$

学习率为α的梯度下降法的更新使得权重$\boldsymbol{w}_j^{(\ell)}$衰减为$(1 - \alpha \lambda) \boldsymbol{w}_j^{(\ell)}$。而使用$L_1$范数时

$$\mathcal{R}(\boldsymbol{\Theta}) = \sum_{\ell=1}^{L} \sum_{j=1}^{C^{(\ell)}} \| \boldsymbol{w}_j^{(\ell)} \|_1$$

表示权重系数的绝对值之和。L_1范数在原点无法微分，所以深度学习中很难使用L_1范数进行严格的优化，但是在原点适当设定微分系数，用次梯度法[①]进行优化，实用上也可以工作。

而使用L_1范数后部分权重会收敛为零（变稀疏），相当于降低了模型自由度。如2.5节所述，也有人提出将此用于模型压缩，使推断高速化。此外，偏置

---

① 针对凸函数不可以微分这一点，我们称满足特定条件的切线斜度集合为次微分，其各要素叫作次梯度。次梯度法是不可微分时从次微分中选择适宜的数值用于梯度下降的方法。此外，可微分时，次微分与普通微分一致，次梯度法等价于梯度法。例如，L_1范数正则化中使用的绝对值函数$f(x) = |x|$，$x = 0$时次微分是$[-1, 1]$，此时通常用0作为次梯度。

和BN层的参数(γ, β)也可以与权重一样进行正则化，但这种正则化的必要性不如权重高，有时并不适用。

深度学习特有的正则化方法中，Dropout[10]十分有用。它是一种用固定概率降低各层的输入节点（使无效）的方法，避免节点之间产生不必要的依赖关系，使用Ensemble法①也有同样的效果。具体如下：

$$z^{(\ell)} = W^{(\ell)^{\top}}(m^{(\ell)} \odot h^{(\ell-1)}) + b^{(\ell)}$$

对各层的输入$h^{(l-1)}$施加掩码（含有要素0或1的矢量）$m^{(l)}$（$\odot$表示每个要素的积）。

每次更新时，$m^{(l)}$的每个元素都从伯努利分布②中取样，概率$\rho^{(l)} \in [0, 1]$为零。这里的$\rho^{(l)}$是一个超参数，对于靠近输出的层来说，这个参数往往更大。

但是通常Dropout只适用于学习期间，需要考虑到与推断时处理方式不同。也就是说，Dropout为了将输入节点数降至$1-\rho^{(l)}$倍，规模也相应变为$1-\rho^{(l)}$倍，但由于推断时不适用Dropout，所以规模与学习过程不同。

规模的差是通过在Dropout后施加$\dfrac{1}{1-\rho^{(\ell)}}$来吸收的。实现方法是在学习期间设置进行下述线性变换的层，

$$D(h^{(\ell-1)}) = \frac{1}{1-\rho^{(\ell)}} m^{(\ell)} \odot h^{(\ell-1)}$$

推断时拆卸即可。而反向传播时则进行下述变换。

$$\frac{\partial D(h^{(\ell-1)})}{\partial h^{(\ell-1)}} = \frac{1}{1-\rho^{(\ell)}} \operatorname{diag}(m^{(\ell)})$$

上述内容仅适用于向掩码要素为1的输入节点传播梯度。

但是即使使用上述正则化方法也无法完全防止过度学习，所以判断过度学习的有无十分重要。判断过度学习可以在学习期间分别监控学习数据集和验证数据集的损失曲线。也就是说，学习数据集的损失基本上会减少，但验证数据集的损失有时会增加。增加的时间点就是过度学习的分歧点。此外，如果学习初

---

① Ensemble 法是综合学习后的多个模型输出进行推断的方法，大多数情况下性能高于使用单一模型。Dropout 随机减少学习期间的层间连接，同时也学习参数，以降低各种连接模式的损失。由此，单一模型中可以同时存在无数个连接模式的模型，也可以理解为将这些输出协调起来进行推断。

② 取 0 或 1 的二值变量 $y \in \{0, 1\}$ 中，1 的概率被赋予 π 时，概率密度函数被定义为 $\pi^y(1-\pi)^{1-y}$ 的离散概率分布。扩展为多维后就是分类分布。

期分歧点就增加，说明模型和数据集可能不合适（有偏差或数据量少），可以重新设定。如果学习进行到某种程度后分歧点增加，可以在增加的分歧点提前结束学习。

3. 预处理和数据扩展

深度学习直接从数据集中学习神经网络的输入到输出之间的各种变换参数，因此，提供的数据品质对结果的影响极大。

如上文所述，为了避免过度学习，可以减少数据集的偏差，增加数据量。

而过多增大数据集的分布反而会增加模型的复杂程度和学习时间。

下面介绍调整数据集分布的方法，也就是预处理和数据扩展，以对输入层的调整为主。可以说，预处理和数据扩展在本质上相同，本文将像正则化一样限制输入数据维度和值域的方法叫作预处理，将增加数据多样性的方法叫作数据扩展。

预处理中最简单的例子是为避免数值计算的上溢出，将输入的值域限制为[0, 1]或[−1, 1]（正则化）的方法。以图像为例，8bit图像的值域是[0, 255]，可以将各像素值除以255，将值域变换为[0, 1]。

此外还有对照识别目标的位置姿态对图像去重的方法。例如，人脸识别在预处理中将各数据集的人脸置于图像中间，对人脸之外的无用区域去重，有助于提高性能。如果某个特定人物的图像背景始终相同，即便推断结果正确，机器学习模型可能不仅学习人脸，还会学习背景的特征量，上述方法能够从机器学习模型中去除这种偏置。也就是说，去重能够有效预防机器学习模型出现始料未及的动作。

此外，在可识别目标范围内，降低图像分辨率尺寸有利于缩短学习和推断时间。为了吸收图像的亮度变化等，将图像的各通道标准化为平均0、分散1的白化方法等也属于预处理。

想要在机器学习模型发生某种变化（图像旋转和平移等）的情况下学习不变性时，数据扩展十分有效。也就是说，数据集中变化的成分不足时，通过数据扩展添加变动并学习，可以增加数据的多样性。实用时需要网罗各种变化，加上组合则不计其数，在生成最小批处理时随机方法更有用。如果能够用其他方法估测数据变动并进行正则化，也可以进行包含数据扩展的预处理，但通常难度较高。

综上所述，数据集分布的调整要根据每项任务选择预处理或数据扩展，基本上从便捷角度进行选择。

　　此外还需要注意学习数据集的不均衡。例如，分配的数据分类问题，实际应用中，不同种类数据集的数据量参差不齐。举个极端的例子，如果某个种类数据集的数据量是其他数据集数据量的1/10，则随机采样制作最小批处理时，含有该种类数据的概率也是1/10。这样会导致该种类数据集的学习难以产生所需的梯度。

　　为防止上述问题发生，可以采用使所有种类标签的数据量均等的采样方法。为各种数据损失按照不同种类数据集设定不同权重的方法也同样有效。

　　具体来说，每个种类标签l的权重w_l，设备数据的损失为$w_l L(x, y, \Theta)$。其中权重可以设计为与各个种类标签的数据量N_l成反比，如$\omega_l = \dfrac{N}{KN_l}$。

专栏　对抗学习

　　深度学习在图像识别领域展现出了惊人的高性能，同时它又极其脆弱，图像中混入人眼无法察觉的细微噪声也会使之做出错误的推断。如果这一点遭到恶意利用，甚至可能因故意在拍摄图像中加入噪声而引发识别系统的错误。

　　这就是对抗性攻击，在自动驾驶中能够引起道路标识的识别错误，甚至引发重大事故。

　　为了解决这一问题，近年来，对抗学习（adversarial learning）[11]的研究尤为盛行。例如，通过误差反向传播法传播到输入层的梯度被认为是输入图像的扰动方向（噪声的），增加了损失函数。因此事先生成加入噪声的图像，在学习过程中保持输出不变，就有可能提高对抗性攻击的稳固性。

第9章
深度强化学习

本章前半部分主要介绍深度强化学习的大体概念、应用案例和基于价值的方法。

后半部分介绍基于策略的方法和模仿学习、逆强化学习等先进技术。

此外，近年来强化学习、深度强化学习原理的参考书籍越来越多，包括Sutton、R.S.和Barto A.G.的《强化学习》（森北出版）[1]，以及牧野贵树、涩谷长史、白川真一编著的《未来的强化学习》（森北出版）[2]等。代码级的实现、实验可以参考文献［3，4］，更深层的理论理解可以参考文献［5］等。

9.1　深度强化学习概述

本书已经介绍过，深度学习采用多层神经网络，广泛应用于图像等高维输入信号分类识别的分类模型。与以往的机器学习模型相比，深度学习模型的特点如下所示。

（1）不依赖于以往研究中使用的（SIFT[①]等的）特征量，能够自动组成含有低维特征提取过程的分类模型。

（2）与以往的机器学习模型相比，分类性能大幅度提升。

因此深度学习能够在根据以图像为代表的高维传感器信息对物体进行分类，或在获得压缩描述的情况下发挥作用。图9.1总结了神经网络的功能。图9.1(a)是（用深度学习省略并简化了常用的卷积层的）神经网络的分类模型示例。图9.1(b)被称为自编码器，对输入和输出双方提供高维图像矢量等，通过在神经网络中设置低自由度层获得对高维矢量的压缩信息描述。图9.1(c)由神经网络改良而来，用于时序信号的识别、预测，包括自然语言处理中常用的RNN、LSTM和GRU等方法[6]。

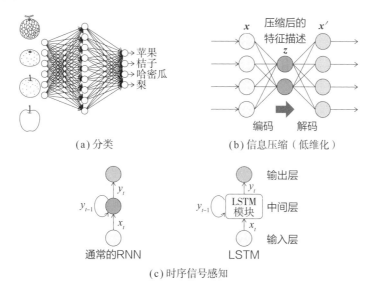

(a) 分类　　(b) 信息压缩（低维化）

(c) 时序信号感知

图9.1　神经网络的功能

[(a)表示根据图像输入输出水果类型的可能性，(b)在输出信号与输入信号相同的网络内部设置少量人工神经组成的层，从而获得压缩后的信息描述，(c)通过将前面时刻的信息再次用作输入来识别时序信号]

---

① 尺度不变特征转换（scale-invariant feature transform）的缩写[7]。用不易受旋转、规模（大小）、光线变化影响的形式描述图像内局部区域的特征，特征量被用于模式匹配、模式识别。

　　而强化学习可以简单地总结为"（关于评价和系统工作的）含有未知要素的解决最优控制问题的方法"。其中，最优控制问题指的是在给定某种评价指标（如到达时间、能源消耗等）的情况下，使价最优的控制问题[①]。也就是说，强化学习不仅寻找最优参数以控制目标值，还要找到未知的最优轨迹，并沿该轨迹进行控制。

　　首先来看"不含未知要素"的最优控制问题，如图9.2所示。图9.2(a)是机器人（强化学习中有时称行动主体为智能体）在不碰撞障碍物的前提下到达写有"G"的终点位置的最短路径探索问题；而图9.2(b)是系统状态表示为三维矢量$x \in \mathbb{R}^3$时考虑的系统控制问题，换句话说，是要在这个空间中找到以最小能量到达空间右侧的路径。对于不涉及未知元素的问题，有基于最大原则的最佳控制方法、模型预测控制、动态编程（对于离散状态[②]），对于高维度状态空间，有近似的解决方案，如使用A*算法或RRT*算法结合路径生成[8,9]和路径跟随控制。

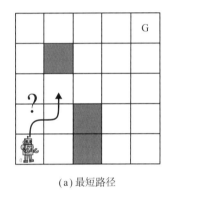
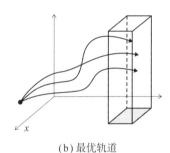

(a) 最短路径　　　　　　　　　　　　(b) 最优轨道

图9.2　以强化学习为目标的问题

[(a)躲避障碍物并到达目标的最短路径问题，(b)在连续空间中以最小能量到达目标区域的问题]

　　相对的，"含未知要素"的问题指的是：

　　（1）不了解系统的动作（＝系统状态对于某种动作如何迁移）。

　　（2）完全不了解评价指标，实际工作时才开始获取信息。例如，事先不知道迷宫内的地图，碰撞后停止，感知到障碍物或目的地[③]。

　　"含未知要素"也就是"模型未知"。因此，解决该问题的方法之一是针对

---

① 设这些评价指标基本固定不变。包含机器人和环境的整体叫作系统。

② 状态不取连续值，仅取分散的离散值的情况叫作离散状态。

③ 碰撞障碍物的算法研究有两种方法，一种是描述为"不在该方向上的运动"的系统行为方法，另一种是评价指标中含有"对碰撞赋予负评价"的方法。

未知事物（系统的动作或评价指标）在实际工作时收集数据并估测未知部分，这在控制领域被称为模型识别。

从上述内容来看，强化学习方法可以分为结合最优控制方法和模型识别的方法（基于模型的强化学习），以及不明确模型需要估计（即明确）模型从而构建控制规律的方法（无模型强化学习）。

本章首先从无模型强化学习开始讲解。

强化学习本身压缩性较强，常用于描述充分的状态。例如，在迷宫或状态空间的轨迹生成和控制中，如果可以观测空间位置，则以其作为状态。

而实际控制问题中，强化学习的压缩性常常无法获得充分的状态描述。以迷宫问题为例，图9.3(a)表示机器人所在的格子位置可以获得坐标，此时由强化学习算法得到适宜的压缩和充分的状态描述，图9.3(b)是摄像机由上向下拍摄的含机器人、障碍物在内的整体迷宫环境的观测信息（图像），如果图像尺寸是60px × 60px，就是3600维矢量，冗余极大。图9.3(c)可以观测到机器人的东南西北是否有障碍物、墙壁，但这种局部观测无法确定机器人在迷宫环境内的准确位置，这种观测被称为不完全感知（下文中也被称为部分观测马尔可夫决策过程）。

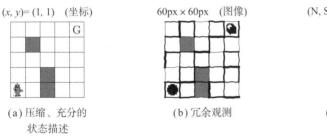

$(x, y)= (1, 1)$ （坐标）　　　$60px × 60px$　（图像）　　　$(N, S, W, E) = (0, 1, 1, 0)$
（是否有墙）

(a) 压缩、充分的　　　　　(b) 冗余观测　　　　　(c) 观测不充分
　　 状态描述　　　　　　　　　　　　　　　　　　（不完全感知）

图9.3 观测信息的压缩性、充分性

[(a)机器人的位置坐标，压缩性强，观测充分；(b)在图像形式的高维度下进行冗余观测；(c)机器人的局部观测，东南西北各个方向是否有墙的不充分观测]

为了解决一般的强化学习无法处理的问题，人们正在尝试将强化学习与神经网络组合使用，期待获得下面的功能。

（1）状态的数量如果被严格识别将是巨大的，获得拟合状态描述的功能。

（2）根据冗余观测，获得压缩状态描述的功能。

（3）感知不全面时，通过观测的时序信息补偿状态估测的功能。

从压缩高维信息的角度来说，（1）和（2）是相同的，但是（1）是将多个不同状态作拟合处理，而（2）是以削减冗余性为目的，从不影响状态识别的角度来说二者是不同的。（1）的应用实例包括TD-Gammon[10]，用强化学习操作游戏"西洋双陆棋"，如图9.4(a)所示，其原理是用神经网络的函数拟合进行评价，而不是分别评价大量可能存在的盘面[1]，如图9.4(b)所示。

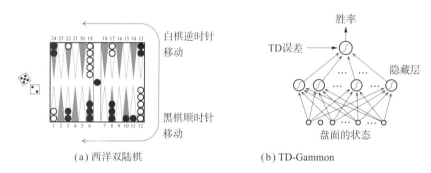

（a）西洋双陆棋　　　　（b）TD-Gammon

图9.4　西洋双陆棋和TD-Gammon的结构

[(a)黑/白两个玩家投骰子，按照点数移动自己的棋子，先将所有棋子绕棋盘一周的玩家胜利；(b)以棋子位置等盘面状态为输入，用神经网络估测从当前状态到最终获胜的概率]

TD-Gammon的实力超过真人玩家，作为强化学习和神经网络组合研究的成功案例受到人们的关注，并成为下文中DQN[13]的基础理念。而应用DQN的Atari系列电视游戏主要以获得压缩状态描述为目标[2]。

上述第3种功能利用RNN对时序信号的识别能力，即便智能体的感知不全面，也可以通过记忆观测的时序来正确识别状态并学习行为，从而实现功能要求。以DMLab-30的游戏为例，如图9.5所示，将第一人称视角（玩家操控的角色视角）观察三维空间的图像作为输入并操控游戏。DMLab-30中，Atari系列电视游戏以多张图像作为输入（球的移动速度等），足以识别状态，如果不使用较长的历史观测和动作的时序信息，就无法充分识别状态[14, 17]。

综上所述，人们迫切需要更加安全的驾驶，因此从自动驾驶的决策、控制角度，为了尽可能避免由于智能体感知不完整而发生危险，即避免仅依赖第一人称视角信息，完善传感器和通信机器才是更加现实的办法。

---

① 可能的状态数量为1020，普通计算机无法将其作为离散状态并用阵列描述。

② 例如，最简单的游戏Pong中，如果能以状态形式观测自己和对方的球拍位置（均为一维），以及球的位置、速度（均为二维），就足以进行强化学习，此时的状态（观测）矢量是6维，无需像上一个示例一样处理3600维。

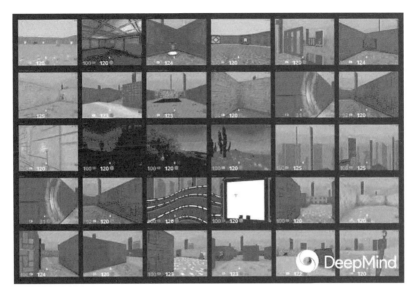

图9.5 DMLab-30游戏画面示例

（选自DeepMind主页＞Blog＞Soalable agent architecture for distributed training）

9.2 强化学习的概述、方法和深度强化学习扩展

9.2.1 强化学习的基础

1. 强化学习问题的目的

强化学习的基本原理如图9.6所示。智能体在各个时间步长 $t = 1, 2, \cdots\cdots$ 观测状态（state）$s_t \in S$，执行动作（action）$a_t \in A$。作为评价，接受奖励（reward）r_{t+1}。其中S和A分别是离散状态和离散动作的集合，所以假设状态、动作均取离散值。

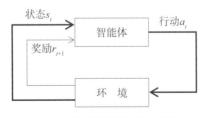

图9.6 强化学习的基本原理

（智能体观测状态s_t，并执行动作a_t，从环境中接受对应的奖励r_{t+1}）

此外，智能体决定行为的方法叫作策略（policy），表现为状态s下选择动作a的概率，确定性策略中表现为函数 $a = \pi(s)$，概率性策略中表现为 $p(a|s) = \pi(s, a)$。

奖励r通常并不仅限于对某时刻的状态和动作的准确评价，而是（如仅在到达终点时赋予奖励等）对一系列状态、动作的最终/综合性评价（也被称为延迟奖励）。

为了反映这一点，智能体的目标可以用下式表示。

$$R_t = \mathbb{E}\left(\sum_{k=1}^{\infty} \gamma^{k-1} r_{t+k}\right) \tag{9.1}$$

式（9.1）是以"获得的策略使当前时刻t到无限将来的奖励总和最大"为目的的数理模型。其中，$\mathbb{E}[\ ]$表示预期值，R_t叫作收益（return），γ叫作折扣率，是$0 < \gamma < 1$的常数。引入折扣率γ的意义在于缩小在遥远的将来获得的奖励的权重（越遥远越小）。同时折扣率作为无限时间步长的总和，能够在评价R_t时避免数值发散。也就是说，收益R_t可以说是折扣后累计的奖励和的预期值。

2. 收益和价值函数

预测收益R_t是强化学习算法的基础。其中，用$V^{\pi}(s)$表示从状态s开始遵守策略π的预期收益，即状态价值函数；用$Q^{\pi}(s, a)$表示从状态s采取动作a开始遵守策略π的预期收益，即动作价值函数（Q函数）。强化学习算法的核心之一就是估测价值函数[①]。

假设找到最优策略π^*，基于该最优策略的状态价值函数和动作价值函数分别叫作最优状态价值函数和最优动作价值函数，用$V^*(s)$和$Q^*(s, a)$表示。

3. 马尔可夫性质和POMDP

下面讲解上一节介绍的不完整感知问题相关的马尔可夫性质。

时刻t的状态s_t取s，同时刻的动作a_t取a，则下一时刻$t+1$的迁移目标状态s_{t+1}是s'的概率为

$$p(s_{t+1} = s' | s_t = s,\ a_t = a) \tag{9.2}$$

用s和a的含条件概率表示时，这种状态迁移系统"具有马尔可夫性质"。这意味着式（9.2）的状态转移概率仅取决于当前时刻t的状态和动作，不受$t-1$, $t-2$, …等历史时刻的影响。另一种情况，不具有马尔可夫性质时，就是前面章节讨论的不完整感知的情况。也就是说，图9.3(c)和图9.5中的示例中，不仅要观测当前时间点，还要使用过去的多步状态和动作才能决定下一个状态（向下一个状态的迁移概率）。

---

① 基于价值函数估测生成策略的方法叫作基于价值的方法，不通过价值函数生成策略的方法叫作基于策略的方法。

对奖励也是如此，预期值$\mathbb{E}[r_t+1]$只由s_t和a_t决定时，含上述二者在内叫作马尔可夫决策过程（MDP），不满足条件时叫作部分观测马尔可夫决策过程（partially observable markov decision process，POMDP），由之前的讲解也可以推测出，POMDP比MDP识别的状态更多，所以需要更多的试错和状态估测。换句话说，避免将观测系统设计为POMDP有利于解决问题。

4. 贝尔曼最优方程和Q-learning

接下来介绍强化学习算法的（尤其是基于价值的方法）基础最优性原理和贝尔曼最优方程。

最优性原理指的是最优控制问题中"如果已获得最优路径，则该路径的一部分也是（对应的最优控制问题的）最优路径"。如图9.7(a)所示，设状态空间的x_0是起点，x_G是终点，得到以某个评价函数为最佳的最优路径$x^*(t)$，那么以路径中的x_1为起点，到达x_G的虚线路径也是原始最优路径。

如图9.7(b)所示，在迷宫问题中，5×5的格子，只要已知右上方3×4区域中的最优路径（例如，一个向右移动的轨迹，当它来到边缘时又向上移动）和最优价值函数，就可以在该区域内部——右上方的2×4区域内使用同样的最优路径和最优价值函数。反过来，如果已知右上2×4区域内的最优价值函数，就可以计算右上3×4区域的最优价值函数。

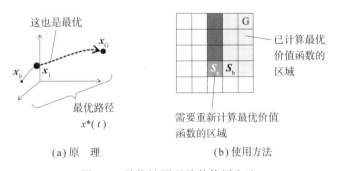

(a) 原　理　　　　　　　　(b) 使用方法

图9.7 最优性原理及其使用方法

[设已知(a)最优路径$x^*(t)$，则其部分路径也是最优路径；如果(b)是已经计算过最优价值函数的区域，则可以使用该数值计算状态s_a的最优价值函数]

例如，基于图中状态s_a的（例如，向右、右、上、上……以此类推前进）策略π的价值$V^\pi(s_a)$原本是

$$V^\pi(s_a) = r_{t+1} + \gamma r_{t+2} + \gamma^2 r_{t+3} + \gamma^3 r_{t+4} + \cdots \tag{9.3}$$

第二项之后的和需要更大的γ，除此之外与$V^\pi(s_b)$相同，用下式表示。

$$V^{\pi}(s_{\mathrm{a}}) = r_{t+1} + \gamma V^{\pi}(s_{\mathrm{b}}) \tag{9.4}$$

或者（设右转是动作a_1）采取动作a_1后的价值函数如下所示。

$$Q^{\pi}(s_{\mathrm{a}}, a_1) = r_{t+1} + \gamma V^{\pi}(s_{\mathrm{b}}) \tag{9.5}$$

用预期值写成常见形式如下：

$$Q^{\pi}(s_t, a_t) = \mathbb{E}\left[r_{t+1} + \gamma V^{\pi}(s_{t+1})\right] \tag{9.6}$$

这就是贝尔曼方程。组合上文中的最优性原理后得到

$$Q^{*}(s_t, a_t) = \mathbb{E}\left[r_{t+1} + \gamma \max_{a_{t+1}} Q^{*}(s_{t+1}, a_{t+1})\right] \tag{9.7}$$

这就是贝尔曼最优方程。从式（9.6）变为式（9.7）时，右边第二项有变化，最优动作价值函数的情况下$V^{*}(s)$表示为$\max_{a_{t+1}} Q^{*}(s_{t+1}, a_{t+1})$。

因此，更新动作价值函数$Q(s, a)$的方法是以α（$0 < \alpha < 1$）的比例使其接近式（9.7）的数值，剩余$(1-\alpha)$部分保持$Q(s, a)$的原值，这就是Q-learning的更新规则。

也就是说，以状态s执行动作a，其后接受奖励r，并迁移至s'时，Q-learning的更新式如下[①]：

$$
\begin{aligned}
Q(s, a) &\leftarrow \alpha\left[r_{t+1} + \gamma \max_{a'} Q(s', a')\right] + (1-\alpha) Q(s, a) \\
&= Q(s, a) + \alpha\left[r_{t+1} + \gamma \max_{a'} Q(s', a') - Q(s, a)\right]
\end{aligned}
\tag{9.8}
$$

其中，$0 < \alpha < 1$叫作学习率。

右边α后面的括号项表示理想奖励预期值和当前估测值的差，叫作TD误差（temporal difference error）或贝尔曼误差[②]。

根据上述内容求出最优动作价值函数$Q^{*}(s, a)$后，以下列策略

$$a = \underset{b}{\mathrm{argmax}}\, Q^{*}(s, b)$$

决定各状态s下的动作，就可以选择最优动作a[③]。这种根据已知的价值函数选择被判断为最优行为的做法叫作贪心策略。换句话说，动作价值函数收敛为最优值之前（学习中）不仅要执行贪心策略，还要通过选择未曾尝试的动作来探索空间。

---

① 式中"←"表示将右边的计算结果代入左边。

② 包括 Q-learning 在内，使用这种定义的 TD 误差的学习规则也叫作 TD 误差学习。

③ 其中，$\underset{x}{\mathrm{argmax}}\, f(x)$表示施加取 $f(x)$ 最大值的 x 的处理。

上述探索-寻求价值的平衡调节方法中，人们经常采用softmax动作选择法，用下式表示。

$$\pi(s,a) = \frac{\exp\left[\dfrac{Q(s,a)}{T}\right]}{\displaystyle\sum_b \exp\left[\dfrac{Q(s,b)}{T}\right]} \qquad (9.9)$$

其中，$\pi(s, a)$表示状态s下选择动作a的概率，比较相同状态s下不同动作a的动作价值函数$Q(s, a)$的值，以更大概率选择价值较高的动作。T是动作选择的随机相关参数[①]，有时学习初期较高，随后越来越小。

5. 同策略型强化学习

根据式（9.8）的更新规则，Q-learning始终推算最优价值函数，但式中的$\max_{a'}Q(s', a')$项表示选择最优动作a'，与经历过的状态s'下实际选择的动作无关。

$$Q(s,a) = Q(s,a) + \alpha\left[r_{t+1} + \gamma Q(s',a') - Q(s,a)\right] \qquad (9.10)$$

上式表示SARSA[②]，它是不进行max运算，用实际经历过的状态s'推算价值的方法。

SARSA等评价实际选择动作策略的方法叫作同策略型（on policy），Q-learning等评价与实际选择动作无关的策略的方法叫作异策略型（off policy）。

9.2.2 强化学习和函数拟合

如上文所述，Q-learning方法以离散状态和离散动作为前提。为了用Q-learning方法处理含连续值的状态和动作，需要用某种方法将状态和动作离散化。例如，如果用转向角ψ（rad）和平移速度v（m/s）描述车辆模型的动作，将ψ限制在{-0.5, -0.25, 0, 0.25, 5}5个代表值，将v限制在{-1, 0, 1}3个代表值，则可用15个离散值来描述动作。状态也是如此，可以将状态空间分割成格子状等来进行离散化。但是空间维度越高，这种离散化的分割量越多，需要更多的试错。而且由于只能使用离散代表值，获得目标控制规则的可能性会有所降低。因此，人们提出导入函数拟合，在保持状态、动作的连续值不变的情况下进行强化学习。

[①] 控制这种随机性的参数有时被称为温度参数，这是在把激烈振荡的状态描述为"热"之后。

[②] 取更新规则中使用的一系列状态、动作、奖励（$s_t, a_t, r_{t+1}, s_{t+1}, a_{t+1}$）的首字母。

　　下面用连续状态变数 $x \in X \subset \mathbb{R}^n$ 和连续动作变数 $u \in U \subset \mathbb{R}^m$ 等符号区别连续状态、动作和离散。此外，状态连续，动作仍为离散时，只要对每个离散动作的价值函数分别作函数拟合即可（下文中的DQN属于此类），如 $Q(x, a_1)$，$Q(x, a_2)$……但是动作也连续时很难直接使用Q-learning方法。例如，对动作价值函数 $Q(x, u)$ 作函数拟合的方法中，Q-learning的更新规则中 $\max\limits_{u} Q(x, u)$ 的计算相当于连续函数的优化（最大值探索）问题，计算难度较大。

　　因此，有一种方法是将措施明确表达为一种易于处理的行动连续性框架（参考9.4节）。

　　现在针对离散动作 $a \in A$，通过函数拟合器 $Q_{\theta, a}(x)$ 对动作价值函数进行拟合[①]。其中，θ 是函数拟合器的参数。

　　为了将TD误差最小化，我们定义误差函数 L，使基于Q-learning的式（9.7）成立，设从状态 x_t 迁移到 x_t'，则如下所示。

$$L = \sum_t \left[r_{t+1} + \gamma \max_{a'} Q_{\theta, a'}(x_t') - Q_{\theta, a_t}(x_t) \right]^2 \tag{9.11}$$

需要更新函数拟合参数 θ，直至该值最小。括号内的第2项和第3项都是函数拟合器的输出，不同于普通的函数拟合（监督学习）问题，这种函数拟合问题需要"用函数拟合器本身的输出设定拟合目标值"。这时如果同时更新第2项和第3项，则结构上难以收敛动作价值函数的估测。

　　因此，我们转换为根据前一步的参数 θ_{i-1} 更新第 i 步的函数拟合参数 θ_i。

$$L_i(\theta_i) = \sum_t \left[r_{t+1} + \gamma \max_{a'} Q_{\theta_{i-1}, a'}(x_t') - Q_{\theta_i, a_t}(x_t) \right]^2 \tag{9.12}$$

　　式（9.12）中，第2项是第 $i-1$ 步获得的函数拟合器的输出，第 i 步的更新对象只有第3项。此处可以在更新中使用梯度法来减少式（9.12）的误差。也就是说，用 θ 的各个成分对函数 $L_i(\theta)$ 偏微分得到的 $\nabla_\theta L_i(\theta)$ 进行函数拟合器的更新，偏微分如下：

$$\begin{aligned} &\nabla_{\theta_i} L_i(\theta_i) \\ &= 2 \sum_t \left[r_{t+1} + \gamma \max_{a'} Q_{\theta_{i-1}}(x_t') - Q_{\theta_i, a}(x_t) \right] \nabla_{\theta_i} Q_{\theta_i, a}(x_t) \end{aligned} \tag{9.13}$$

　　这种"用梯度法根据拟合误差更新函数拟合器参数"的概念也可以用于神经网络，因此可以通过式（9.13）更新CNN的参数。

[①] 例如，在DQN的情况下，神经网络的输出是为行动的数量准备的，每个行动的 Q 值是近似的。

9.3　基于价值的方法

9.3.1　DQN

DQN中将式（9.13）中的Q-learning更新规则用于CNN的函数拟合器[12,13]。据此，仅采用图像输入和得分信息对Atari的一系列游戏（Beam Rider、Breakout、Enduro、Pong、Q*bert、Seaquest、Space Invaders）进行强化学习，成功实现了自动操控，其中三个游戏的得分超过资深真人玩家。

在DQN中，图像直接作为CNN的输入，如图9.8所示。然而，由于只有一个瞬时帧不能满足马尔可夫性[①]，所以要使用图像的多个帧。这里，将过去对应状态s的多个帧作为输入的过程表示为$\phi(s)$。

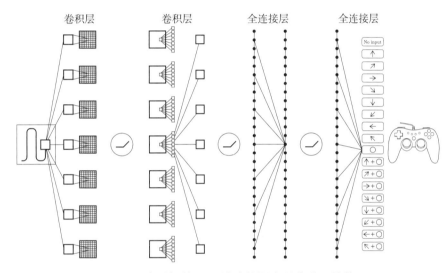

图9.8　自动操控Atari游戏的深度强化学习结构

（选自Mnih, V., Kavukcuoglu, K., Silver, D., Graves, A., Antonoglou, I., Wierstra, D., Riedmiller, M. Playing Atari with Deep Reinforcement Learning, arXiv, 2013, 1312.5602）

在DQN中，式（9.13）的更新并不像Q-learning那样在操作过程中每个时间步长进行，而是在累积的经验中随机抽样进行（称为随机梯度法）。具体来说，将状态、动作、奖励、迁移目标信息组（s_t, a_t, r_t, s_{t+1}）储存在数据集D中，随机采样，用式（9.13）更新神经网络的权重，这种方法叫作经验复用（experience replay）[11][②]。

[①] 例如，要想知道Pong和Breakout的球的状态，不仅需要位置信息，还需要速度信息，仅通过一个瞬时帧图像无法估测出速度信息。

[②] 这种重复利用多个样本的方法能够使样本得到有效利用，这是无关当前策略、进行价值估测的异策略型方法的优势。

DQN的算法见程序9.1。不直接使用输入x_t，而是使用上述$\phi(s)$，这是专用于Atari系列电视游戏的部分[①]。式（9.14）的更新目标值为

$$r_j + \gamma \max_{a'} Q_{\theta_{i-1}, a'}(\phi_{j+1})$$

终端状态（一个片段结束时）使用r_j[②]。每次经过C步，重复将更新对象拟合器$[Q_{\theta_i, a}(\phi)]$向更新前拟合器$[Q_{\theta_{i-1}, a}(\phi)]$移动。

程序9.1 DQN的算法（参考文献［13］简述）

```
用于重复的内存D的格式化
用随机数将Q函数的权重格式化
for episode = 1 to M do
    对时序s₁ = {x₁}格式化，φ₁ = φ(s₁)
    for t = 1 to T do
        以ε的概率随机动作，除此以外的情况
        aₜ = maxₐ Qθ(φ(sₜ), a)
        执行动作aₜ，观测rₜ和图像xₜ₊₁
        设下一状态为sₜ₊₁，提供时序图像φₜ₊₁ = φ(sₜ₊₁)
        在D中加入迁移组(φₜ, aₜ, rₜ, φₜ₊₁)
        从D对迁移数据(φⱼ, aⱼ, rⱼ, φⱼ₊₁)随机（多个）取样
        通过θᵢ←θᵢ-αgᵢⱼ更新权重
```

$$g_{ij} = \left(r_j + \gamma \max_{a'} Q_{\theta_{i-1}, a'}(\phi_{j+1}) - Q_{\theta_i, a_j}(\phi_j) \right) \nabla_{\theta_i} Q_{\theta_i, a_j}(\phi_j) \qquad （9.14）$$

```
        经过C步时以i←i+1复制Q函数拟合器的信息（参数）
    end for
end for
```

此外，DQN还结合了其他几个装置（剪接）来提高学习效率。

1. 奖励剪裁（reward clipping）

直接将得分用作奖励时，其数值可能会影响其他参数的设定，导致难以正确进行调节。因此，奖励剪裁可以设成功为1，失败为-1，其他情况为0，从而限制奖励值，稳定学习过程[③]。

[①] 状态s_t中含有过去多步历史，所以严格来说与x_t不同。

[②] episode指的是按照指定次数重复状态观测和动作，或满足达到目标状态等条件为止的一系列试错行为。

[③] 这种方式的必要性受到许多问题的影响。例如，为了避免只关注当下得分，下文中的R2D2[17]提出了$sign(x)(\sqrt{|x|+1} - 1)$的clipping方法。

2. 误差剪裁（error clipping）

与上述奖励相关约束相同，误差剪裁通过限制用于式（9.13）的TD误差

$$r + \gamma \max_{a'} Q_{\theta_{i-1}}(\boldsymbol{x}') - Q_{\theta_i}(\boldsymbol{x})$$

在−1到1之间（绝对值超过1时，误差函数不定义为二乘误差，而是由绝对值误差来定义，这种误差函数叫作Huber函数），从而稳定学习过程。

9.3.2 DQN的改良

综上所述，DQN是一种必要性极高的方法，人们试图利用DQN的性质来研究如何提高学习性能。我们以其中的Rainbow[16]和R2D2[17]为例来介绍。

1. DQN的改良方法

Rainbow验证了DQN改良方案的性能改善情况[①]。我们以平均效果从大到小的顺序分别介绍其在Atari等电视游戏中的应用情况。

（1）优先级复用（prioritized replay）。

经验复用对储存的经验数据随机采样并更新，根据概率对TD误差的大小设置优先度，从而对状态空间中未学习的区域提供权重并更新价值，提高学习效果，这就是优先级复用。

（2）多步学习（multi-step learning）。

式（9.14）的更新规则是进行一步的价值传播，但是如果能够通过一次更新进行多步传播，也许就能加速学习（价值推测），这就是多步学习。

例如，用于传播三步奖励的TD误差（表（9.1）中式（9.14）的括号部分）如下所示。

$$r_t + \gamma r_{t+1} + \gamma^2 r_{t+2} + \gamma^3 \max_{a'} Q_{\theta_{i-1}, a'}(\phi_{t+3}) - Q_{\theta_i, a_t}(\phi_t) \tag{9.15}$$

如果步数过大，可能影响具体时间步内价值、动作的描述，需要立即调整。

（3）分布强化学习。估测收益预期值及每个状态、动作组的收益分布的方法叫作分布强化学习。

（4）噪声网络（noisy nets）。为了提高探索效率，可以通过在式（9.14）的θ中增加噪声来使之随机动作。将噪声本身包括在学习对象内叫作噪声网络。

---

① 该名字表示为DQN加入6种改良方法，表示"七色彩虹"。

（5）Double DQN[18]。式（9.14）的max操作在较大数值方向更容易受误差影响，导致学习不稳定。为了减少这种情况，要区分决定动作a'（使Q值最大）时使用的神经网络（参数θ）和计算用于更新的$\max Q$值时使用的神经网络。

也就是说，TD误差部分计算如下：

$$r + \gamma Q_{\theta_{i-1},a'}(\boldsymbol{x}') - Q_{\theta_i,a_j}(\boldsymbol{x}) \tag{9.16}$$

$$a' = \operatorname*{argmax}_b Q_{\theta_i,b}(\boldsymbol{x}') \tag{9.17}$$

决定式（9.17）的a'时使用θ_i，计算式（9.16）TD误差时使用θ_{i-1}，这就是Double DQN。

（6）竞争网络（dueling network）。行为价值函数$Q(s, a)$由与行为无关的状态价值函数$V(s)$和状态价值函数之间的差值$A(s, a)$组成，如下所示。

$$Q(s,a) = V(s) + A(s,a)$$

由此就可以高效学习受动作影响的价值差异，这就是竞争网络。

2. RNN对时序信号的识别

如上文所述，对于不满足马尔可夫性质的状态观测，DQN通过使用含有过去若干步图像的输入来处理。但是通常使用含图像的输入时，必须处理较长的时序信息，单纯增加输入图像量负担较大。因此，对于DMLab-30这种部分观测性更强（需要处理较长时序信息）的情况，可以使用LSTM等RNN。

通过依次输入时序信号，RNN中神经网络的内部状态能够反映时序信息。在这种情况下，通过经验复用进行价值估测时，并不像DQN一样零散地保存、回放状态迁移对(ϕ_t, a_t, r_t, ϕ_{t+1})，而是输入较长序列，但RNN有内部状态，如果体验状态时的内部状态和更新价值时不同，就无法进行正确的（反映时序的）的学习。

R2D2（recurrent experience replay in distributed reinforcement learning，分布式强化学习中的递归经验复用）组合两种方法应对上述问题，具体如下：

（1）Stored state。保存经验（experience）时将当时的RNN内部状态保存下来，用于回放（价值更新）。

（2）Burn-in。经验的前半部分固定部分仅用于RNN的内部状态生成，其后对剩余部分进行回放（价值更新）。

由此可以进行稳定的价值推测和学习，大幅度改善学习性能[①]。

9.3.3 强化学习的问题及其改善方案

下面介绍应用强化学习时遇到的问题和几种处理思路。此外还会涉及策略学习方法的相关描述，策略学习方法请参考9.4节。

1. 强化学习和熵最大化

上文中，以价值最大化为目标的研究面临一个问题，就是容易陷入学习过程中的局部解。其中强化学习的"陷入局部解"指的是尽管还有其他更好的动作，却被收敛在小奖励的动作规则中。调节贪心（greedy）策略的动作选择参数ε和softmax动作选择法的温度参数T，可以通过控制探索的随机性来规避局部解问题，但是如果没有明确的方针，这些控制相关的参数调整需要进行试错[②]。

其中一种解决方法是在目的函数中加入概率性策略[概率分布$p(a \mid s)$的熵（杂乱性）]，如下所示。

$$\pi^* = \underset{\pi}{\operatorname{argmax}} \, \mathbb{E}_\pi \left[\sum_{t=0}^{\infty} \gamma^t (r_t + \alpha \mathcal{H}_t^\pi) \right] \tag{9.18}$$

式（9.18）表现为在常见的强化学习目的函数[式（9.1）]中加入熵项$\alpha\mathcal{H}_t^\pi$[③]。常见的离散情况下，熵定义为信息量$I(x) = -\log p(x)$的预期值。因此，概率分布随机度越高，现象X的熵值越大。

$$\mathcal{H}(X) = \mathbb{E}_X[I(x)] = -\sum_x p(x) \log p(x) \tag{9.19}$$

概率分布如图9.9所示。图9.9(a)是离散分布示例，图9.9(b)是连续分布示例，其中，部分激化分布中随机度较低，H取值较小。

应用于策略的概率分布$p(\cdot \mid s)$[④]，"提高概率分布的熵"不仅表示提高被视为最佳动作的选择概率，还意味着保留其他动作的可能。因此，基于该目的函数的设定进行学习，能够在保留策略的随机性的同时降低陷入局部解的风险。通过这种追加项解决不适定问题并防止过度学习的行为叫作正则化（regularization），采用熵的正则化的强化学习算法叫作熵正则化强化学习（entropy regularized reinforcement learning）。

[①] Ape-X[19]的性能超过Rainbow，它的学习性能也是Rainbow的3倍。
[②] 如下文所述，这种参数叫作超参数。
[③] α是熵$\mathcal{H}_t^\pi$中加权的标量值。
[④] 将$(\cdot)$部分视为概率变量。

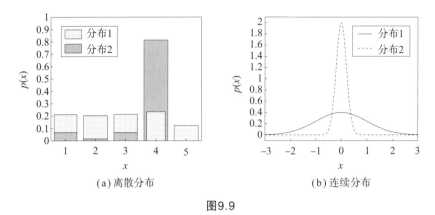

图9.9

[(a)离散概率分布图例（分布1是 $H=1.5879$，分布2是 $H=0.6190$）；(b)连续分布图例（分布1是 $H=1.4189$，分布2是 -0.1905）]

式（9.18）等使含熵项最大化的方法叫作soft Q-learning[20]或soft actor-critic[21]等。显性评价上述策略的多样性的强化学习方法能够将多种策略结合[23]。人们也在利用这一特点研究目标问题的多样性（不同于学习后奖励的奖励最大化问题）[24]。

2. 参数敏感性

强化学习算法设置的参数中，学习算法内不更新的部分叫作超参数。通常，改变超参数，导致学习性能大幅度改变时，必须对超参数多次试错并调节，才能使其正确发挥效用[①]。下面介绍超参数的调节问题研究MPO（maximum a posteriori policy optimization，最大化后验策略优化）[26]。

MPO概率推断研究将从前的强化学习进行的"寻找奖励最大化的动作"问题转化为"以奖励最大化为条件，推断可能性最高（可能发生的概率）的策略分布"的对偶问题[②]。该转化促成了不受奖励规模（大小）影响的学习，改善了超参数变化下的稳固性[③]。

具体来说，MPO不仅估测动作价值函数，还明确了概率性策略 $\pi(a \mid s)$，并对其进行更新。MPO与TRPO（trust region policy optimization，信赖域策略优化）[27]和PPO（proximal policy optimization，近端策略优化）[28]等相同，为策略更新设限，抑制过度变化。

---

① 超参数调整的复杂性使得大多数强化学习方法难以复现和比较。例如，有人指出奖励的规模（超参数之一）大大影响学习性能[25]。

② 在优化问题中，可以替换用于改变的变数和制约条件的变数，思考与目标问题（主问题）相对的问题，我们称这样的问题为对偶问题，有时解对偶问题比解主问题更加容易。

③ 在某种变化下不易降低性能的性质叫作稳固性（robust）。

MPO在更新补充策略分布$q(a|s)$时

$$
\max_q \mathbb{E}_{\mu(s)}\Big\{\mathbb{E}_{q(a|s)}\big[Q_{\boldsymbol{\theta}_i}(s,a)\big]\Big\}
$$
$$
\Big(\mathbb{E}_{\mu(s)}\Big\{\mathrm{KL}\big[q(a|s)\|\pi(a|s,\boldsymbol{\theta}_i)\big]\Big\}<\varepsilon\Big) \tag{9.20}
$$

在求动作价值函数最大化的$q(a|s)$阶段设限，要限制分布q和现有策略π之间的
KL散度（KL divergence）值在指定值以下[①]。其中，KL散度衡量两个概率分布
之间的差异，图9.10(a)中两个概率分布接近时，KL散度值较小；图9.10(b)中两
个概率分布差异较大时，KL散度值较大。换句话说，通过将KL散度保持在一定
水平以下，在更新分布q时可以使数值最大化，其约束条件是不偏离原始分布π太
远，从而限制单步中的过度策略变化。

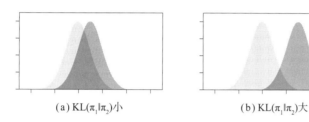

(a) KL($\pi_1\|\pi_2$)小   (b) KL($\pi_1\|\pi_2$)大

图9.10 KL散度示例

[(a)两种分布接近，KL散度较小；(b)两种分布差异较大，KL散度较大]

而且MPO在15种连续动作学习问题中在相同的超参数下表现出不逊色于
DDPG（deep deterministic policy gradient，深度确定策略梯度）[29]和PPO等
的学习性能，是一种超参数调整难度较低的优秀方法。而且根据MPO可以以相
同的原理对TRPO和PPO进行说明。

3. 基于模型的强化学习对样本效率的改善

将强化学习用于现实世界的关键在于提高样本效率（获得更少样本数的学习
性能的性质）。

方法之一是像经验复用一样记忆样本，反复用于学习，另一种方法是根据样
本构建某种模型并生成控制策略，这种估测、辨识模型的研究叫作基于模型的强
化学习。

其中，通过高斯过程（Gaussian process）等辨识状态迁移模型[②]的方法（参
考文献［30］）具有非常高的采样效率，学习时试错量小，但是计算量较大，难
以应用于高维问题。

---

① 预期值右下角的$\mu(s)$表示状态s正态分布的平均值，意味着状态的分布是固定的，行为的分布是变化的。

② 在状态s_t下选择动作a_t时，计算状态在下一时刻迁移至s_{t+1}的概率的模型。表示为含条件概率分布$p(s_{t+1}|s_t,a_t)$。

相对的，模型预测路径积分控制（model predictive path integral control）[31] 不辨识状态迁移模型，它通过估测预测状态时序（路径）成本的模型支持高维运动控制问题的应用。有实例表明，模型预测路径积分控制和深度学习组合使用实现了含漂移在内的高速自动驾驶[36]。

图9.11(a)中，室外行驶车辆搭载了单反摄像机。图9.11(b)是单反摄像机拍摄的图像。将这张图像作为输入，构成输出行驶成本图（表示能否行驶）的CNN。根据图9.11(c)中随机生成的路径样本，用CNN的成本预测模型修正动作（控制输入）的系列**u**。

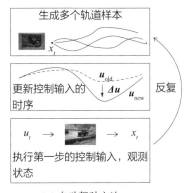

(a) 车辆的外观　　(b) 单反摄像机拍摄的图像　　(c) 自动驾驶方法

图9.11　根据使用模型预测路径积分控制和深度学习的图像进行自动驾驶

（选自Drews, P., Williams, G., Goldfain, B., Theodorou, E.A., Rehg, J.M. Aggressive deep driving: Combining convolutional neural networks and model predictive control, CoRL, 2017, 78: 133-142）

修正过程是将轨迹的预测成本作为权重，计算加权平均值①。

以这种方式产生的一系列动作中的第一个（下一个时间）被用来控制系统并在下一瞬间获得图像。通过重复这一过程，可以实现基于实时成本预测的快速运行的自动操作。

4. 强化学习的安全性

由于强化学习中包含随机试错，所以含试错过程在内，探索过程及最终获得的策略不会出现危险动作这一安全保障问题极其重要。人们正在从多个角度研究该问题，包括"如何定义安全性"。

（1）事先制定安全标准，以遵守标准为条件进行学习（参考文献［32］）。

---

① 为小成本轨迹设定较大权重。

（2）实机试验虽然准确但成本较高，模拟试验不准确但成本较低，权衡二者后可以考虑整合实验–模拟系统[33]。这种研究可以视为通过减少实机的试错次数来提高安全性。

（3）在基于贝叶斯优化的策略参数空间探索过程中，探讨考虑限制安全性的方法（参考文献［35］）。

图9.12是参考文献［35］中的参数探索示例。图中的实线（各图中的曲线）及其上下的灰色区域表示对策略参数θ的评价$J(\theta)$和安全性$g(\theta)$的推定值的平均和分散。×表示实际执行的策略参数，虚线表示安全性的制约（不低于该限制）。探索初期，图9.12(a)中推算的不确定性较大时，$J(\theta)$取更大值就可以通过执行预期的θ进行探索，而图9.12(b)中参数的安全性极可能低于制约（图中参数空间的右侧）时，该方向的探索会受到限制。这样就可以在不影响安全性的条件下进行学习。

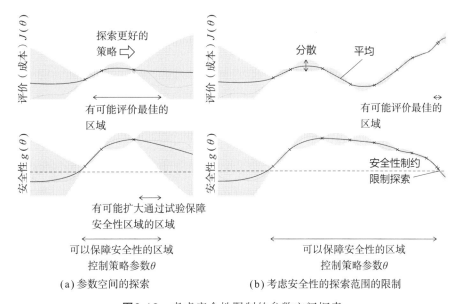

(a) 参数空间的探索 　　　　　　　　(b) 考虑安全性的探索范围的限制

图9.12 考虑安全性限制的参数空间探索

[对于横轴的策略参数空间，上面表示评价，下面表示安全性；(a)在横轴的右方向变更参数并探索更高的评价；(b)表明横轴的右端未达到安全性标准，因此限制了该方向的探索]

（选自Berkenkamp, F., Krause, A., Schoellig, A.P. Bayesian Optimization with Safety Constraints: Safe and Automatic Parameter Tuning in Robotics, arXiv, 2016, 1602.04450）

未来的研究有望保障更高维的策略参数空间安全性，提升在现实世界中有效学习行为的方法的实用性。

9.4 基于策略的方法

如图9.13所示，策略优化研究大致分为9.3节的Q-learning和SARSA等基于价值的方法（value-based method），以及本节介绍的基于策略的方法（policy-based method）。前者是将算子$\underset{a \in A}{\arg\max}$用于最优状态价值函数$V^*(s)$或最优动作价值函数$Q^*(s, a)$，计算最优策略$\pi^*(s)$。而后者求最优策略时不通过状态价值函数和动作价值函数，所以也叫直接法（direct method）。

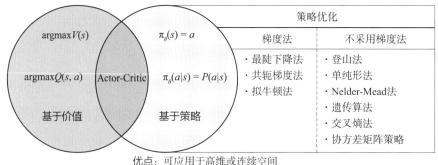

图9.13 最优策略的获得方法（基于价值，Actor-Critic，基于策略）

基于策略的方法能够输出连续动作（自动驾驶的转向和速度等），因此，与自动驾驶等机器人控制系统的匹配度较高。基于价值的方法中最优动作的动作价值函数$Q(s, a)$取最大值，离散动作只要比较可选择的动作的$Q(s, a)$值并求最大值即可，但是连续动作需要将$Q(s, a)$表示为连续可微分的动作价值函数，这个问题尚待解决。而基于策略的方法中动作价值函数被定义为（折扣或平均）奖励和，基于策略的方法是将其最大化的强化学习法，无需考虑动作价值的函数拟合问题。

如图9.13所示，直接探索策略的方法除梯度法（gradient method）之外，还有不依赖于梯度的方法（gradient free method），如CEM（cross entropy method，交叉熵法）和CMA（covariance matrix adaptation，协方差矩阵策略）等。不依赖于梯度的方法中，有的无需保证策略评价的微分可能性，有的策略参数化的自由度较高，某些应用方法甚至比梯度法的计算效率还要高。同时，以强化学习为主要目的的顺序决策问题（sequential decision making problem）等多级决策[①]过程的时序结构很难得到反映。

---

① 不决定每个时刻的动作，而是决定到达目的地之前所需的多个动作（动作系列、计划）。

因此，本节根据直接探索策略中使用梯度的REINFORCE和Actor-Critic法介绍策略梯度法（policy gradient algorithm）的基本工作。

9.4.1 策略梯度法

策略梯度法在直接求策略的基础上，将策略π表示为状态s下正确动作a的概率分布函数$\pi(a\,|\,s,\boldsymbol{\theta})$（$\boldsymbol{\theta}\in\mathbb{R}^{d}$），将策略学习归结为参数$\boldsymbol{\theta}$的更新。下文将$\pi(a\,|\,s,\boldsymbol{\theta})$简写为$\pi_{\theta}(a\,|\,s)$。

1. 策略函数的定义

首先定义优化对象——策略函数。

策略函数中常用到参数$\boldsymbol{\theta}$和表示状态动作特征量的矢量$\phi(s,a)\in\mathbb{R}^{d}$的线性混合模型。例如，使用深度神经网络时，参数$\boldsymbol{\theta}$相当于网络权重，针对它与表示状态动作特征量的矢量$\phi(s,a)\in\mathbb{R}^{d}$的线性组合和$\boldsymbol{\theta}^{\mathrm{T}}\phi(s,a)$，用式（9.21）的吉布斯分布（Gibbs distribution）函数描述为图9.14中的概率性策略。

$$\pi_{\theta}(a|s)=\frac{\exp[\,\boldsymbol{\theta}^{\mathrm{T}}\phi(s,a)\,]}{\displaystyle\sum_{a'\in\mathcal{A}}\exp[\,\boldsymbol{\theta}^{\mathrm{T}}\phi(s,a')\,]} \tag{9.21}$$

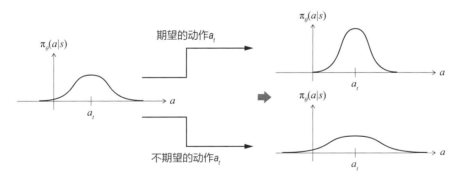

图9.14 策略的概率分布（策略更新的概念图）

吉布斯分布一般用于离散动作，将它用于连续动作时，通常用状态s的函数拟合动作a，并使用式（9.22）的高斯分布（Gaussian distribution）。其中$\mu_{\theta}(s)$和$\Sigma_{\theta}(s)$分别表示用一个函数分别逼近行为的平均值和协方差矩阵得到的函数。

$$\pi_{\theta}(a|s)=\frac{\exp\left\{-\frac{1}{2}\left[a-\mu_{\theta}(s)\right]^{\mathrm{T}}\Sigma_{\theta}^{-1}(s)\left[a-\mu_{\theta}(s)\right]\right\}}{(2\pi)^{\frac{d}{2}}\,|\Sigma_{\theta}(s)|^{\frac{1}{2}}} \tag{9.22}$$

2. 策略优化问题的目的函数

下面定义用参数表示的以策略优化为目的的目的函数。

以预期收益（gain）①最大化为目的的基于策略的强化学习中，通常以式（9.23）表示的价值V^{π_θ}和动作价值Q^{π_θ}的函数作为目的函数，并使其最大化。但是基于策略的方法中，策略以式（9.21）和式（9.22）等概率模型表示，所以某策略π_θ下选择动作a时，预期收益也会发生概率性变化。式（9.23）右边的概率分布$d^{\pi_\theta}(s)$说明了这种变化。

$$
\begin{aligned}
J(\boldsymbol{\theta}) &= \sum_{s \in \mathcal{S}} d^{\pi_\theta}(s) V^{\pi_\theta}(s) \\
&= \sum_{s \in \mathcal{S}} d^{\pi_\theta}(s) \sum_{a \in \mathcal{A}} \pi_\theta(a|s) Q^{\pi_\theta}(s, a)
\end{aligned}
\tag{9.23}
$$

$$
\boldsymbol{\theta} \leftarrow \boldsymbol{\theta} + \alpha \nabla_\theta J(\boldsymbol{\theta}) \qquad (\alpha : \text{学习率})
\tag{9.24}
$$

通过式（9.21）或式（9.24）表示的策略函数和式（9.23）、式（9.24）表示的目的函数解决优化问题，解法之一就是策略梯度法。

策略梯度法以式（9.24）的形式更新参数θ，使目的函数的预期收益$J(\theta)$最大化。其中，符号∇是对每个变量中的函数进行局部微分以获得梯度的算子，$\nabla_\theta J(\theta)$叫作策略梯度。

3. 策略梯度定理

需要注意的是，式（9.24）中的参数θ更新时，状态的概率分布$d^{\pi_\theta}(s)$也发生变化。也就是说，采用策略梯度定理（policy gradient theorem）计算策略梯度$\nabla_\theta J(\theta)$时，可以不考虑状态分布$d^{\pi_\theta}(s)$的偏微分，如式（9.26）所示。

$$
\nabla_\theta J(\boldsymbol{\theta}) = \sum_{s \in \mathcal{S}} d^{\pi_\theta}(s) \sum_{a \in \mathcal{A}} \pi_\theta(a|s) \frac{\nabla_\theta \pi_\theta(a|s)}{\pi_\theta(a|s)} Q^{\pi_\theta}(s, a)
\tag{9.25}
$$

$$
= \mathbb{E}_{\pi_\theta} \left[\nabla_\theta \log \pi_\theta(a|s) Q^{\pi_\theta}(s, a) \right]
\tag{9.26}
$$

式（9.26）根据式（9.25）的对数微分得出，所有状态s和动作a中，策略参数θ（$\in \mathbb{R}^d$）被更新为d维空间的移动方向$\nabla_\theta \log \pi_\theta(a|s)$和移动幅度$Q^{\pi_\theta}(s, a)$。

我们用图9.15中的算式对策略函数参数的更新加以说明，即用策略函数$J(\theta)$拟合式（9.26）中$\log \pi_\theta(a|s) Q^{\pi_\theta}(s, a)$的预期值。也就是设$\log \pi_\theta(a|s) Q^{\pi_\theta}(s, a) \approx J(\theta)$。观察该式对数微分后的第二行分数部分可知，分子$\nabla_\theta \pi_\theta(a|s) Q^{\pi_\theta}(s, a)$表示向"预期收益最大化的方向"更新，概率分布$\pi_\theta(a|s)$表示选择概率越小，更新幅度越大。

---

① 收益有多种定义，可以表示平均奖励或将来的奖励减少后的折扣奖励等。

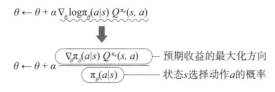

图9.15 梯度的更新

近年来，人们提出多种多样的策略梯度法，方法GAE（general advantage estimation，广义优势估计）概括了这些方法，具体请参考文献［43］。

每种策略梯度法的核心都在于式（9.26）所示的动作价值 Q^{π_θ} 的预期值。

从下一节开始，我们主要介绍基于蒙特卡罗法和Actor-Critic法的 Q^{π_θ} 拟合法。

9.4.2 蒙特卡罗策略梯度法

以代表性的蒙特卡罗法为基础的策略梯度法（蒙特卡罗策略梯度法）包括 Vanilla和REINFORCE，如图9.16所示。它们都由蒙特卡罗采样得出的环境状态 迁移和奖励的组（s_t, a_t, r_{t+1}）组成，用长度为 T 的序列更新参数。

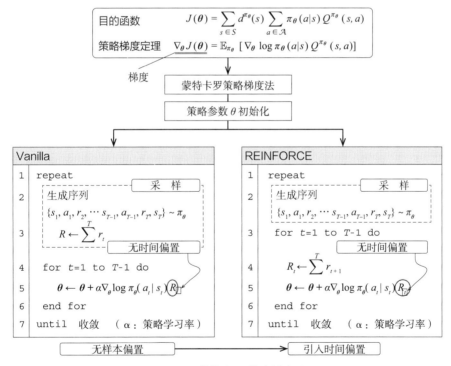

图9.16 蒙特卡罗策略梯度法

二者的不同之处在于序列中得到的奖励总和 R 是否考虑获得的时刻（时间偏 置）。Vanilla将序列内获得的奖励 r 总和 R（或除以 T 得到的平均值 R/T）作为各个状态动作的预期收益 R 来计算梯度。而 REINFORCE 用 $R_t = \sum_{k=1}^{T-t} r_{t+k}$ 或引入折扣率 γ 的 $R_t = \sum_{k=1}^{T-t} \gamma^{k-1} r_{t+k}$ 值更新 θ。也就是对预期收益来说，前者与时间无关，使用序列中获得的奖励总和；后者使用每时每刻的奖励。预期收益 R 的定义影响学习性能和稳定性。如果考虑时间偏置，需要评价每时每刻的动作，但是强化学习的奖励发生延迟时，无法保证性能和稳定性的提升。

我们在下一节介绍一种提升学习性能和稳定性的方法——引入 Actor-Critic 的策略梯度法。

9.4.3　引入 Actor-Critic 的策略梯度法

前面介绍的 Vanilla 和 REINFORCE 以蒙特卡罗法为基础，随机提取奖励样本 r_t 更新参数 θ 并学习策略 π_θ，使动作价值 $Q^{\pi_\theta} \approx R_t$。

相对的，采用 Actor-Critic 的策略梯度法由分别更新策略和价值的 Actor 和 Critic 组成，如图 9.17 所示。图 9.17 中，"~"左项表示根据"~"右项的概率

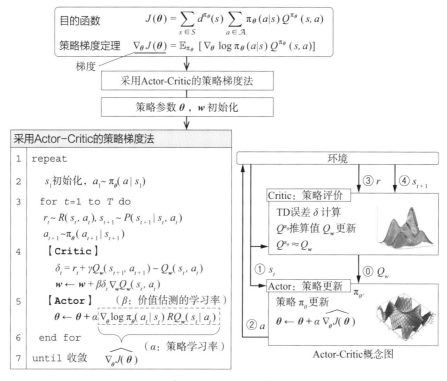

图 9.17　采用 Actor-Critic 的策略梯度法

分布或概率获得的值。Actor更新策略$\pi_\theta(a\mid s)$的参数θ，Critic随Actor变化，更新动作价值Q_w的参数w，使Actor端的Q^{π_θ}约等于Critic端的Q_w（$Q^{\pi_\theta}\approx Q_w$）。

采用Actor-Critic的策略梯度法中，Q_w如式（9.27）所示，用特征矢量$\phi(s,a)$表示状态和行动的特征量，支持离散空间和连续空间。此时可以任意设定式（9.27）中的特征矢量$\phi(s,a)$，用$\nabla_\theta\log\pi_\theta(a\mid s)$对$Q_w$进行拟合。

$$Q_w(s,a)=w^{\mathrm{T}}\phi(s,a)\approx w^{\mathrm{T}}\nabla_\theta\log\pi_\theta(a\mid s) \tag{9.27}$$

9.4.4 优势函数

1. 基 线

上述章节讲解的各种策略梯度法都是针对式（9.26）中Q^{π_θ}项的学习方法，如果不用式（9.26），而是在式（9.28）中引入基线b，就可以在不影响梯度预期值的同时抑制分散。

$$\nabla_\theta J(\theta)=\mathbb{E}_{\pi_\theta}\left\{\nabla_\theta\log\pi_\theta(a\mid s)\left[Q^{\pi_\theta}(s,a)-b\right]\right\} \tag{9.28}$$

如式（9.29）所示，在基线b中使用价值函数V_π可以稳定学习性能。如式（9.30）所示，设Q^π和V^π的差为$A^{\pi_\theta}(s,a)$，则$A^{\pi_\theta}(s,a)$表示为"在状态s选择行动a的价值$Q(s,a)$与在s中可能采取的行动的平均值$V(s)$相比的好坏程度"，因此被称为优势函数。

$$\nabla_\theta J(\theta)=\mathbb{E}_{\pi_\theta}\left\{\nabla_\theta\log\pi_\theta(a\mid s)\left[Q^{\pi_\theta}(s,a)-V^{\pi_\theta}(s)\right]\right\} \tag{9.29}$$

$$=\mathbb{E}_{\pi_\theta}\left[\nabla_\theta\log\pi_\theta(a\mid s)A^{\pi_\theta}(s,a)\right] \tag{9.30}$$

2. 优势函数的学习

为了引入优势函数A^{π_θ}，式（9.32）中的$Q^{\pi_\theta}(s,a)$和$V^{\pi_\theta}(s)$两个函数需要推算Critic的参数w（以状态–动作的价值Q为对象时）和v（以状态的价值Q为对象时）。

$$A^{\pi_\theta}(s,a)=Q^{\pi_\theta}(s,a)-V^{\pi_\theta}(s) \tag{9.31}$$

$$Q^{\pi_\theta}(s,a)\approx Q_w(s,a),\qquad V^{\pi_\theta}(s)\approx V_v(s) \tag{9.32}$$

$$A(s,a)=Q_w(s,a)-V_v(s) \tag{9.33}$$

相对的，A2C（advantage actor-critic）和A3C（asynchronous advantage actor-critic）[44]的方法并非像上文一样将V^{π_θ}用于基线，而是用其他神经网络等函数拟合器更新式（9.32）中的拟合值V_v。下面的内容表示采用TD误差的A2C和A3C仅靠一个参数就可以学习。

其中，$V^{\pi_\theta}(s)$ 的 TD 误差 $\delta^{\pi_\theta}(s)$ 可以用式（9.34）表示，其预期值可以用式（9.35）中的 A^{π_θ} 表示。

$$\delta^{\pi_\theta}(s) = r + \gamma V^{\pi_\theta}(s') - V^{\pi_\theta}(s) \qquad (9.34)$$

$$\begin{aligned}\mathbb{E}_{\pi_\theta}(\delta^{\pi_\theta} \mid s, a) &= \mathbb{E}_{\pi_\theta}\left[r + \gamma V^{\pi_\theta}(s') \mid s, a \right] - V^{\pi_\theta}(s) \\ &= Q^{\pi_\theta}(s, a) - V^{\pi_\theta}(s) = A^{\pi_\theta}(s, a)\end{aligned} \qquad (9.35)$$

因此式（9.30）的策略梯度 $\nabla_\theta J(\theta)$ 可以通过式（9.36）中的 TD 误差 δ^{π_θ} 来计算。

$$\nabla_\theta J(\theta) = \mathbb{E}_{\pi_\theta}\left[\nabla_\theta \log \pi_\theta(a \mid s) \delta^{\pi_\theta} \right] \qquad (9.36)$$

而且在式（9.32）的两个 Critic 参数 w 和 v 中，仅通过 $V^{\pi_\theta}(s) \approx V_v(s)$ 的参数 v，TD 误差 δ^{π_θ} 可以拟合为 $\delta_v = r + \gamma V_v(s') - V_v(s)$。

9.4.5　策略梯度法的发展

上文介绍基于策略的方法基础——策略梯度法。图 9.18 总结了各种策略梯度法的概率性梯度（stochastic gradient ascent）计算。这些策略梯度法和 Actor-Critic 法的 Critic 策略评价包括蒙特卡罗法和式（9.34）~ 式（9.36）中采用 TD 误差的 TD-Actor-Critic。

$$\begin{aligned}\nabla_\theta J(\theta) &= \mathbb{E}_{\pi_\theta}\left[\nabla_\theta \log \pi_\theta(a \mid s) R_t \right] && : \text{REINFORCE} \\ &= \mathbb{E}_{\pi_\theta}\left[\nabla_\theta \log \pi_\theta(a \mid s) Q_w(s, a) \right] && : \text{Actor-Critic法} \\ &= \mathbb{E}_{\pi_\theta}\left[\nabla_\theta \log \pi_\theta(a \mid s) A_w(s, a) \right] && : \text{A2C} \\ &= \mathbb{E}_{\pi_\theta}\left[\nabla_\theta \log \pi_\theta(a \mid s) \delta \right] && : \text{TD Actor-Critic法}\end{aligned}$$

图9.18　各种策略梯度法的梯度计算总结

本节我们重点讨论在策略梯度法中实现预期收益最大化的两个挑战：参数更新导致的策略函数快速退化，以及观察数据相关性导致的学习过程中的振荡和发散，并在图 9.19 中概述了每种方法。

1. 策略的合理性探索：参数更新导致策略函数劣化的应对方法

策略梯度法的原理是通过更新概率分布提供的策略参数 θ 来学习策略。之前介绍的方法中，参数间的欧氏距离为 $\| \theta_1 - \theta_2 \|^2$ 时，梯度如式（9.37）所示。也就是说，这种方法需要参考参数空间的梯度，与策略提升没有必然关系。

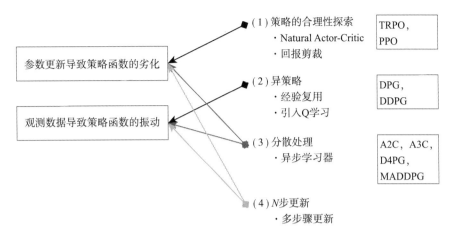

图9.19　策略梯度法面临的问题及其研究

$$\nabla_{\boldsymbol{\theta}} J(\boldsymbol{\theta}) = \left[\frac{\partial J(\boldsymbol{\theta})}{\partial \theta_1}, \cdots, \frac{\partial J(\boldsymbol{\theta})}{\partial \theta_d} \right]^{\mathrm{T}} \tag{9.37}$$

对此，自然梯度（natural gradient）将概率分布之间的差异定义为引入KL散度的梯度 $\tilde{\nabla}_{\boldsymbol{\theta}} J(\boldsymbol{\theta}) = F^{-1}(\boldsymbol{\theta}) \nabla_{\boldsymbol{\theta}} J(\boldsymbol{\theta})$。其中，$F(\boldsymbol{\theta})$ 是式（9.38）中的费歇尔信息矩阵。

$$F(\boldsymbol{\theta}) = \mathbb{E}\left\{ \left[\nabla_{\boldsymbol{\theta}} \log \pi_{\boldsymbol{\theta}}(a \mid s) \right] \left[\nabla_{\boldsymbol{\theta}} \log \pi_{\boldsymbol{\theta}}(a \mid s) \right]^{\mathrm{T}} \right\} \tag{9.38}$$

之前的梯度参考参数空间的倾斜，而自然梯度能够根据策略参数空间的倾斜进行探索，可以抑制参数更新的个体差异（方差）。

（1）Natural Actor-Critic。

在Critic中引入自然梯度的Natural Actor-Critic[46]法，将式（9.29）的优势函数写作式（9.39）时，如式（9.42）所示，自然梯度 $\nabla_{\boldsymbol{\theta}}^{\mathrm{nat}}$ 相当于优势函数的权重 w，这种方法不仅能够提升收敛性能，还能提升计算效率。

$$A^{\pi_{\theta}}(s, a) = \phi(s, a)^{\mathrm{T}} \boldsymbol{w} \sim \left[\nabla_{\boldsymbol{\theta}} \log \pi_{\boldsymbol{\theta}}(a \mid s) \right]^{\mathrm{T}} \boldsymbol{w} \tag{9.39}$$

$$\nabla_{\boldsymbol{\theta}} J(\boldsymbol{\theta}) = \mathbb{E}_{\pi_{\theta}} \left[\nabla_{\boldsymbol{\theta}} \log \pi_{\boldsymbol{\theta}}(a \mid s) A^{\pi_{\theta}}(s, a) \right] \tag{9.40}$$

$$= \mathbb{E}_{\pi_{\theta}} \left\{ \nabla_{\boldsymbol{\theta}} \log \pi_{\boldsymbol{\theta}}(a \mid s) \left[\nabla_{\boldsymbol{\theta}} \log \pi_{\boldsymbol{\theta}}(a \mid s) \right]^{\mathrm{T}} \boldsymbol{w} \right\} \tag{9.41}$$

$$= F_{\boldsymbol{\theta}} \boldsymbol{w} \sim \nabla_{\boldsymbol{\theta}}^{\mathrm{nat}} J(\boldsymbol{\theta}) = \boldsymbol{w} \tag{9.42}$$

（2）TRPO（引入参数更新前后的策略比）。

TRPO（trust region policy optimization，信赖域策略优化）[47]是一种以

实际增加优势函数值为目标更新参数的方法，用更新前的策略$\pi_{\theta_{\text{old}}}$和下列策略$\pi_\theta$的比

$$r_t(\boldsymbol{\theta}) = \frac{\pi_\theta(a_t \mid s_t)}{\pi_{\theta_{\text{old}}}(a_t \mid s_t)} \tag{9.43}$$

求满足式（9.44）的参数$\boldsymbol{\theta}$的优化问题（式（9.45）），同时引入自然梯度，实现策略的合理性探索。其中，式（9.45）中的Subject to表示限制条件式中D_{KL}表示KL散度。

$$\underset{\boldsymbol{\theta}}{\text{argmax}}\, \mathbb{E}_t\left[r_t(\boldsymbol{\theta}) A^{\pi_\theta}(s_t, a_t)\right] \tag{9.44}$$

$$\underset{\boldsymbol{\theta}}{\text{maximize}}: J_\theta^{\text{TRPO}} = \mathbb{E}_t\left[r_t(\boldsymbol{\theta}) A^{\pi_\theta}(s_t, a_t)\right]$$
$$\text{subject to}: \underset{t}{\mathbb{E}}\left\{D_{\text{KL}}\left[\pi_\theta(a_t \mid s_t) \| \pi_{\theta_{\text{old}}}(a_t \mid s_t)\right]\right\} \leqslant \delta \tag{9.45}$$

（3）PPO（引入回报剪裁）。

PPO（proximal policy optimization，近端策略优化）[48]引入了clip函数，用于缩小下列TRPO优化问题[式（9.45）]的取值范围。

$$r_t(\boldsymbol{\theta}) = \frac{\pi_\theta(a_t \mid s_t)}{\pi_{\theta_{\text{old}}}(a_t \mid s_t)}$$

如式（9.46）所示，clip函数为了缓和策略更新前后奖励差的影响，引入了ε（$0 < \varepsilon < 1$），将$r_t(\boldsymbol{\theta})$限制于$1 \pm \varepsilon$，在许多问题中效果明显。

$$\underset{\boldsymbol{\theta}}{\text{maximize}}: J^{\text{PPO}}(\boldsymbol{\theta})$$
$$= \mathbb{E}_t\left(\min\left\{r_t(\boldsymbol{\theta}) A^{\pi_\theta}(s_t, a_t),\ \text{clip}\left[r_t(\boldsymbol{\theta}), 1-\varepsilon, 1+\varepsilon\right] A^{\pi_\theta}(s_t, a_t)\right\}\right) \tag{9.46}$$

2. 异策略：观测数据的相关性导致策略函数振动的应对方法

强化学习根据环境的相互作用得到状态迁移系列（s, a, r, s'），与序列决策（sequential decision making）相关问题的相容性较好。其中，组成序列的各个（s, a, r, s'）以时序依次储存，数据间的相关度较高，如图9.20左侧所示。

而深度学习数据以独立、分布相同为前提，与采用时序状态迁移的强化学习数据的相容性较差。因此，深度强化学习如果直接将序列的时序数据用于计算策略梯度，则（s, a, r, s'）……的高度相关性可能会导致学习发生振动并发散。

无论是基于策略还是基于价值的强化学习方法，深度学习等通过神经网络进行函数拟合的情况都会发生同样的问题。

针对此问题可以引入经验复用[38]。经验复用在图9.20的复用缓存（replay

buffer）中保持序列获得的（s, a, r, s'），通过对其适当采样的最小批处理缓和相关性。这种方法在去除相关性的同时还能多次使用以前的经验，对改善样本效率十分有效。

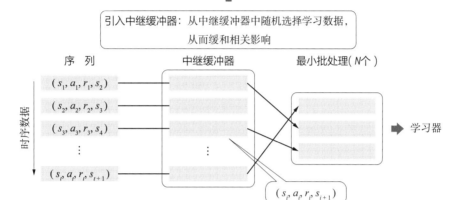

图9.20 经验复用的使用（深度学习+强化学习的问题）

但是经验复用的效果仅限于参数更新中"不使用基于观测数据的行为策略（behavior policy，决定动作的策略）"的异策略强化学习算法。

除了引入经验复用，缓和相关性影响的方法还有A3C和A2C[44]中引入多种智能体（学习模型）并共享权重的方法。下面我们以将同策略变为异策略并引入学习模型（下文中叫作智能体）的系统为例，围绕相关性的缓和进行讲解。

（1）将同策略变为异策略的方针。

采用Vanilla或REINFORCE的Actor-Critic法属于同策略，会受到观测数据之间相关性的影响。因此，我们再次分析基于策略方法中的目的函数式（9.23），将同策略转换为异策略。

式（9.23）的最终形式如式（9.47）所示。

$$J(\boldsymbol{\theta}) = \sum_{s \in \mathcal{S}} d^{\pi_\theta}(s) \sum_{a \in \mathcal{A}} \pi_\theta(a|s) Q^{\pi_\theta}(s, a) \tag{9.47}$$

其中，策略π_θ依赖于参数θ。用式（9.48）的行为策略β将式（9.47）的概率分布$d^{\pi_\theta}(s)$改写为$d^\beta(s) = \lim_{t \to \infty} P(s_t = s \mid s_0, \beta)$，或用目标策略（target policy，目标估测策略）π将表示式（9.47）的动作价值的$Q^{\pi_\theta}(s, a)$改写为Q^π，则作为目的函数的预期收益$J(\boldsymbol{\theta})$如式（9.49）所示。

$$J(\boldsymbol{\theta}) = \sum_{s \in \mathcal{S}} d^{\beta}(s) \sum_{a \in \mathcal{A}} \pi_{\boldsymbol{\theta}}(a \mid s) Q^{\pi}(s, a) \tag{9.48}$$

$$= \mathbb{E}_{s \sim d^{\beta}} \left[\sum_{a \in \mathcal{A}} \pi_{\boldsymbol{\theta}}(a \mid s) Q^{\pi}(s, a) \right] \tag{9.49}$$

其中，设 $\boldsymbol{\theta}$ 的梯度 $\nabla_{\boldsymbol{\theta}} J(\boldsymbol{\theta})$ 为式（9.50）中的 $\dfrac{\pi_{\boldsymbol{\theta}}(a \mid s)}{\beta(a \mid s)}$，就可以转换为异策略[49]。

$$\nabla_{\boldsymbol{\theta}} J(\boldsymbol{\theta}) \approx \mathbb{E}_{\beta} \left[\frac{\pi_{\boldsymbol{\theta}}(a \mid s)}{\beta(a \mid s)} Q^{\pi}(s, a) \nabla_{\boldsymbol{\theta}} \log \pi_{\boldsymbol{\theta}}(a \mid s) \right] \tag{9.50}$$

（2）DPG，DDPG（引入 Q 学习）。

DPG（deterministic policy gradient，确定策略梯度）[50] 和 DDPG（deep deterministic policy gradient，深度确定策略梯度）[45] 是基于 Q 学习的无模型兼异策略的方法。由于是异策略，因此可以通过使用经验复用来避免观测数据的相关性引发的问题。

二者虽然是异策略，但是它们多因为能够求出确定性策略而被人们提及。之前介绍的基于策略的方法求得的均是概率分布 $\pi(a \mid s)$ 表示的概率性策略，所以尽管这部分内容超出本节讨论范畴，我们还是要简单地介绍一下确定性策略的计算原理。

求确定性策略的梯度法（DPG，DDPG）采用确定动作的策略函数 $a = \mu_{\boldsymbol{\theta}}(s)$，将目的函数定义为式（9.51）。

$$J(\boldsymbol{\theta}) = \int_{\mathcal{S}} \rho^{\mu}(s) Q^{\mu}[s, \mu_{\boldsymbol{\theta}}(s)] \, \mathrm{d}s \tag{9.51}$$

其中，$\rho_0(s)$ 表示状态的初始分布，$\rho^{\mu}(s \to s', k)$ 表示遵守策略 μ 时，初始状态 s 到 k 步之后迁移至状态 s' 的概率。此外，引入减去迁移目标 s' 概率分布后的分布 $\rho^{\mu}(s')$，如式（9.52）所示。

$$\rho^{\mu}(s') = \int_{\mathcal{S}} \sum_{k=1}^{\infty} \gamma^{k-1} \rho_0(s) \rho^{\mu}(s \to s', k) \, \mathrm{d}s \tag{9.52}$$

根据上述设定，确定性策略的目的函数梯度如式（9.53）所示。

$$\nabla_{\boldsymbol{\theta}} J(\boldsymbol{\theta}) = \int_{\mathcal{S}} \nabla_{\boldsymbol{\theta}} \mu_{\boldsymbol{\theta}}(s) \rho^{\mu}(s) \nabla_a Q^{\mu}(s, a) \Big|_{a = \mu_{\boldsymbol{\theta}}(s)} \, \mathrm{d}s$$
$$= \mathbb{E}_{s \sim \rho^{\mu}} \left[\nabla_{\boldsymbol{\theta}} \mu_{\boldsymbol{\theta}}(s) \nabla_a Q^{\mu}(s, a) \big|_{a = \mu_{\boldsymbol{\theta}}(s)} \right] \tag{9.53}$$

上式中，设概率分布 μ 为分散 σ，取策略 $\pi_{\mu\theta, \sigma}$，则 $\sigma = 0$ 时是确定性策略，其他情况可以统一表示为概率性策略。

DDPG（Deep DPG）用深度学习的Q_ϕ对上述价值函数$Q^\mu(s,a)$进行拟合。DDPG的梯度用式（9.54）表示。

$$\nabla_\theta J^{\text{DDPG}}(\boldsymbol{\theta}) = \nabla_a Q_\phi^{\mu_\theta}(s,a)\nabla_\theta \mu_\theta(s) \tag{9.54}$$

实际设为在策略函数$\mu_\theta(s)$中加入噪声的$a_t = \mu_\theta(s_t)+\varepsilon$，用Actor-Critic法进行更新。而且价值函数Q_ϕ与DQN同样以Q学习为基础，所以可使用经验复用和目标策略。

除上述噪声外，DDPG还在策略函数的更新中引入了神经网络抑制ϕ急剧更新的soft update[式（9.55）]。其中，式（9.55）的ϕ^Q和θ^μ分别表示价值Q_ϕ和策略μ_θ的权重，用远小于1的参数τ（$\ll 1$）来更新。这些都是针对上述参数更新的研究，有望通过权重的急剧变化抑制策略函数的劣化。也就是说，DDPG通过使用异策略抑制观测数据的相关性，通过soft update控制参数更新的灵敏度。

$$\phi^{Q'} \leftarrow \tau\phi^Q + (1-\tau)\phi^{Q'} \tag{9.55}$$

$$\theta^{\mu'} \leftarrow \tau\theta^\mu + (1-\tau)\theta^{\mu'} \tag{9.56}$$

3. 引入分散处理

（1）A2C、A3C。

我们已在上文介绍过，A2C和A3C[44]引入了基线函数V_v，用神经网络学习该函数。

A2C和A3C还引入了多种学习模型（智能体）和多步更新（advantage）[①]。

引入分散处理的系统（multiagent and distributed system，多智能与分布式系统）包括A3C的前身Gorila[39]和Ape-X[40]。二者均使用DQN（基于价值）[②]，能够通过经验复用缓和数据相关性的影响。此外，上述系统分散处理的主要目的是高速化。

A2C、A3C通过引入多个智能体实现加速化，而且从表面设计上能够避免观测数据的自相关引起的学习不稳定。图9.21是A3C的学习步骤概念图。步骤①对概括整体学习公共网络Actor和Critic的各个参数θ和θ_v进行初始化；在步骤②与独立学习主体，也就是智能体进行共享；在步骤③，各个智能体从各自的（本地）环境中对状态s和奖励r进行采样，在某指定时间$t_{\max}$范围内（本地）计算

---

① A2C和A3C名称中的"A"指的是Advantage，表示"多步更新"。A2C和A3C的不同之处在于各学习模型的更新时间，前者同步（synchronous），后者不同步（asynchronous）。

② Ape-X中也介绍了引入策略梯度的系统。

Actor和Critic参数的梯度；在步骤④公开通知各个梯度，再回到步骤①，公共网络根据各个梯度，将共享参数θ作为θ_v进行更新。A3C中步骤③的多步更新和步骤④的参数共享在每个智能体中的运行是不同步的。

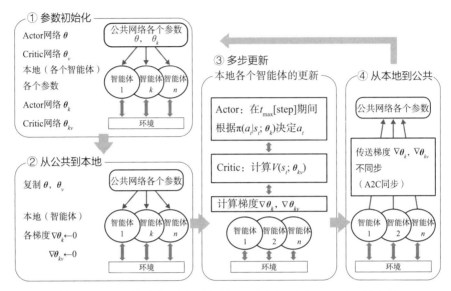

图9.21　A3C的多个学习系统（智能体）进行参数更新的概念图

这种结构能够缓和每个智能体观测数据的自相关影响，不需要经验复用缓冲区。

（2）D4PG、MADDPG。

D4PG（Distributed Distributional DDPG，分布的分布式DDPG）[41]和MADDPG[42]是DDPG的扩展型系统。

D4PG与A3C同样引入了多种Actor和Critic，在Actor之间通过共用回放缓冲区（replay buffer）的优先经验复用（prioritized experience replay）选择重要样本，从而提高样本效率。但是多个智能体共享参数既有好处，同时也会为学习带来负面影响。

为了避免这种负面影响，MADDPG由汇总了多个Actor的单一Critic组成。通过其他智能体选择的动作和利益，用描述策略共享的马尔可夫博弈（Markov game）对复合智能体进行建模。

在此基础上引入共享多个Actor策略的集成学习，还可以抑制估测结果的方差（个体差异）和偏置。

4. N步更新

我们已经介绍过，当步骤间的相关性较大时，每一步的参数更新都会影响学习策略的方差和偏置。因此，上述A3C、A2C和D4PG等许多系统引入预测多步之后的奖励的N步更新算法。下面简单总结深度强化学习中步数的影响。

深度强化学习中，步数少则方差小，但偏置大。步数过多又会带来相反的影响。而且深度强化学习还有一个特征，一旦策略的估测结果恶化，就会在持续恶化的同时抑制估测性能的提高[①]。因此，根据问题决定步数极为关键。

Q学习中的N步更新见式（9.57）。

一步Q学习：

$$
\begin{aligned}
&Q(s,a) \\
&\leftarrow Q(s,a) + \alpha\left[r_t + \gamma\max_{a'} Q\left(s',a'\right) - Q(s,a)\right]
\end{aligned}
\tag{9.57}
$$

N步Q学习（advantage）：

$$
\begin{aligned}
&Q(s,a) \\
&\leftarrow Q(s,a) + \alpha\left[r_t + \cdots + \gamma^{N-1}r_{t+N-1} + \gamma^N\max_{a'} Q\left(s',a'\right) - Q(s,a)\right]
\end{aligned}
$$

在基于策略的方法中引入N步更新，如式（9.58）所示。其中μ_θ是策略函数。D4PG中引入了N步更新。

$$
\begin{aligned}
&Q^{\mu_\theta}(s_0,a_0) \\
&= r(s_0,a_0) + \mathbb{E}\left\{\sum_{n=1}^{N-1}\gamma^n r(s_n,a_n) + \gamma^N Q\left[s_N,\mu_\theta(s_N)\right]\mid s_0,a_0\right\}
\end{aligned}
\tag{9.58}
$$

9.4.6 总结

本节概述了采用梯度的基于策略的方法。由于梯度法适用于连续动作空间，所以有望与控制理论共同打造概括性结构。

目前人们正在通过使用经验复用和控制梯度方向来解决策略学习中的问题，尚不存在确定性应对方法。既然基于策略的强化学习能够解决现实世界的问题，那么今后有望结合控制理论的基于模型的控制来打造环境模型。

---

① 监督学习可以在以后的更新中进行修正。

9.5 奖励设计

将强化学习应用于自动驾驶等实际问题时，奖励设计是一大难题。强化学习在无限次试错后达成目标（预期状态）就可以推进学习，得到策略。但是现实中的状态空间极其广阔，很难仅凭偶然性到达目标。对此，我们可以选择"设置副目标"，但这样又面临"什么状态才是副目标？"，或者"怎样针对目标的奖励值设定副目标的奖励值？"等诸多问题。

1998年，加利福尼亚大学伯克利分校（U.C.Berkeley）的Russell[81]和Ng[77]等人针对奖励设计提出了根据环境模型估测奖励的逆向强化学习（inverse reinforcement learning，IRL）。2004年，上述团队中的Abbeel[51]提出了IRL，这是一种根据动作轨迹估测奖励的模仿学习（imitation learning）①。2004年后人们又提出了各种IRL，从2011年的Levine[68]开始，使用IRL来改善奖励和特征②空间设计的FIRL（Feature construction for IRL）等方案也遍地开花。

强化学习是容许"只有通过试错实现目标时才赋予奖励"这种奖励延迟（delayed reward）的理论性结构，但如上文所述，它在大规模环境中有局限性。即便是战胜顶级围棋职业棋手的AlphaGo，在到达"胜利"这一目标状态之前的动作轨迹（每一步）也很长，如果理想动作轨迹已知，就不得不用。实际上，现实与围棋相同，大多数情况下已知理想的运动轨迹。那么，只要依次复制这种运动轨迹就可以了吗？

Behavioral cloning[78]是一种模仿专家的运动轨迹的方法。但是即便能够复现专家的运动轨迹，仍然要处理专家的奖励问题，而且如果意外偏离专家的行动轨迹，由于未匹配应采取的运动，会导致无法作出正确的运动。前者需要计算奖励函数，后者需要制定策略。

本节介绍奖励设计问题研究中的逆向强化学习。如上文所述，有两种方法，一种是以估测奖励函数为目的的方法[62, 77, 81]，一种是以获得策略为目的的方法[51, 52, 76, 88, 97]③。通常是先估测奖励函数，并应用强化学习来求策略，也有直接求出策略的方法等。机器人科学领域的模仿学习（imitation learning）主要围绕后者发展。

---

① 基于模仿的 LfD（Learning from Demonstration）也是一种模仿学习。

② 以特征（feature）定义状态（state）。

③ 参考文献［77］中也对该立场问题进行了探讨。

9.5.1 逆向强化学习的基本算法

表9.1中归纳了理解本节内容所需的符号定义。表中的轨迹表示动作轨迹。下文中简称动作轨迹为轨迹。本节的主要内容——强化学习中，设学习主体，即智能体看到的环境模型为$<S, A, R, \pi>$。其中，策略π表示根据状态s选择动作a的概率。

表 9.1　主要符号的定义

$s \in S$	s：状态，S：状态集合
$a \in A$	a：动作，A：动作集合
$z \in Z$ $\varsigma \vdash D$	z：轨迹，Z：轨迹集合 ς：已知的轨迹，D：已知的轨迹集合 （通常是专家轨迹/集合）
$\zeta_u = \{s_0^u, s_1^u, \cdots\}_{u=1}^U$	已知的轨迹中第 u 个轨迹的状态迁移系列
$\phi(s, a),\ \phi(s)$ $\phi : S \to [0, 1]^p$ $\phi(\zeta) = \sum\limits_{(s_t, a_t) \in \zeta} \phi(s_t, a_t)$	状态行动对 (s, a)，或状态 s 的 p 维特征矢量
$\boldsymbol{R}(s) = \boldsymbol{\theta}^{\mathrm{T}} \phi(s)$	奖励函数矢量：$\phi(s)$ 和权重 $\boldsymbol{\theta}$[①] 的内积
$R(s),\ s \in S$	奖励函数

智能体在时刻t观测状态$s_t \in S$，根据自身的策略π,选择动作$a_t \in A$。其后，在时刻$t+1$根据s_t和a_t概率性迁移到下一状态s_{t+1}，得到奖励r_{t+1}。根据新获得的奖励生成价值函数$V(s)$或动作价值函数$Q(s, a)$，用该值进行策略π的评价和改善。设赋予策略π时，价值函数$V(s)$和动作价值函数$Q(s, a)$分别满足式（9.59）和式（9.60）。其中，$P_{ss'}^{\pi(s)}$和$P_{ss'}^a$分别表示通过策略$\pi(s)$或状态价值$Q(s, a)$决定的动作a，从状态s迁移至s'的概率。γ（$0 \leqslant \gamma \leqslant 1$）表示去掉将来获得（当前状态$s$之后的迁移状态或状态动作）的价值而引入的折扣率。

$$V^{\pi}(s) = R(s) + \gamma \sum_{s'} P_{ss'}^{\pi(s)} V^{\pi}(s') \tag{9.59}$$

$$Q^{\pi}(s, a) = R(s) + \gamma \sum_{s'} P_{ss'}^a V^{\pi}(s') \tag{9.60}$$

首先根据奖励函数的估测和获得策略的目的对强化学习进行分类，下面的讲解从先验知识角度将基本的逆向强化学习方法分为基于模型和学徒学习（apprenticeship learning）[②]。

---

① 注意此处的 θ 与前文中的含义不同。

② 日语中常叫作学徒学习。

（1）已知所有状态的最优动作（基于模型）。

① 离散化的状态空间（策略描述为表格）。

② 连续状态空间（函数拟合）。

（2）已知轨迹（apprenticeship learning，学徒学习）。

下面介绍 Ng[77] 的基于模型的逆向强化学习和 Abbeel[51] 的学徒学习。

1. Ng 的逆向强化学习：Reward learning

Ng[77] 以马尔可夫决策过程（MDP）$<S, A, R, P_{ss'}^a, \gamma>$ 中除奖励函数 R 以外的 $<S, A, R, P_{i,j}^a, \gamma>$ 和各个状态 s 下的最优动作 a_1 为前提，将估测奖励函数 R 的问题定式化为式（9.61）中的线性计划问题。式（9.61）中的 A/a_1 表示动作集合 A 中去除最优动作 a_1 后的集合。

【目的函数：maximize】

$$\sum_{i=1}^{M} \min_{a \in \mathcal{A} \setminus a_1} \left\{ \left[\boldsymbol{P}_{a_1}(i) - \boldsymbol{P}_a(i) \right] (\boldsymbol{I} - \gamma \boldsymbol{P}_{a_1})^{-1} \boldsymbol{R} \right\} - \lambda \| \boldsymbol{R} \|_1 \qquad (9.61)$$

【限制条件：subject to】

$$(\boldsymbol{P}_{a_1} - \boldsymbol{P}_a)(\boldsymbol{I} - \gamma \boldsymbol{P}_{a_1})^{-1} \boldsymbol{R} \geqslant 0, \ \forall a \in \mathcal{A} \setminus a_1$$
$$|R_i| \leqslant R_{\max}, \ i = 1, \cdots, M \qquad (9.62)$$

其中，状态迁移矩阵 P_a 表示以状态迁移概率 $P_{i,j}^a$ 的 (i, j) 成分作为要素的 $M \times M$ 矩阵，状态迁移矢量 $P_a(i)$ 表示 P_a 的第 i 行矢量；M 是总状态数；R 是奖励函数矢量，$\boldsymbol{R} = \{R(s_i)\}_{i=0}^{M}$；$\lambda$ 是惩罚系数，是用于调节奖励总量的参数。

式（9.62）表示保证各个状态的最优动作 a_1 带来的奖励预期值（Q 值）大于除最优动作以外的动作的 Q 值的限制条件。限制条件的推导过程见式（9.63）～式（9.67）。

首先，最优动作 a_1 能够在各个状态下获得最大 Q 值，因此可以描述为式（9.63）。

$$\forall s \in \mathcal{S}, \quad a_1 \equiv \pi(s) \in \underset{a \in \mathcal{A}}{\operatorname{argmax}} \left[R(s) + \sum_{s'} P_{ss'}^a V^\pi(s') \right] \qquad (9.63)$$

在各状态下，最佳行动 a_1 的 Q 值 > 其他行动的 Q 值，因此可通过式（9.60）推导出式（9.64）

$$\forall s \in S, \quad a \in \mathcal{A}, \sum_{s'} P_{ss'}^{a_1} V^\pi(s') \geqslant \sum_{s'} P_{ss'}^a V^\pi(s') \qquad (9.64)$$

进一步使用状态价值函数矢量 $\boldsymbol{V}^\pi = \{V^\pi(s_i)\}_{i=0}^M$ 和奖励函数矢量 $\boldsymbol{R} = \{R(s_i)\}_{i=0}^M$ 可以分别将式（9.64）和式（9.59）改写为式（9.65）和式（9.66）。

$$\boldsymbol{P}_{a_1}\boldsymbol{V}^\pi \geq \boldsymbol{P}_a\boldsymbol{V}^\pi \tag{9.65}$$

$$\boldsymbol{V}^\pi = \boldsymbol{R} + \gamma\boldsymbol{P}_{a_1}\boldsymbol{V}^\pi \tag{9.66}$$

其中，针对 V^π 解式（9.66），代入式（9.65）后进行整理，可以推导出限制条件式（9.67）。

$$(\boldsymbol{P}_{a_1} - \boldsymbol{P}_a)(\boldsymbol{I} - \gamma\boldsymbol{P}_{a_1})^{-1}\boldsymbol{R} \geq 0 \tag{9.67}$$

式（9.61）中目的函数的第1项能够将最优策略和第2优秀的策略推导出的 Q 值的差最大化，等价于式（9.68）。第2项将总奖励量最小化，因为奖励函数越简单越好。

$$\sum_s [Q^\pi(s, a_1) - \max_{a \in \mathcal{A}\backslash a_1} Q^\pi(s, a)] \tag{9.68}$$

2. Abbeel的逆向强化学习：学徒学习

Abbeel等人的逆向强化学习[51]根据专家的状态迁移系列估测特征空间中的奖励函数 R。

状态空间 S 以要素为 p 个特征的特征矢量 $\phi: S \to [0, 1]^p$ 来表示时，提供给状态 $s \in S$ 的奖励函数矢量 $R(s)$ 用特征矢量 $\phi(s)$ 和权重参数 θ 的内积表示。

$$\boldsymbol{R}(s) = \boldsymbol{\theta}^{\mathrm{T}}\phi(s), \qquad (\boldsymbol{\theta} \in \mathbb{R}^p) \tag{9.69}$$

其中，θ 表示特征权重，为了使其定义域保持在奖励最大值1以下，设 $\|\theta\|_2 \leq 1$[①]。根据策略 π 观测的特征的预期值叫作特征预期值 $\mu(\pi)$，定义为式（9.70）。

$$\boldsymbol{\mu}(\pi) = E[\sum_{t=0}^\infty \gamma^t \phi(s_t)|\pi] \in \mathbb{R}^p \tag{9.70}$$

当已知专家 E 应该含有的潜在性策略 π_E 输出 U 个状态迁移系列 $\{s_0^u, s_1^u, \cdots\}_{u=1}^U$ 时，专家的特征预期值 $\boldsymbol{\mu}_E = \boldsymbol{\mu}(\pi_E)$ 可以通过式（9.71）来计算。

$$\boldsymbol{\mu}_E = \frac{1}{U}\sum_{u=1}^U \sum_{t=0}^\infty \gamma^t \phi(s_t^u) \tag{9.71}$$

Abbeel等人的方法经过程序9.2中的Projection method过程，通过反复计算

---

① $\|\theta\|_2$ 是矢量 θ 的欧几里得范数，相当于长度。

并估测特征矢量权重 $\boldsymbol{\theta}$，使专家的特征预期值 $\boldsymbol{\mu}_E$ 和估测的特征预期值 $\boldsymbol{\mu}(\pi)$ 的误差最小化。

程序9.2　Projection method的算法

> 1:　初始化
> 2:　$\mu^{(0)} = \mu(\pi^{(0)})$，$\theta^{(1)} \leftarrow \mu_E - \mu^{(0)}$，$i \leftarrow 1$
> 3: while $t^{(i)} \leqslant \epsilon$
> 4:　$R^{(i)} \leftarrow (\theta^{(i)})^\top \phi$，$\pi^{(i)} \leftarrow \mathbf{RL}\,(R^{(i)})$，$\mu^{(i)} \leftarrow \mu(\pi^{(i)})$，$i \leftarrow i+1$
> 5:　$\bar{\mu}^{(i-1)} = \bar{\mu}^{(i-2)} + \frac{(\mu^{(i-1)} - \bar{\mu}^{(i-2)})^T\,(\mu_E - \bar{\mu}^{(i-2)})}{(\mu^{(i-1)} - \bar{\mu}^{(i-2)})^T\,(\mu^{(i-1)} - \bar{\mu}^{(i-2)})}\,(\mu^{(i-1)} - \bar{\mu}^{(i-2)})$
> 6:　$\theta^{(i)} \leftarrow \mu_E - \bar{\mu}^{(i-1)}$
> 7:　$t^{(i)} \leftarrow \|\mu_E - \bar{\mu}^{(i-1)}\|_2$
> 8: end while

3. 逆向强化学习面临的问题

前面介绍的逆向强化学习算法面临以下三个问题。

问题1：多种奖励函数都可以导出某种最优策略的不适定问题（ill-posed problem）。

问题2：需要在奖励更新过程中使用估测奖励的强化学习来获得策略，并与专家策略对比。内部循环（inner loop）的强化学习所需的计算量问题。

问题3：环境模型的相关先验知识的使用方法问题。

下面概述上述各个问题的解决办法。

9.5.2　不适定问题（奖励优化）

对某个最优策略可能存在多个推导奖励函数。我们聚焦于为选择正确的奖励函数而引入优化法的研究，介绍其目的函数和限制条件。

1. 存在多个奖励函数

如上文所述，Ng[77]等人认为导出最优策略的奖励函数需要满足式（9.67）的限制条件。

我们以状态数 $|S| = 2$ 的问题为例，通过图9.22来直观说明存在多种满足该限制条件的奖励函数。图9.22的横轴是状态1的奖励值，纵轴是状态2的奖励值。其中灰色可行区域（feasible region）中的奖励函数都可以获得最优策略。也就是说，存在多个满足式（9.67）的限制条件的奖励函数。我们不仅需要增加限制，还应该扩展逆向强化学习，作为导入某个目的函数的奖励函数的优化问题。

常见的线性计划问题中，限制条件的交点是问题解，所以设定线性目的函数时能够得到图9.22中的多个候选最优解（multiple optimal solution）。而下文中Abbeel等人的非线性目的函数中，解不仅可能存在于图9.22中表示候选解的点上，还可能存在于可行区域内。所以目的函数为非线性时，制定不适定问题的探索方针比线性更难大。

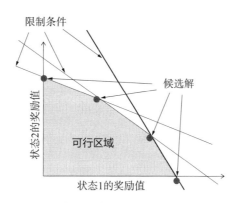

图9.22　复现某策略的奖励的可行区域

请注意区分，寻找导出最优策略的奖励函数和寻找考虑到某些目标函数的最优奖励函数。

2. 奖励优化的目的函数

如上文所述，既然存在多个导出最优策略的奖励函数，那么应用于实际问题时就需要确定一种奖励函数。以往的方法是在多个奖励函数中从"复现已知最优动作"的角度定义目的函数，作为优化问题求解。典型方法中的目的函数总结如下。

如上文所述，Ng等人的方法[77]中，最优动作的Q值比其他动作的Q值更能估测出大奖励函数。通过使用目的函数，各个状态下，最优动作以外的动作比最优动作可以获得的奖励值（以下称预期奖励）小，被选中的可能性较小。

此外，Abbeel[51]的目的函数如式（9.72）所示[41]。

$$\min_{\theta} \|\mu_{\theta} - \mu_E\|, \qquad \text{s.t.} \ \|\theta\|_2 \leqslant 1 \tag{9.72}$$

式（9.72）通过估测的奖励函数，使学习的特征预期值μ_{θ}和专家特征预期值μ_E的差最小化。该特征预期值中含有迁移后的状态和时间要素，可以通过选择特征预期值一致的权重，复现与专家相同的行为。

为了改良Abbeel等人的方法，Sye等人[88]提出的目的函数如式（9.73）所示。

$$\min_{\boldsymbol{\theta}} \boldsymbol{\theta}(\mu_{\theta} - \mu_E), \qquad \text{s.t. } \theta \geqslant 0, \sum \theta = 1; \ \theta \text{ 是 } \boldsymbol{\theta} \text{ 的元素} \tag{9.73}$$

式（9.73）中，权重和特征预期值的积 $\theta \cdot \mu$ 可被视为平均预期奖励值，所以我们估计权重，使平均预期奖励值与专家的期望值相当。特别是，与其取特征期望值的常数之差，不如通过这种方式将它们视为平均预期奖励，从而做出更准确的估计。

Neu[76] 的目的函数如式（9.74）所示，直接拟合专家策略和估测策略。

$$\min_{\boldsymbol{\theta}} \sum_{s \in \mathcal{S}, a \in \mathcal{A}} v_E(s)\big[\pi_{\theta}(a|s) - \pi_E(a|s)\big]^2, \quad \text{s.t.} \quad \pi_{\theta} = G(Q_{\theta}^*) \tag{9.74}$$

其中，

$$v_E(s) = \frac{1}{n} \sum_{t=1}^{N} I(s_t = s) \qquad (\forall s \in \mathcal{S}); \quad I(s_t = s) \text{则为 1，此外为 0}$$

表示各个状态的出现频率，$\pi(a|s)$ 表示状态 s 下选择动作 a 的概率，$G(Q_{\theta}^*)$ 表示遵守用权重 θ 计算的最优 Q 值的玻尔兹曼分布的动作选择。

Ziebart 等人[97] 的 Maximum entropy IRL（下文中缩写为 MaxEnt IRL，最大熵 IRL）在逆向强化学习中应用最大熵原理，并将其重新表述为轨迹概率分布参数的最大似然估计问题（奖励是概率分布的参数）。结果表明消除了"存在多种特征预期值匹配的轨迹分布"这一解的模糊性。具体来说，式（9.75）所示的目标函数在匹配特征期望值的约束条件下被最大化。

$$\max_{\boldsymbol{\theta}} -\sum_{\zeta \in Z} P(\zeta|\boldsymbol{\theta}) \log P(\zeta)$$
$$\text{s.t. } \sum_{\zeta \in Z} P(\zeta)\phi(\zeta) = \mathbb{E}_{P_E(\zeta)}[\phi(\zeta)], \quad \sum_{\zeta \in Z} P(\zeta) = 1 \tag{9.75}$$

其中，ζ 表示轨迹；Z 表示轨迹总集合。用拉格朗日乘数法解上式，可以得到 $P(\zeta|\theta) \propto \exp(\theta^{\mathrm{T}}\phi(\zeta))$。其中拉格朗日乘数 θ 相当于奖励的权重，$P(\zeta|\theta)$ 表示在权重 θ 下获得轨迹 ζ 的概率。

已知的轨迹集合 D 对应的似然函数见式（9.76）。

$$\sum_{\zeta \in D} P_E(\zeta) \log P(\zeta|\boldsymbol{\theta}) \tag{9.76}$$

式（9.75）中拉格朗日乘数的估算等价于式（9.76）的最大化，可以通过对数似然的最大化来计算 θ。

MaxEnt IRL 是具有凸性和可微性等优秀特质的对优化问题的学习方法，该研究出现之后，基于MaxEnt IRL的各种优化理论都被尝试应用。而且它易于实现，常被用于论文的比较实验，可以说是近年来具有代表性的逆向强化学习算法。

此外，这里显示的奖励函数是离散的，但也有用深度神经网络拟合的Deep Max IRL[96]。但由于MaxEnt IRL是用动态编程求概率分布的分配函数，所以仅限于状态空间较小的问题。为了解决这一问题，9.5.3节将介绍Inner loop的计算高速化法。

上文介绍的研究通过引入不同的目的函数，从多个奖励函数中获得最优函数，它们都是能够提高专家动作复现性的目的函数。此外还可以导入其他目的函数，例如，将优化收敛效率最大化等目的函数[66]。

9.5.3 计算量问题（估测奖励更新的效率化）

如9.5.1节的问题2所述，在奖励函数优化过程中，需要通过估测奖励的强化学习获得策略，并与专家策略进行对比。Inner loop的阶段需要巨大的计算成本，是逆向强化学习的瓶颈。

下文首先梳理MaxEnt RL[97]离散空间中的图表特征预期值计算法，然后跳过Inner loop的强化学习，介绍奖励和策略的估测方法[53, 92, 93]。

1. 基于状态迁移图表的特征预期值的传播

MaxEnt IRL设θ时某轨迹ζ的发生概率为

$$P(\zeta|\theta) \propto \exp[\theta^{\mathrm{T}} \phi(\zeta)]$$

已知的轨迹集合D的对数似然如下：

$$L(\mathcal{D}|\theta) = \sum_i \log P(\zeta_i|\theta)$$

估测将对数似然最大化的权重矢量θ^*。θ^*通过式（9.77）计算。这时，$L(D|\theta)$的梯度是式（9.78）的第1项（基于已知轨迹集合中的第i个轨迹ζ_i的估测奖励的特征预期值，参考表9.1）和第2项（已知的特征预期值）的差。

$$\theta^* = \underset{\theta}{\arg\min} \left[L(\mathcal{D}|\theta) + \Omega(\theta) \right] \qquad [\Omega(\theta)是正则化项] \tag{9.77}$$

$$\frac{\partial L(\mathcal{D}|\theta)}{\partial \theta} = \mathbb{E}_i[\phi(\hat{\zeta}_i)] - \sum_{s \in \mathcal{S}, a \in \mathcal{A}} I(s)\pi_\theta(a|s)\phi(s, a) \tag{9.78}$$

程序9.3中显示了使用图表显示状态之间关系的算法，用于梯度计算。

程序9.3 图表的梯度计算

从Given: MDP\$\backslash R$ = <S, A, $P^a_{ss'}$, γ>, D; MDP <S, A, $P^a_{ss'}$, r>, 中去掉奖励 $\boldsymbol{R}$, D是已知的轨迹集合(参考表9.1)

1: 权重θ的初始化

2: 生成图表

3: Repeat: (a), (b)

4: (a)根据图表计算状态s的访问频率$I(s)$和估测策略$\pi_\theta(a|s)$

5: (b)权重θ的更新: $\boldsymbol{\theta} \leftarrow \boldsymbol{\theta} + \frac{\partial L(\mathcal{D}|\theta)}{\partial \boldsymbol{\theta}}$

6: Until: 式(9.78)的梯度 $\frac{\partial L(\mathcal{D}|\theta)}{\partial \boldsymbol{\theta}} \approx 0$

使用图表的特征预期值的计算步骤概要如图9.23所示。图9.23中的图表用节点表示各个状态s,用边表示动作a,用连接关系表示状态迁移概率。传播由奖励传播(backward pass)、策略估测(policy estimation)、状态访问频率计算(forward pass)等步骤组成。使用该环境的步骤示例如图9.24所示。

通过使用基于图表的奖励传播法[97],可以将计算量降为$O(|S||A|)$。但这是离散空间的高速化。对于连续空间,参考文献[85]提出了生成保证区间一致性(interval consistent)的状态迁移图表的方法。

2. 重点采样对分配函数的估测

Relative entropy IRL(下文中缩写为RelativeEnt IRL,相对熵IRL)[53]通过加权采样估测奖励函数相关的分配函数Z(partition function)。

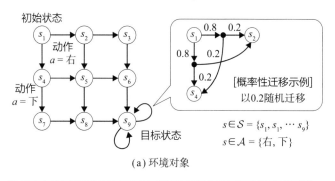

(a)环境对象

初始化: 初始化节点价值Z_{s_i},边价值$Z_{a_{i,j}}$,促使s_i向s_j迁移的动作a_{ij},时刻t的访问频率$I_t(s_i)$

① 奖励的后方传播: 从终端状态传播估测奖励

② 策略估测: 计算估测策略 $\pi_\theta(a|s)$

③ 状态访问频率的前方传播: 计算状态访问频率 $I(s)$

(b)图表的特征预期值计算步骤

图9.23 MaxEnt IRL的特征预期值更新步骤概要

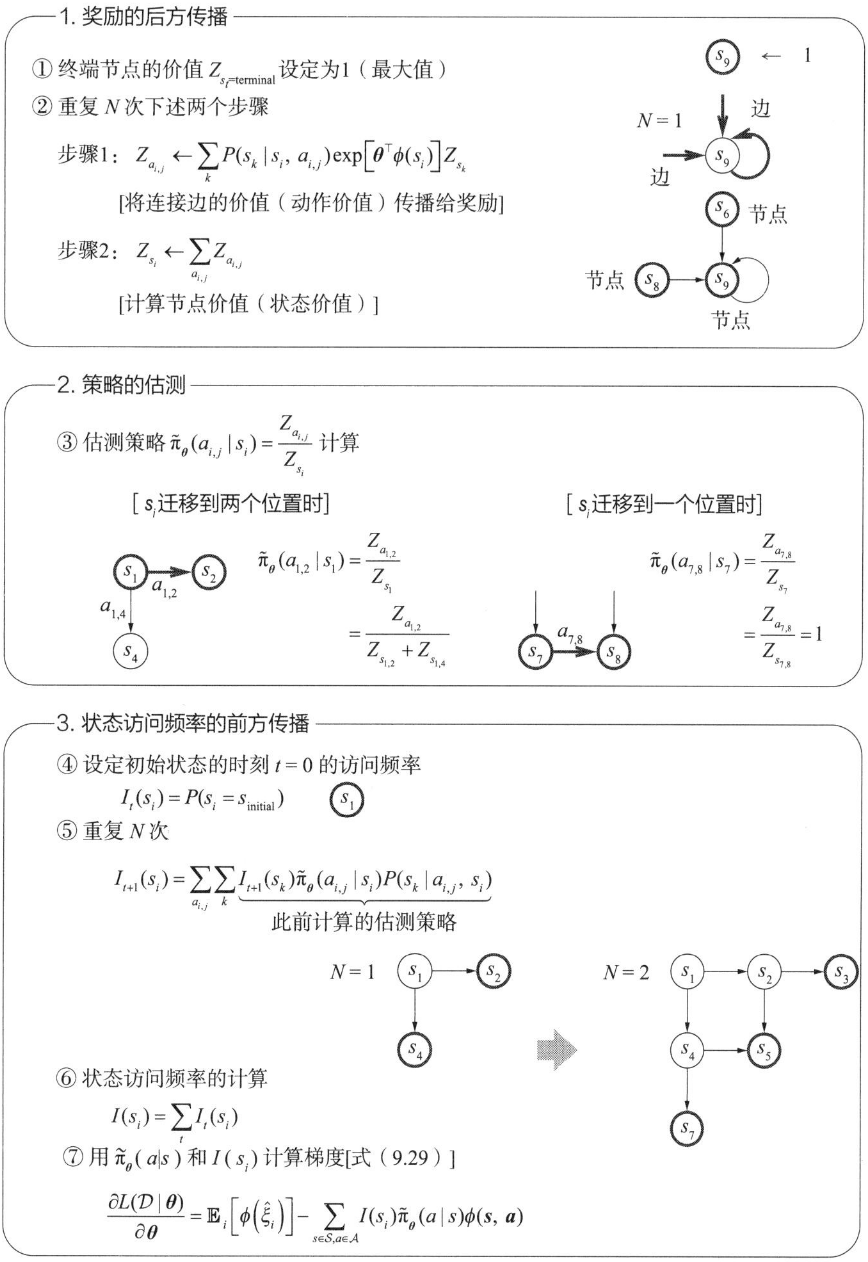

1. 奖励的后方传播

① 终端节点的价值 $Z_{s_f=\text{terminal}}$ 设定为1（最大值）

② 重复 N 次下述两个步骤

步骤1： $Z_{a_{i,j}} \leftarrow \sum_k P(s_k \mid s_i, a_{i,j}) \exp\left[\boldsymbol{\theta}^\top \boldsymbol{\phi}(s_i)\right] Z_{s_k}$

[将连接边的价值（动作价值）传播给奖励]

步骤2： $Z_{s_i} \leftarrow \sum_{a_{i,j}} Z_{a_{i,j}}$

[计算节点价值（状态价值）]

2. 策略的估测

③ 估测策略 $\tilde{\pi}_{\boldsymbol{\theta}}(a_{i,j} \mid s_i) = \dfrac{Z_{a_{i,j}}}{Z_{s_i}}$ 计算

[s_i 迁移到两个位置时]

$\tilde{\pi}_{\boldsymbol{\theta}}(a_{1,2} \mid s_1) = \dfrac{Z_{a_{1,2}}}{Z_{s_1}}$

$= \dfrac{Z_{a_{1,2}}}{Z_{s_{1,2}} + Z_{s_{1,4}}}$

[s_i 迁移到一个位置时]

$\tilde{\pi}_{\boldsymbol{\theta}}(a_{7,8} \mid s_7) = \dfrac{Z_{a_{7,8}}}{Z_{s_7}}$

$= \dfrac{Z_{a_{7,8}}}{Z_{s_{7,8}}} = 1$

3. 状态访问频率的前方传播

④ 设定初始状态的时刻 $t = 0$ 的访问频率

$I_t(s_i) = P(s_i = s_{\text{initial}})$

⑤ 重复 N 次

$I_{t+1}(s_i) = \sum_{a_{i,j}} \sum_k \underbrace{I_{t+1}(s_k) \tilde{\pi}_{\boldsymbol{\theta}}(a_{i,j} \mid s_i) P(s_k \mid a_{i,j}, s_i)}_{\text{此前计算的估测策略}}$

$N = 1$ $\qquad$ $N = 2$

⑥ 状态访问频率的计算

$I(s_i) = \sum_t I_t(s_i)$

⑦ 用 $\tilde{\pi}_{\boldsymbol{\theta}}(a \mid s)$ 和 $I(s_i)$ 计算梯度[式（9.29）]

$\dfrac{\partial L(\mathcal{D} \mid \boldsymbol{\theta})}{\partial \boldsymbol{\theta}} = \mathbb{E}_i\left[\boldsymbol{\phi}\left(\hat{\xi}_i\right)\right] - \sum_{s \in \mathcal{S}, a \in \mathcal{A}} I(s_i) \tilde{\pi}_{\boldsymbol{\theta}}(a \mid s) \boldsymbol{\phi}(\boldsymbol{s}, \boldsymbol{a})$

图9.24 图9.23的环境中奖励传播和策略估测示例

MaxEnt IRL和Deep MaxEnt IRL用梯度法对式（9.79）的对数似然$L(\theta)$最大化，需要一定的计算时间。也就是说，在式（9.80）表示的MaxEnt IRL中，通过比较专家和特征预期值更新权重w，在式（9.82）表示的Deep Max IRL中，通过比较专家和状态访问频率$I(s)$更新奖励。

$$\log P(\zeta|\boldsymbol{\theta}) = R(\zeta) - \log Z$$
$$\nabla \log P(\zeta|\boldsymbol{\theta}) = \phi(\zeta) - \mathbb{E}_{P(\zeta|\theta)}[\phi(\zeta)] \tag{9.79}$$

$$\nabla L(\boldsymbol{\theta}) = \sum_{\zeta \in \mathcal{D}} \nabla \log P(\zeta|\boldsymbol{\theta})$$
$$= \mathbb{E}_{P_{\pi_E}(\zeta)}[\phi(\zeta)] - \mathbb{E}_{P(\zeta|\theta)}[\phi(\zeta)] \tag{9.80}$$

$$\frac{\partial}{\partial \theta} \log P(\zeta|\boldsymbol{\theta}) = \sum_{s \in \zeta} \left\{ \mu_\zeta(s) - \mathbb{E}_{P(\zeta|\theta)}[\mu_\zeta(s)] \right\} \frac{\partial}{\partial \theta} f[\phi(s), \boldsymbol{\theta}] \tag{9.81}$$

$$\frac{\partial}{\partial \theta} L(\boldsymbol{\theta}) = \sum_{s \in \mathcal{S}} \left\{ \mathbb{E}_{P_{\pi_E}(\zeta)}[\mu_\zeta(s)] - \mathbb{E}_{P(\zeta|\theta)}[\mu_\zeta(s)] \right\} \frac{\partial}{\partial \theta} f[\phi(s), \boldsymbol{\theta}] \tag{9.82}$$

因此，由于 MAxEnt IRL 中的 $E_{P(\zeta|\theta)}[\phi/(\zeta)]$ 和 Deep MaxEnt IRL 中的 $E_{P(\zeta|\theta)}[\mu/(\zeta)]$，必须通过动态编程或强化学习来计算 θ 的最优策略。如果不需要 θ 的最优策略，可以减少计算量。

RelativeEnt IRL 的 θ 的最优策略见式（9.83），归结为与专家的轨迹分布 $Q(\zeta)$ 的相对熵的最小化问题。用拉格朗日乘数法可得到式（9.84），对式（9.85）的分配函数

$$Z = \sum_{\zeta \in \mathcal{Z}} Q(\zeta) \exp[R(\zeta)]$$

在重点区域加权采样，通过加权采样进行拟合，就可以获得计算目标 $E_{P(\zeta|\theta)}[\phi/(\zeta)]$。

加权采样需要计算预期值的概率分布和采样分布的比。也就是"基于专家策略的轨迹生成概率 $Q(\zeta)$"和"基于轨迹采样策略的轨迹生成概率 $P(\zeta)$"的比。

式（9.87）的 $P(\zeta)$ 是得到某轨迹的概率，$Q(\zeta)$ 是得到专家轨迹 ζ 的概率，分别用式（9.88）的初始状态 s_1 的概率分布 $d_0(s_1)$ 和"策略×状态迁移概率"的轨迹 ζ 的长度（序列长）的总积来表示。其中状态迁移概率 $P_{ss'}^a$ 相同，可以抵消，得到不受状态迁移概率影响的式（9.89），即不需要状态迁移概率。计算专家策略和轨迹提供的策略的比，可以得到分配函数的估测值，所以不需要动态编程和强化学习，也可以应用于较大规模的离散状态空间和连续空间。

$$\min \sum_{\zeta \in \mathcal{Z}} P(\zeta) \log \frac{P(\zeta)}{Q(\zeta)}$$
$$\text{s.t.} \sum_{\zeta \in \mathcal{Z}} P(\zeta) \phi(\zeta) = \mathbb{E}_{Q(\zeta)}[\phi(\zeta)] \quad \left[\sum_{\zeta \in \mathcal{Z}} P(\zeta) = 1 \right] \tag{9.83}$$

$$P(\zeta|\theta) = \frac{Q(\zeta)\exp[R(\zeta)]}{\sum_{\zeta\in\mathcal{Z}}Q(\zeta)\exp[R(\zeta)]}$$
$$= \frac{Q(\zeta)\exp[R(\zeta)]}{Z} \qquad \left[R(\zeta)=\theta\cdot\sum_{s\in\zeta}\phi(s)\right] \tag{9.84}$$

$$\mathbb{E}_{P(\zeta|\theta)}[\phi(\zeta)]$$
$$= \sum_{\zeta\in\mathcal{Z}}P(\zeta|\theta)\phi(\zeta) = \sum_{\zeta\in\mathcal{Z}}\frac{Q(\zeta)\exp R(\zeta)}{Z}\phi(\zeta) \tag{9.85}$$

$$\sum_{\zeta\in\mathcal{Z}}Q(\zeta)\exp(R(\zeta)) \tag{9.86}$$
$$= \mathbb{E}_{Q(\zeta)}[\exp R(\zeta)]$$

$$= \mathbb{E}_{P(\zeta)}\left[\frac{Q(\zeta)}{P(\zeta)}\exp R(\zeta)\right] \tag{9.87}$$

$$= \mathbb{E}_{P(\zeta)}\left[\frac{d_0(s_1)\prod_{t=1}^{H}\pi_E(a_t|s_t)P(s_{t+1}|s_t,a_t)}{d_0(s_1)\prod_{t=1}^{H}\pi(a_t|s_t)P(s_{t+1}|s_t,a_t)}\exp R(\zeta)\right] \tag{9.88}$$

$$= \mathbb{E}_{P(\zeta)}\left[\frac{\prod_{t=1}^{H}\pi_E(a_t|s_t)}{\prod_{t=1}^{H}\pi(a_t|s_t)}\exp R(\zeta)\right] \tag{9.89}$$
$[H：轨迹\zeta轨的长度（序列长）]$

GCL（guided cost learning，指导成本学习）[58]研究采用分配函数和加权采样。GCL在与MaxEnt IRL相同的问题设定中组合使用基于模型的强化学习，用加权采样和深度学习估测奖励函数。式（9.90）表示在MaxEnt IRL的分配函数估测中应用加权采样。其中MaxEnt IRL的分配函数Z与RelativeEnt IRL不同，所以式（9.90）保留了式（9.88）中消失的状态迁移概率项。用引导策略搜索（guided policy search）[69]等基于模型的强化学习估测该状态迁移概率，求出$P(\zeta)$，在拟合后的状态迁移概率（环境模型的）下生成最优轨迹。其中轨迹的生成概率用策略和状态迁移概率的总积来表示，见式（9.88）所以学习环境模型就可以计算某个策略的轨迹生成概率。

GCL中将根据状态迁移概率计算的轨迹生成概率分布作为采样概率分布，并用该加权采样计算分配函数。用引导策略搜索更新轨迹的生成策略，可以从最优分布$P(\zeta)\propto\exp R(\zeta)$对轨迹进行加权采样。

含多项任务的实验表明，这样不仅能够大幅度减少试错，而且拟合精度高，即使样本数较少也能获得优于RelativeEnt IRL的学习性能。

$$Z = \sum_{\zeta\in\mathcal{Z}}\exp R(\zeta) = \mathbb{E}_{P(\zeta)}\left[\frac{1}{P(\zeta)}\exp R(\zeta)\right] \tag{9.90}$$

3. 线性可解马尔可夫决策过程的定式化

近年来，备受瞩目的线性可解马尔可夫决策过程（linearly solvable Markov decision process，LMDP）[90] 的定式化表明，强化学习需要依赖问题的试错，而且对成本函数（奖励）设计问题有效[93]。

另外，强化学习和最优控制需要解决在 MDP 下得出的非线性哈密顿-雅可比-贝尔曼方程（Hamilton-Jacobi-Bellmanequation，HJB 方程），但 LMDP 通过限制即时成本函数和环境的动态变化，允许 HJB 方程线性化。

LMDP 理论可以将最优控制问题归结为机器学习的图像模型推断等概率推断问题[91]，把最优控制理论和机器学习联系在一起。关于 LMDP 的强化学习和逆向强化学习的相关讲解请参考文献[93]。

LMDP 的代表性研究包括参考文献[57, 92]。参考文献[92] 中提出的 deep IRL logistic regression（LogReg IRL）和 RelativeEnt IRL 都引入了加权采样的概念。不同的是，RelativeEnt IRL 使用任意策略采样的状态-动作来估测线性奖励，而 LogReg IRL 使用任意策略采样的状态迁移（状态和下一状态对）来估测非线性奖励和状态值。不仅能够估测奖励，而且能够估测状态值，这是 LMDP 作为 IRL 的一个卖点。

此外，与 LogReg IRL 同样以离散状态空间为对象的 MaxEnt IRL 和 MaxEnt Deep IRL 因庞大的计算量而只能应用于低维环境，但是 LogReg IRL 不需要一般的（正方向的）强化学习和动态编程，有望应用于大规模环境。

上一节介绍的 RelativeEnt IRL[53] 和 GCL[58] 为无模型，均通过深度学习将奖励作为非线性函数进行估测。

4. 生成式对抗网络（GANs）的引入

深度学习和逆向强化学习中有一个有趣的话题，逆向强化学习和以生成式对抗网络（generative adversarial networks，GANs 或 GAN）为代表的生成式机器学习模型具有类似性。

逆向强化学习交替更新奖励和策略，而生成式对抗网络交互更新识别模型和生成模型。此外，理论上 MaxEnt IRL 和某种形式的生成式对抗网络具有等价性[59]。

同时，有人提出了对抗性模仿学习（generative adversarial imitation learning，GAIL）[63]，它使用对抗性生成网络来学习，获得与 MaxEntIRL 完全相同的措施，对抗性模仿学习的特点如下：

（1）不需要环境信息的无模型算法。

（2）不估测成本（奖励），能够直接学习策略。

（3）能够降低Inner loop的强化学习所需的成本。

（4）可以应用于大规模的高维状态空间。

对抗性模仿学习对IRL的相关理论也有极大贡献。Ho等人[63]认为IRL的解是鞍点坐标，证明了IRL和对偶上升法①的关联性。

图9.25(a)是以往的逆向强化学习的概念图，图9.25(b)是对偶上升法的概念图。对偶上升法对易于凸函数优化的问题有效。

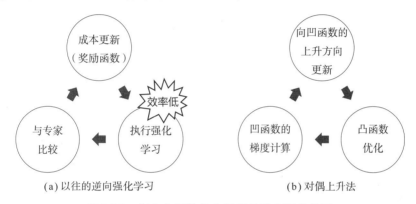

(a) 以往的逆向强化学习　　　　　(b) 对偶上升法

图9.25　作为凸函数优化问题的逆向强化学习

但是逆向强化学习的凸函数优化需要用到强化学习，强化学习的计算成本很高，效率很低。另一方面，对抗性模仿学习使用对抗性生成网络的框架来寻找鞍点，比现有的ILL方法更有效。

逆向模仿学习使用2015年提出的TRPO（trust region policy optimization，信赖域策略优化）[82]。TRPO是一种深度强化学习算法，是在大规模状态空间（包括离散和连续）内稳定学习策略的算法。它的稳定性有助于提高对抗性模仿学习的策略学习性能。

9.5.4　引入先验知识

在探讨逆向强化学习的应用时，需要确认目标奖励函数、专家轨迹、环境模型的非线性和马尔可夫性质等前提条件。通常情况下，能以上述要素为前提时，奖励函数和专家轨迹的先验知识和信息已经存在，但人们尚未探讨如何将

---

① 求鞍点的方法。

245

它们高效引入的形式化问题。对此，2007年的文献［79］首次公开了引入贝叶斯统计学概念的IRL（Bayesian IRL），它和非参量IRL的同步研究受到人们的关注。使用贝叶斯统计学的优点是，即使随机模型由于反映先验知识而变得更加复杂，仍然可以使用近似的解决方法，如MCMC（Markov Chain Monte Carlo methods，马尔可夫链蒙特卡罗法）来估计。

上文介绍的IRL的奖励函数大多以$f(\phi, \theta) = \theta^T \phi$，或在神经网络中以$f(\phi, \theta) = f_1(f_2\{\cdots[f_n(\phi, \theta_n), \cdots]\theta_2\}, \theta_1)$等特征矢量和参数进行描述。所以无法综合处理图9.26中各个状态的同时概率分布等知识。

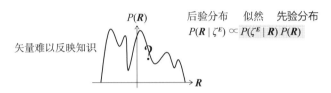

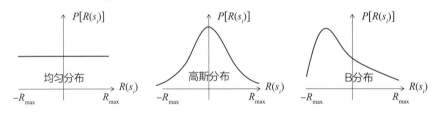

图9.26　向奖励函数引入先验知识

相反，在Bayesian IRL中，奖励的后验分布$P(R \mid \zeta^E)$是由奖励R的先验分布$P(R)$通过式（9.91）计算似然来获得。其中，通过式（9.92）更新状态s_i、动作a_i和专家轨迹ζ^E的似然，令与专家轨迹动作相同的Q值越大，似然越大。

$$P(R \mid \zeta^E) = \frac{P(\zeta^E \mid R) P(R)}{P(\zeta^E)} \propto P(\zeta^E \mid R) P(R) \tag{9.91}$$

$$
\begin{aligned}
P(a_i \mid s_i, R) &= \frac{\exp(Q^{\pi^*(s_i, a_i, R)})}{\sum_{b \in \mathcal{A}} \exp(Q^{\pi^*(s_i, b, R)})} \\
P(\zeta^E \mid R) &= \prod_{i \in \zeta^E} \frac{\exp(Q^{\pi^*(s_i, a_i, R)})}{\sum_{b \in \mathcal{A}} \exp(Q^{\pi^*(s_i, b, R)})}
\end{aligned}
\tag{9.92}
$$

在既有的Baysian IRL中引入的先验知识见表9.2。从表中可知，可以引入的先验知识包括专家轨迹和环境特性。

表 9.2　先验知识和估测对象

既有研究	先验知识	推算对象
Levine[68] Choi[56] Michini[73]	专家轨迹 ζ^E 的非线性	・非线性奖励函数 ・非线性奖励函数（理论积） ・子目标的数量，存在子目标的状态
Choi[55]	同时存在异种专家轨迹 ζ^{Ei}	・专家类型数 ・各个专家的奖励函数
Surana[86]	环境是非 MDP	・sMDP 中的 MDP 数 ・各个 MDP 之间的迁移概率

Bayesian IRL的基础论文[54]中将贝叶斯后验概率最大值（maximum a posteriori，MAP）定义为式（9.93），可以用式（9.94）的梯度计算使概率最大的奖励。

$$\boldsymbol{R}_{\mathrm{MAP}} = \underset{\boldsymbol{R}}{\arg\max}\, P(\boldsymbol{R}\,|\zeta^E) = \underset{\boldsymbol{R}}{\arg\max}\, \log P(\boldsymbol{R}\,|\zeta^E)$$
$$= \underset{\boldsymbol{R}}{\arg\max}\,[\log P(\zeta^E|\boldsymbol{R}) + \log P(\boldsymbol{R})] \tag{9.93}$$

$$R_{\mathrm{new}} \leftarrow \boldsymbol{R} + \delta_t \nabla_R P(\boldsymbol{R}\,|\zeta^E) \tag{9.94}$$

式（9.93）将后验概率分为对已知数据的适合度（似然）项和正则化项，指出2010年以前的IRL根据目标问题设定为两项，见表9.3。

表 9.3　以往的 IRL 中假设的适合度和正则化项

（选自Choi, J., Kim, K.E. MAP Inference for Bayesian Inverse Reinforcement Learning, NIPS, 2011: 1-9）

既有研究	似然 $\log P(\zeta^E|\boldsymbol{R})$	正则化项 $\log P(P)$
Ng[77]	$\hat{V}^{\zeta^E}(\boldsymbol{R}) - V^*(\boldsymbol{R})$	均匀分布
Ratliff[80]	$[\hat{V}^{\zeta^E}(\boldsymbol{R}) - V^*(\boldsymbol{R})]^q$	高斯分布
Syed[89]	$\min_i (V_i^{\pi^*}(\boldsymbol{R}) - \hat{V}_i^{\zeta^E})$	均匀分布
Neu[76]	$-\sum_{s,a} \hat{\mu}_E(s)[J(s,a:\boldsymbol{R}) - \hat{\pi}_E(s,a)]^2$	均匀分布

9.5.5 总　结

本节列举奖励设计法中逆向强化学习面临的三个问题，并介绍了针对各个问题的研究。

第一个不适定问题相当于师徒关系，同一个师傅能教出各种各样的徒弟，发人深思。但是从机器人学习等工程角度来看，获得正确且高速的策略迫在眉睫。

对于第二个和第三个问题，人无需花费太多时间就可以轻松引入先验知识，今后也必将出现新的提议。

　　本章从强化学习的奖励设计难点出发，概述了逆向强化学习，但是使用逆向强化学习无法脱离（与强化学习相同）状态空间的设计。现状是许多研究在识别部分都采用深度学习，没有采用人可以理解的知识形式提取特征量。显然，如果徒弟能够准确把握师傅的动作在"什么状态"下执行，也就能够准确提取特征，能够获得准确且高速的策略。相关研究以FIRL（feature construction for IRL，IRL的特征构建）[56, 67] 为代表，交替更新特征空间和奖励函数。

第10章
深度学习的技能

本章主要介绍从全连接网络到现代大规模网络，即神经网络的常见调整，以及深度学习使用的资料库。本章探讨的调整指的是网络结构和超参数的调整。学习模型的性能受到网络结构和超参数的影响，所以通过调整来正确设定尤为重要。

10.1 深度学习和调整

神经网络的现场调整需要用到未经验证或理论化的技能和传统工艺。本节根据现场获得的经验知识，对作为方法论的技能进行总结性、系统性说明。其中，超参数指的是学习之前预先设定的参数，区别于学习过程中学习模型决定的权重等参数。

为了讲解这类技能，并使读者充分体会神经网络的行为，本章以简单的全连接网络为例，通过谷歌公司提供的网络学习工具"tensorflow playground"（下文中简称为"playground"）讲解各个超参数的设计、调整方针[①]。

2021年3月以来，playground不描述源代码，是一种将全连接网络从设计到调整的整个过程进行图像可视化的工具，包括人工神经网络的行为等细节。此外，playground不同于深度学习框架资料库"tensorflow library"，是深度学习中行为学习的专用网站。

在搜索引擎中输入"tensorflow playground"可以搜索到tensorflow playground的官方网站，用JavaScript制成。推荐浏览器是谷歌公司的Google Chrome[②]。

此外，本章还会介绍未经理论化、本章笔者基于实务经验总结的技能。

进入playground的官方网站，屏幕上会出现人工神经通过线段相连的状态，如图10.1所示。点击画面的组成部分可以指定动作或变更设定。将鼠标滑到指定位置，画面还会弹出人工神经之间的连接强度等状态说明。

此外还可以操作、设定playground的各个画面要素，也就是调整，其概要如图10.2所示。

[①]【本章内容的备注】
- 使用 playground 的学习方法均基于本章笔者的经验，并非一般社团法人、机器人学会的推荐内容。
- 通常根据面向开发、个人、业务用途等不同的使用形式，API 和程序的使用条件也不同。建议提前确认使用条件。
- 运行 playground 时的行为使用随机数，每次都不同，结果可能与本章的讲解内容不同。
- playground 不由本章的笔者、本书编辑和出版社管理和运营。为了便于本章读者实践，本章的笔者、本书编辑和出版社已尽可能加以验证，但是 playground 更新和网页浏览器升级可能导致本章的部分内容不符合预期。
- 本章的笔者事先在 playground 进行了用于验证本章示例的设定，该状态下的地址总结已上传至下面的网站中（2021 年 4 月到现在）。
  https://www.singular-technologies.com/BookRef01/
[②] Internet Explorer 与 JavaScript 不兼容，可能无法正常工作。

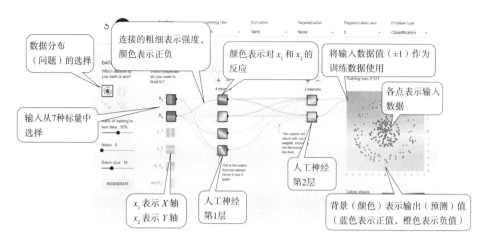

图10.1　playground的工作和显示

[学习输入数据点的坐标用x_1和x_2表示。坐标值范围为–6到+6，作为网络输入。各个数据点值取–1到+1，作为网络输出的训练数据（目标值）]

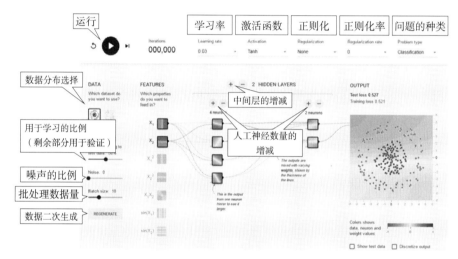

图10.2　playground的操作

即便是复杂且具有高性能的神经网络，也是由极为简单的人工神经组成的。通过大规模分级组合人工神经，就能够实现具有复杂结构的各种识别，甚至是自动驾驶所需的功能。

如其他章节所述，目前较成熟的神经网络已经问世，并且得到了各种实际应用。这类神经网络可以直接作为功能模块使用，无需调整也完全具备实用性。

但超过该范围的新型神经网络结构或识别各种特征量的全连接网络等的处理仍然需要在考虑到每个人工神经动作的前提下进行调整。

虽然每个人工神经的动作都可以用简单的积和运算和出口的激活函数表述为准确的运算，而且学习方法也有许多种优化算法，但是动作的表述在算式上是准确的。深度学习中存在大量人工神经，想要查明各种输入对应的人工神经行为几乎是不可能的，这就是深度学习模型的"黑箱"问题。

理论性研究难以对上述问题进行调整，常常需要依赖经验和直觉。下一节将围绕这些问题讲解深度学习。

10.2　深度学习的设计方针

大多数情况下，图像识别和物体探测等自动驾驶相关的神经网络通常可以以已知的结构或超参数为标准。而使用分类特征量等全连接网络时，开发者本人需要根据处理数据的种类决定神经网络的结构和超参数。本节以该情况为例讲解深度学习的设计方针。

10.2.1　输入数据的选择

可输入的数据固定时，没有调整余地，但根据本章笔者的经验，不管在全连接网络中输入什么数据，都有两个设计方向（原则）。

第一种是尽可能向神经网络输入未经过人为预处理的数据的原则。这是因为对于神经网络的自发特征获取来说，除了最小的预处理之外，不需要任何人工操作，这是可取的。

另一种，就像工厂车间的精雕细琢，在表示现象特征的特征量算式已知的情况下，不输入原始数据，而是将原始数据和特征量一起输入神经网络的原则。

这两种原则各有道理，本章笔者曾多次见过采用后者的项目，积极运用已知的特征量算式，获得了极好的结果。

具体示例如进行面部识别时，以简单的像素集合进行处理，或者如现有的面部识别系统，用直线连接眼角、口部两端和鼻子顶点等面部元素，将线段之间的角度作为特征量来处理。

10.2.2　中间层的选择

全连接网络结构以含中间层（一层隐藏层）的三层结构为标准。如果处理的数据具有等级特征量，也会出现两层隐藏层的结构，但是本章笔者在实际应用中未使用过更高层数。其中，中间层的正确选择需要将图像识别中使用的深度学习模型的全连接保持至最终部分，AlexNet[1]或VGGNet[2]模型是2层，ResNet[3]是1层。

中间层人工神经数量的确定方法也是一个问题。虽然没有定量求人工神经数量的通用方法，但是根据本章笔者的经验，输入层下一层的人工神经至少是输入层的两倍以上，输出层上一层的人工神经至少是输出层的两倍以上。中间层只有一层时选用大数。

倍数虽然超过2倍，但是5倍以上仍无法达到效果的情况也十分多见。即使有多余的人工神经，增加了运算量，减缓了收敛，也不影响最终获得的精度。

在playground输入多种特征量，以薄（浅）层构建的工作实例如图10.3所示。图中的FEATURES中输入了X_1到$\sin X_2$的七种特征量，设中间层（图中的HIDDEN LAYER）的厚度为1。同样，输入简单的特征量，使层数具有厚度（深度）的示例如图10.4所示，多种特征量和具有厚度的深中间层组合的示例如图10.5所示。

在playground中，可以在视觉上确认人工神经及其连接状态变化的同时进行这种实验。强烈推荐读者主动尝试各种设定并比较其中的差别。

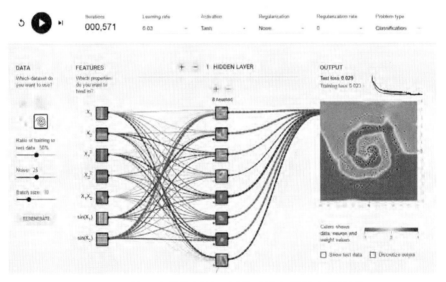

图10.3　输入多种特征量，用薄（浅）层构建的情况

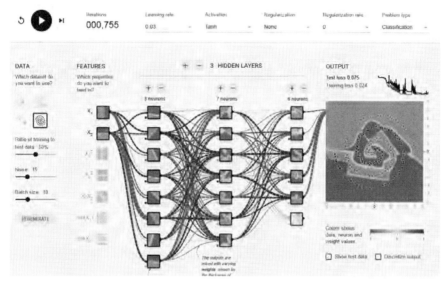

图10.4 仅输入简单的特征量，使层数具有厚度（深度）的情况

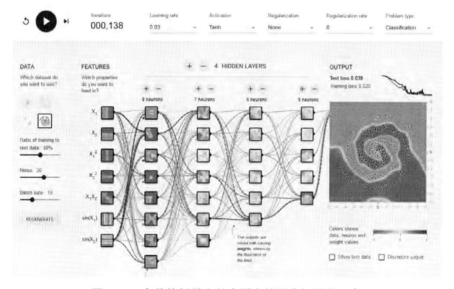

图10.5 多种特征量和具有厚度的深中间层的组合

10.3 以全连接网络为例讲解调整方法

神经网络的基本结构如上文所述，接下来需要解决的问题是如何快速、高精度收敛学习。基本上，有厚度的深中间层能够获得多种描述力，层数增加后，运算量以指数级别增大，收敛也会相应变慢。为了解决这个问题，我们需要调整超参数。

10.3.1　学习率和优化算法

首先解决学习率问题。学习率是每次学习中参数的更新量，学习率越大，学习速度越快，但如果学习率过大，学习就不会收敛。根据本章笔者的经验，双曲正切组成的全连接网络学习率多以0.03为主，范围大多为0.01～0.1。选择哪种优化算法尚没有定论，本章笔者通常先观察SGD的情况，如果不理想就换为Adam。

10.3.2　激活函数和正则化

对于激活函数，softplus和ReLU通过使正值端在最大值处不饱和，以更大的误差反向传播调整权重系数，可以使学习快速收敛。但是使用上述函数可能出现变化过大、无法收敛的振动现象，或少数节点间出现连接过大、精度降低的现象。

正则化指的是在调整权重系数时，离零点越远，越能够通过一次或二次函数使权重向零点压缩数值。含一次函数的L1正则化和含二次函数的L2正则化都对抑制过度学习有效，L1正则化用于想要使部分权重系数归零（减少参数量）的情况。L1正则化和L2正则化各个函数的图形如图10.6所示。

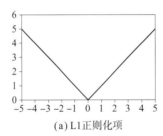
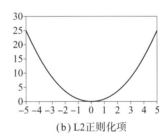

(a) L1正则化项　　　　　　　(b) L2正则化项

图10.6　L1正则化项和L2正则化项

用playground执行正则化时如图10.7所示。

10.3.3　样本数和收敛性

误差反向传播并非在输入每组数据时运行，而是综合反映赋予多组数据时的修正值，这就是批（batch）处理的概念。

批处理的目的是防止不同数据造成修正不稳定，这种办法通常会减少误差反向传播的次数，要想减少运行时间就需要较大的样本数。但是样本数过大又会引发副作用，使得每次学习偏差过小，无法脱离局部最优解。

本章笔者通常在全连接网络中设样本数为整个数据的1/10～1/30，ResNet等层厚较大、有深度的模型虽然也依赖GPU，但不会超过100。

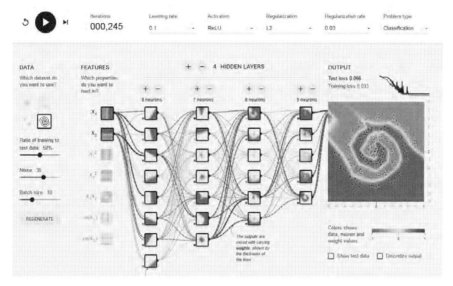

图10.7　正则化

[正则化则可以缩小权重，线变细。使用ReLU时输出值大于0，所以中间层只显示蓝色（实际画面）]

为了修正实际投入使用的系统故障，可以将数据的样本数降到最小，进行追加学习。本章笔者认为，这时如果仅学习引发故障的数据，极有可能引起过度学习，所以应该通过添加噪声来进行数据增量。

图10.8中的示例表明将样本数（图中左中位置的样本数）增加到30并确认收敛性（图中右上的测试集损失值，test loss）。

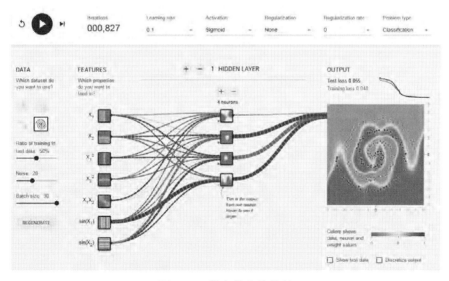

图10.8　样本数和收敛性

10.3.4　制作学习数据的技能

神经网络的表现能力极强，容易引起过度学习。过度学习会导致生成只针对学习数据的学习模型，降低对学习之外的数据的推断性。因此，需要额外提供不输入学习的验证数据，始终区分学习和验证数据，防止过度学习。具体来说，就是将所有数据分成两部分。本章笔者经常采用的比例是学习：验证为 3：7～4：6。

但是在工厂车间获取数据时，有大量合格产品的数据，但是由于不生产次品，所以次品的数据极少。即便想要向学习输入次品数据，从过度学习的角度来说也不可取。

包括上述情况在内，一般有望通过输入数据增量（也叫兑水），提高学习时的精度和现场数据的通用性，虽然数据过多，但十分有效。增量是在数据中增加噪声，直接增加正规分布的噪声，切割二维图像，向歪曲等变形、旋转、亮度等添加噪声，进行动态范围的转换、扩大、缩小等多种操作，这样就可以简单地增加数据量。

添加噪声能够带来多种性能提升效果，代表示例如下：

（1）能够防止依赖学习数据的过度学习。

（2）能够使数据群的分离曲线贴合地更加圆滑。

（3）能够学习难以入手或现实中极少发生的极端现象。

所有这些都是在神经网络训练过程中无法获得的，而在现场的实地评价过程中变得很明显。

在playground中添加噪声的实验效果如图10.9所示。

10.3.5　学习曲线

基于上述内容，列举学习时能够获得的典型学习曲线的分析及应对方法。

首先，学习极其顺利的学习曲线如图10.10所示。训练损失（灰色曲线表示学习时的损失）和测试损失（黑色曲线表示验证时的损失）同时单调减少，学习最终阶段曲线趋于直线，这时可以认为学习顺利收敛。

图10.11的学习过程中，学习曲线略有波动，最后趋于直线，可以认为顺利通过了产生局部解的部分，学习得到充分收敛。

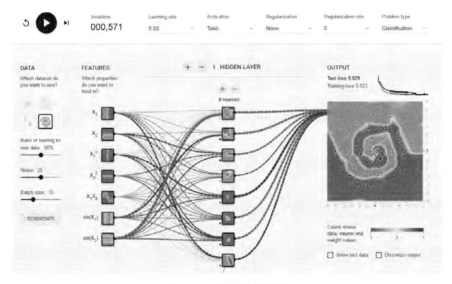

图10.9　噪声和稳固性

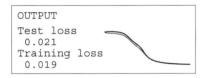

图10.10　顺利的学习

图10.11　顺利的学习（中途通过局部解的情况）

图10.12的学习曲线波动比图10.11强烈，最终趋于稳定。由于测试损失略高，出现过度学习的倾向，但这种程度仍可以认为是顺利收敛。

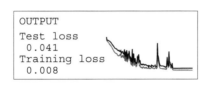

图10.12　顺利的学习（略有过度学习倾向）

图10.13显示了测试损失最终没有下降的情况。在这种情况下，测试损失的收敛程度要高于训练损失。由于只有训练数据显示出良好的性能，这个例子可以被看作过度学习的倾向。此外，虽然这是现实中经常遇到的模式，但曲线并没有从训练中期开始逐渐减少，而是变得平缓，这也表明了数据不足的趋势。

图10.13　过度学习和数据不足的倾向

图10.14表示学习不足。这一示例中，训练损失和测试损失均持续单调减少，曲线不趋于直线。继续学习下去可能会导致两种损失过低，是明显的学习不足。

图10.14　学习不足的倾向

图10.15表示极端过度学习。训练损失偏低，但是测试损失完全没有下降趋势。表示某种原因引起了过度学习。

图10.16表示较为现实的过度学习示例。从训练中期开始，测试损失反而增加，随后趋于稳定。稳定时的测试损失居高不下，可以判断为某种原因引发了过度学习。

图10.15　极端过度学习的倾向

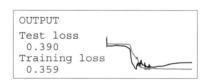

图10.16　常见的过度学习倾向

此外，图10.17中，明明已经多次反复学习，但是仍然可判断为学习率过低。判断的关键在于训练损失的斜率较小。同时从单调减少也可以看出，提高学习率有望加快收敛。

图10.18表示学习率过大的情况，与图10.17相反。从训练中期开始，测试损失和训练损失维持高值不变。这时可以尝试降低学习率，观察动作变化。

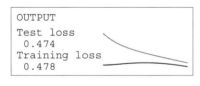

图10.17　学习率过小的倾向

图10.18　学习率过大的倾向

图10.19表示无法脱离局部解的情况。测试损失和训练损失高低反复变化，未表现出收敛的倾向。数据量较少时也会出现这种情况，但如果数据量充足，为了脱离局部解，可以略微增加学习率，尝试不同的优化算法。

图10.20表示一度陷入局部解，又从中脱离出来的情况。可以看出学习曲线的波动得以缓和，且最终损失很低。

图10.19 陷入局部解的情况

图10.20 脱离局部解的情况

10.3.6 总 结

综上所述，大规模神经网络的超参数调整无法避免高难度的动作解读，但至少可以通过观察、推测学习过程中的内部反应，作出下一步的应对措施。

换句话说，仅凭学习曲线无法全面观测内部工作。本章笔者认为，不能过于依赖学习曲线，应该始终努力实现可视化。

图10.21的示例中，ResNet学习如何根据牛肉饭图像推测制作牛肉饭的连锁店名，用局部可理解的与模型无关的解释技术LIME（local interpretable model-agnostic explanations，局部可解释性模型算法）[1, 2]对ResNet进行可视化处理。该学习模型能够根据图像以高于95%的精度推测连锁店名，将LIME未注视的部分涂灰后发现，LIME注视的并不是食材部分，而是碗的图案。

(a) 原 图

(b) LIME处理结果
（LIME未注视的部分没有图像）

图10.21 LIME的可视化图例

10.4 深度学习资料库的比较

为了更加简便地实现深度学习，我们通常使用深度学习资料库。深度学习资料库与数年前相比，经历了激烈的优胜劣汰，不仅包含资料库问世初期的TensorFlow、Torch、Chainer、Caffe等多种资料库，还包含Keras等在资料库基础上运行的高级别库。为了从中选择适宜的资料库，我们必须了解这些资料库的优缺点。本节将介绍上述资料库的共同点和各自的特征，包括实际的编码实例。

10.4.1　实现比较

深度学习资料库的主要作用是提供GPGPU资料库功能，自动生成并执行反向传播。

使用上述资料库，用户无需进行CUDA编程（GPU编程），只需写出正向传播的程序就能够自动生成误差反向传播[①]的程序。

用户无需特别了解资料库的内容，TensorFlow1.0和Theano以Symbol-to-Symbol法（define-by-run）实现，事先编译正向传播描述。这使得资料库具有高度的灵活性，原理上支持高速工作，但同时资料库的实现难度较高。

另一方面，Caffe、PyTorch（Torch、Chainer）和TensorFlow自2.0以来一直以Symbol-to-Number法（Define-by-run）实现。这种方法是通过在变量对象中嵌入反向错误传播来实现的，因此，在执行过程中神经网络结构发生变化的表达式基本上是可以接受的。

10.4.2　各种深度学习资料库

在深度学习资料库中实现神经网络大致需要以下三个步骤。

（1）神经网络结构的描述。描述全连接网络的层数、节点数、CNN、RNN等神经网络结构。

（2）指定优化算法。确定使用的优化算法，指定超参数值。

（3）制作优化循环，决定学习次数和测试时机等。同时描述学习后的权重系数、数据等的读取，添加噪声等预处理，以及将学习后的权重系数写入文件等。

下面介绍用各种库实现图10.22所示传感器界面中状态的概念性源代码。

图10.22的示例根据二维平面上分布的含有正负值的点群（图中左边的DATA），按照橙色和蓝色格子形状（图中右边的OUTPUT）4)的分散图案进行学习，输入（FEATURES）取X_1坐标和X_2坐标两个值，隐藏层（HIDDEN LAYER）是第一层4个神经，第二层2个神经的全连接网络。将该样本问题编码后形成下面的源代码。

---

① 指从神经网络的输出向输入传播各人工神经之间的新权重，与误差反向传播的含义相同。

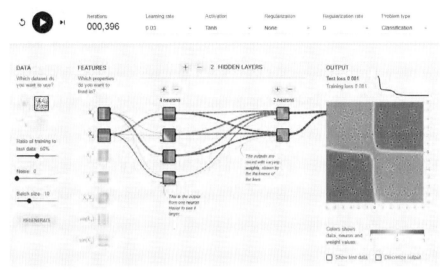

图10.22　样本问题

1. TensorFlow源代码

TensorFlow的源代码见程序10.1。TensorFlow为了用Python描述，一开始就输入所需的资料库。

程序10.1　TensorFlow资料库的输入

```
import tensorflow as tf
import numpy as np
```

接下来描述神经网络结构（见程序10.2）。

程序10.2　TensorFlow的神经网络结构

```
# 定义数据的输入输出变量
# shape的none表示可以输入任意尺寸的batch

x = tf.placeholder("float", shape=[None, 2])
y_ = tf.placeholder("float", shape=[None, 1]) #（y_用于避免名称冲突）

# 定义权重、偏置等信息
# 用随机数将变量初始化，variable表示可以学习的变数

def weight_variable(shape):
    return tf.Variable(tf.random_normal(shape))
def bias_variable(shape):
    return tf.Variable(tf.random_normal(shape))
```

```
# 将应该学习的权重和偏置定义为变数

W1, b1 = weight_variable([2, 4]), bias_variable([4])
W2, b2 = weight_variable([4, 2]), bias_variable([2])
W3, b3 = weight_variable([2, 1]), bias_variable([1])


# 定义网络结构
# matmul表示矩阵积，执行与矢量内积相同的操作
# 通过叠加偏置表示线性变换（全连接）

h1 = tf.nn.tanh(tf.add(tf.matmul(x, W1) ,b1)) #input -> hidden1
h2 = tf.nn.tanh(tf.add(tf.matmul(h1, W2) ,b2)) #hidden1 -> hidden2
y = tf.nn.tanh(tf.add(tf.matmul(h2, W3),b3)) #hidden2 -> output
```

描述网络结构之后要指定优化算法（见程序10.3）。名称和参数的含义请参考使用版本的说明。

程序10.3　TensorFlow优化算法

```
# 表示最小二乘误差

loss = tf.reduce_mean(tf.pow(y_ - y,2))

# 指定优化算法和优化对象的损失函数

optimizer = tf.train.GradientDescentOptimizer(0.01).minimize(loss)
```

最后，见程序10.4，制作优化循环。制作训练数据和随机数的初始化采用配合playground问题的编码。通常从外部读取学习数据。此外，需要随时保存学习结果，否则学习结果会消失。

程序10.4　TensorFlow优化循环

```
# 训练数据的制作、输入

train_data = np.empty((10,2))
out_data = np.empty((10,1))

# 优化循环的制作，TensorFlow的学习以session单位进行

sess = tf.Session(config=config)
init = tf.initialize_all_variables()
```

```
# 初始化

sess.run(init)
for i in range(5000):
  for num in range(10):  #第一维度表示batch
    x_train = 1 - 2 * np.random.rand()
    y_train = 1 - 2 * np.random.rand()
    out = 1
    if x_train*y_train < 0:
      out = -1
    train_data[num][0] = x_train
    train_data[num][1] = y_train
    out_data[num][0] = out
  y_, c = sess.run([optimizer,loss], feed_dict = {x: train_data, y_: out_data})
  print(i, c)
```

2. Keras源代码

Keras源代码如下所示。Keras是在TensorFlow和Theano等资料库基础上运行的高级别资料库。下列源代码在Theano上运行，但在TensorFlow中也没有太大差别。

首先从资料库的输入开始描述，见程序10.5。

程序10.5 Keras资料库的输入

```
from keras.models import Sequential
from keras.layers import Dense, Activation
from keras.optimizers import SGD
import numpy as np
```

然后与TensorFlow同样描述网络结构，见程序10.6。此时按照源代码的顺序定义、连接变数和层间结合，即序贯描述，比TensorFLow更加简洁。

程序10.6 Keras网络结构

```
# sequential表示从输入端顺次累积模块

model = Sequential()

# 用add法累积
# Dense表示全连接，只对输入端的第一层指定input和output的维度

model.add(Dense(output_dim=4, input_dim=2))
```

```
model.add(Activation("tanh"))

# 输入端的维度不言自明, 因此只设定输出端的维度

model.add(Dense(output_dim=2))
model.add(Activation("tanh"))
model.add(Dense(output_dim=1))
model.add(Activation("tanh"))
```

优化方法的指定和数据制作形式基本与TensorFlow相同, 见程序10.7。

程序10.7　Keras优化算法

```
# 进行编译操作 ( keras将symbol-to-symble资料库作为后端 )
# nesterov指的是Nesterov Momentum

model.compile(loss='mse', optimizer=SGD(lr=0.01, momentum=0.0,
                                        nesterov=False))

# 训练数据的制作、输入

train_data = np.empty((5000,2))
out_data = np.empty((5000,1))

for num in range(5000):

  x_train = 1 - 2*np.random.rand()
  y_train = 1 - 2*np.random.rand()
  out = 1

  if x_train*y_train < 0:
    out = -1
  train_data[num][0] = x_train #第一维度表示batch
  train_data[num][1] = y_train
  out_data[num][0] = out
```

最后在指定超参数的同时指定优化循环, 见程序10.8。

程序10.8　Keras优化循环

```
# 以整套学习往复

model.fit(train_data, out_data, nb_epoch=50, batch_size=10)
```

3. Torch源代码

Torch也可以用Python语言描述，此处介绍Lua语言的编码示例。Lua是能够进行压缩描述的脚本语言，也常被用于游戏和车载设备。此外，Torch本身在Facebook中与后文中介绍的Chainer、Caffe共同组成PyTorch。

Lua的编码也根据源代码结构从所需的资料库输入开始描述（见程序10.9）。

程序10.9　Torch资料库输入

```
require "nn"
```

随后进行网络结构的描述，与Keras同样采取序贯描述（见程序10.10）。

程序10.10　Torch的神经网络结构

```
# 定义数据输入变量

data = torch.Tensor(10,2)
label = torch.Tensor(10,1)

test_data = torch.Tensor(10,2)
test_label = torch.Tensor(10,1)

# 指定网络结构
# sequential表示顺次使用add法补充模块

net = nn.Sequential();

# 表示线性变换（等价于全连接）

net:add(nn.Linear(2,4))

net:add(nn.Tanh())
net:add(nn.Linear(4,2))
net:add(nn.Tanh())
net:add(nn.Linear(2,1))
net:add(nn.Tanh())

# 指定最小二乘误差为损失函数

criterion = nn.MSECriterion()
```

　　然后制作训练数据，见程序10.11。该示例与TensorFlow和Torch不同，是在
定义网络结构之后描述。

程序10.11　制作Torch训练数据

```
for i = 1,500 do
  for b = 1,10 do #第一维度表示batch
  data[b][1] = 1 - 2*torch.rand(1)
  data[b][2] = 1 - 2*torch.rand(1)
  label[b][1] = 1
  if(data[b][1]*data[b][2] < 0)then
    label[b][1] = -1
  end
  test_data[b][1] = 1 - 2*torch.rand(1)
  test_data[b][2] = 1 - 2*torch.rand(1)
  test_label[b][1] = 1
  if(test_data[b][1]*test_data[b][2] < 0)then
    test_label[b][1] = -1
  end
end
```

　　最后，在指定优化方法之后进行实际的学习（见程序10.12）。

程序10.12　Torch优化算法

```
# 制作优化算法
pred = net:forward(data) #进行正向传播
loss = criterion:forward(pred, label) #计算损失值（输出专用）
net:zeroGradParameters() #保存在网络中的梯度归零
# 比较网络输出和标签输出，重新计算损失
# 计算用于反向传播的梯度
grad = criterion:backward(net.output, label)
# 计算反向传播的函数最终在输入端被输出的梯度
net:backward(data, grad)
# 修正网络权重
net:updateParameters(0.01)
print("train_loss:", i*10, loss)
end
```

4. Chainer源代码

　　Chainer是日本（株）Preferred Networks制作的资料库，于2017年由
TensorFlow率先发布。当时资料库中的日语资料比较丰富，所以在日本国内得

到频繁使用，但于2019年末进入维护阶段。现在与上文中的Torch、Caffe2被Facebook合成为PyTorch。

　　Chainer具有基类的面向对象程序特征。所以编码时首先输入资料库，见程序10.13，但要根据所需的不同功能类别来输入。

程序10.13　Chainer资料库的输入

```
import numpy as np
import chainer
from chainer import Function, gradient_check, report, training, utils,
    Variable
from chainer import datasets, iterators, optimizers, serializers
from chainer import Link, Chain, ChainList
import chainer.functions as F
import chainer.links as L
from chainer.training import extensions
```

　　与其他资料库不同，Chainer需要按类别描述网络结构，具体代码见程序10.14。

程序10.14　Chainer网络结构

```
# chainer习惯为网络创建类别，在类别内定义网络结构
# 该操作不是必须的，也可以采用固定的网络结构

class MyChain(Chain):
  def __init__(self):
    super(MyChain,self).__init__(

# Link class中存有可以学习的函数
# 具体储存连接部分
# Linear直译为线性变换（等价于全连接网络）

      l1=L.Linear(2, 4),
      l2=L.Linear(4, 2),
      l3=L.Linear(2, 1))
  def __call__(self, x_data,y_data):

# x和t是place holder变数，一次性储存输入数据

      x, t = Variable(x_data), Variable(y_data)
```

```
# Function类别储存无法学习的函数

    h1 = F.tanh(self.l1(x))
    h2 = F.tanh(self.l2(h1))
    y = F.tanh(self.l3(h2))

# meah_squared_error表示最小二乘误差
return F.mean_squared_error(y,t)
```

Chainer要求类别和方法使用__main__，__init__等特定名称，见程序10.15。

程序10.15　Chainer的优化算法

```
if __name__ == "__main__":
  model = MyChain()
# 优化算法的选择
# SGD是Stochastic Gradient Descent（概率性梯度下降法）的缩写
  optimizer = optimizers.SGD(lr=0.01)
# 在优化求解器中储存网络
  optimizer.setup(model)
```

完成类别定义后，就可以像其他资料库一样编码了，见程序10.16。

程序10.16　Chainer的优化循环

```
# 训练数据的制作、输入
train_batch_np = np.empty((10,2),dtype=np.float32)
out_batch_np = np.empty((10,1),dtype=np.float32)
for iter in range(1,5000):
# 通常第一行数字表示batch号码
# 当数据的维度大于网络输入大1，则自动以批处理模式学习
  for i in range(0,10):
    x_train = 1.0 - 2.0*np.random.rand()
    y_train = 1.0 - 2.0*np.random.rand()
    out = 1
    if x_train*y_train < 0:
      out = -1
    train_batch_np[i][0] = x_train
    train_batch_np[i][1] = y_train
    out_batch_np[i][0] = out
# 描述优化步骤
model.zerograds() #网络中储存的梯度归零
  loss = model(train_batch_np,out_batch_np) #进行正向传播
```

```
loss.backward() #进行反向传播
optimizer.update() #修正参数值
print(iter,loss.data)
```

5. Caffe源代码

与其他资料库不同，Caffe专门用于图像识别。其特征表现在各个方面，Caffe在运行数据时生成的是非常"HACK（棘手的）"的编码，所以下述代码中不会动态生成文本数据，而是通过从外部读取制作完成的数据库的形式来描述。代码无法单独运行，只能展示整体结构。

以往介绍的其他资料库的编码示例都是单个文件结构，而Caffe将网络结构定义文件和超参数定义文件作为单独的文件夹描述。最终出现下述6个文件，见程序10.17的编码示例。

（1）网络结构定义文件：caffe_sample_net.prototxt。

（2）超参数定义文件：caffe_sample_solver.prototxt。

（3）学习数据：input_train_lmdb。

（4）验证数据：input_test_lmdb。

（5）学习标签定义：label_train_lmdb。

（6）验证标签定义：label_test_lmdb。

程序10.17　Caffe的结构定义（输入层的定义）[①]

```
# 学习数据定义

layer {
  name: "input"
  type: "Data"
  top: "input"
  include {
    phase: TRAIN
  }
  data_param {
    source: "input_train_lmdb"
    batch_size: 10
```

---

① 下述代码不会动态生成验证数据，而是通过从外部读取制作完成的数据库的形式来描述。而且Caffe分别描述网络结构定义文件"caffe_sample_net.prototxt"和超参数定义文件"caffe_sample_solver.prototxt"。

```
    backend: LMDB
  }
}

# 验证数据定义

layer {
  name: "input"
  type:"Data"
  top: "input"
  include {
    phase: TEST
  }
  data_param {
    source: "input_test_lmdb"
    batch_size: 10
    backend: LMDB
  }
}

# 学习标签定义

layer {
  name: "label"
  type: "Data"
  top: "label"
  include {
    phase: TRAIN
  }
  data_param {
    source: "label_train_lmdb"
    batch_size: 10
    backend: LMDB
  }
}

# 验证标签定义
layer {
  name: "label"
  type: "Data"
  top: "label"
  include {
```

```
     phase: TEST
   }
 data_param {
     source: "label_test_lmdb"
     batch_size: 10
     backend: LMDB
   }
}
```

下述代码不会动态生成验证数据，而是通过从外部读取制作完成的数据库的形式来描述。Caffe分别描述网络结构定义文件"caffe_sample_net.prototxt"和超参数定义文件"caffe_sample_solver.prototxt"。

Caffe的网络结构定义是以层来描述的编码，见程序10.18。

程序10.18　Caffe的网络结构定义

```
layer {
  name: "inner1"
  type: "InnerProduct"
  bottom: "input"
  top: "inner1"
    inner_product_param {
    num_output: 4
    }
}
layer {
  name:"hidden1"
  type:"Tanh"
  bottom:"inner1"
  top:"hidden1"
}

layer {
  name:"inner2"
  type:"Innerproduct"
  bottom:"hidden1"
  top: "inner2"
  inner_product_param {
  num_output: 2
  }
}
layer {
```

```
  name:"hidden2"
  type:"Tanh"
  bottom:"inner2"
  top:"hidden2"
}

layer {
  name:"inner3"
  type:"Innerproduct"
  bottom:"hidden2"
  top: "inner3"
  inner_product_param {
  num_output: 1
  }
}
layer {
  name:"output"
  type:"Tanh"
  bottom:"inner3"
  top:"output"
}
```

Caffe中的损失函数也是以层来描述的编码，见程序10.19。

程序10.19　Caffe的结构定义（指定损失函数）

```
layer {
  name: "loss"
  type: "EuclideanLoss"
  bottom: "output"
  bottom: "label"
  top: "loss"
}
```

上述编码示例中，程序10.17、程序10.18和程序10.19汇总为一个网络结构定义文件"caffe_sample_net.prototxt"。除此以外，Caffe还将需要调整的参数准备成一个单独的文件，见程序10.20。在该文件中指定结构定义文件就可以组成整体。

程序10.20　Caffe的超参数定义

```
# 优化算法和优化参数的指定
```

```
net: "caffe_sample_net.prototxt"
solver_type: SGD
base_lr: 0.01
lr_policy: "fixed"
max_iter: 25000
momentum: 0.0
```

6. 总　论

综上所述，从各种资料库的实现中可以看出，与庞大的处理量相比，实现神经网络的代码行数并不多。也就是说，神经网络的复杂性与代码的行数无关。

换句话说，开发深度学习神经网络所需的时间无法用程序步数表示。这意味着以往开发日程管理中使用的KPI（key performance indicators）指标，在根据代码行数计算工时的情况不起作用，需要多加注意。

此外，代码量小也意味着资料库之间的移植难度低。所以实验学习环境和实际工作环境完全可以在不同的资料库和装置中运行。

除样本评论之外，代码的行数见表10.1，仅供参考。

表 10.1　各个资料库样本代码行数的比较

（LMDB：Caffe的输入中使用的数据库文件）

资料库	样本程序行数
TensorFlow	48
Keras	31
Torch	51
Chainer	53
Caffe	104+6+LMDB

参考文献

第1章

［1］ Bohren, J., Foote, T., Keller, J., Kushleyev, A., Lee, D., Stewart, A., Vernaza, P., Derenick, J., Spletzer, J., Satterfield, B. The Ben Franklin Racing Team's Entry in the 2007 DARPA Urban Challenge, J. Field Robot, 2008, 25(9): 598-614.

［2］ トヨタ自動車株式会社ホームページ＞トヨタの安全技術＞アドバンストパーク／インテリジェントパーキングアシスト／インテリジェントパーキングアシスト2／スマートパノラマパーキング.

［3］ 名古屋大学大学院情報学研究科附属組込みシステム研究センターホームページ＞研究プロジェクト＞DM2.0コンソーシアム詳細はこちら＞ダイナミックマップ2.0コンソーシアム: SIP-adusの先のダイナミックマップを狙ったコンソーシアム型共同研究.

［4］ Kammel, S., Ziegler, J., Pitzer, B., Werling, M., Gindele, T., Jagzent, D., Schrer, J., Thuy, M., Goebl, M., von Hundelshausen, F., Pink, O., Frese, C., Stiller, C. Team AnnieWAY's Autonomous System for the 2007 DARPA Urban Challenge, J. Field Robot, 2008, 25(9): 615-639.

［5］ Ibaz-Guzm'an, J., Laugier, C. Yoder, J. D., Thrun, S. Autonomous Driving: Context and State-of-the-Art, Handbook of Intelligent Vehicles (Eskandarian, A. ed.), Springer-Verlag, 2012: 1237-1310.

［6］ 国土地理院ホームページ＞基準点・測地観測データ＞GEONET GNSS連続観測システム.

［7］ 内閣府みちびき(準天頂衛星システム: QZSS)ホームページ.

［8］ 大日方五郎. 自動車運転における居眠り検出. 日本機械学会誌, 2013, 116(1140): 774-777.

［9］ Obinata, G., Usui, T., Shibata, N. On-line Method for Evaluating Driver Dis-traction of Memory-decision Workload Based on Dynamics of Vestibulo-ocular Reflex, Rev. Automot. Eng., 2008, 29(1): 27-42.

［10］ 松ケ谷和沖. 自動運転を支えるセンシング技術. Denso Technical Review, 2016, 21: 13-21.

［11］ Zittlau, D., Koburg, C. Interior Camera Use for Automated Driving, JSAE Annual Congress, Yokohama, 2016, 27: 25-27.

［12］ 電子情報通信学会. ディペンダブルコンピューティングの基礎. 知識ベース「知識の森」6群7編1章(電子情報通信学会知識ベース「知識の森」ホームページ).

［13］ 自動車技術会. 自動車用運転自動化システムのレベル分類及び定義. JASO Technical Paper, TP 18004, 2018.

［14］ 弥永真生, 宍戸常寿. ロボット・AIと法. 有斐閣, 2018: 1-31.

［15］ Shalev-Shwartz, S. On a formal model of safe and scalable self-driving cars, arXiv preprint, arXiv: 1708.063746v6, 2018.

［16］ 西村昭彦, 三村圭司, シュテレットヤン, ウォーレマティアス, ブラングヴォルフガング. 自動運転システムにおける安全性の妥当性確認手法. 自動車技術, 2020, 74: 35-41.

［17］ 株式会社キーエンス安全知識.com ホームページ＞資料ダウンロード＞セーフティサポートガイドブック.

［18］ 厚生労働省ホームページ＞政策について＞分野別の政策一覧＞雇用・労働＞労働基準＞安全・衛生＞機能安全による機械等の安全確保について＞リーフレット＞関係リーフレット＞「機能安全をご存知ですか!? 機能安全が可能にする機械の安全確保」.

［19］ 茂野一彦. 自動車用機能安全規格 ISO 266262 の紹介. MSS技法, 2013, 23: 28-38.

［20］ ダニエル・C・デネット著, 石川幹人ほか訳. ダーウィンの危険な思想: 生命の意味と進化. 青土社, 2001: 489-507.

第2章

［1］ Dalal, N., Triggs, B. Histograms of oriented gradients for human detection, CVPR, 2005: 886-893.

［2］ Vapnik, V. N. The Nature of Statistical Learning Theory, Springer, 1995.

［3］ Liu, W., Anguelov, D., Erhan, D., Szegedy, C., Reed, S., Fu, C. Y., Berg, A. C. SSD: Single Shot MultiBox Detector, ECCV, 2016: 21-37.

［4］ Redmon, J., Divvala, S., Girshick, R., Farhadi, A. You Only Look Once: Unified, Real-Time Object Detection, CVPR, 2016: 779-788.

［ 5 ］Long, J., Shelhamer, E., Darrell, T. Fully Convolutional Networks for Semantic Segmentation, CVPR, 2015: 3431-3440.

［ 6 ］Badrinarayanan, V., Kendall, A., Cipolla, R. SegNet: A Deep Convolutional Encoder-Decoder Architecture for Image Segmentation, IEEE PAMI, 2017.

［ 7 ］Ronneberger, O., Fischer, P., Brox, T. U-Net: Convolutional Networks for Biomedical Image Segmentation, MICCAI, 2015, 9351:234-241.

［ 8 ］Zhao, H., Shi, J., Qi, X., Wang, X., Jia, J. Pyramid Scene Parsing Network, CVPR, 2017: 2881-2890.

［ 9 ］Chen, L. C., Zhu, Y., Papandreou, G., Schroff, F., Adam, H. Encoder-Decoder with Atrous Separable Convolution for Semantic Image Segmentation, ECCV, 2018: 801-818.

［10］Cordts, M., Omran, M., Ramos, S., Rehfeld, T., Enzweiler, M., Benenson, R., Franke, U., Roth, S., Schiele, B. The Cityscapes Dataset for Semantic Urban Scene Understanding, CVPR, 2016: 3213-3223.

［11］Geiger, A., Lenz, P., Urtasun, R. Are we ready for Autonomous Driving? The KITTI Vision Benchmark Suite, CVPR, 2012: 3354-3361.

［12］平川翼, 山下隆義, 玉木徹, 藤吉弘亘. 動画像を用いた経路予測手法の分類. 電子情報通信学会論文誌, 2019, J102-D-2: 53-67.

［13］Robinson, J. W., Hartemink, A. J. Non-stationary dynamic Bayesian networks. In Koller, D., Schuurmans, D., Bengio, Y., Bottou, L. Ed: Advances in Neural Information Processing Systems 21, Curran Associates, Inc., 2009: 1369-1376.

［14］Kooij, J., Schneider, N., Flohr, F., Gavrila, D. M. Context-based pedestrian path prediction. ECCV, 2014.

［15］Graves, A., Mohamed, A., Hinton, G. Speech recognition with deep recurrent neural networks, ICASSP, 2013.

［16］Hochreiter, S., Schmidhuber, J. Long short-term memory, Neural comput., 1997, 9(8): 1735-1780.

［17］Rehder, E., Wirth, F., Lauer, M., Stiller, C. Pedestrian prediction by planning using deep neural networks, arXiv preprint arXiv, 2017, 1706. 05904.

［18］Bhattacharyya, A., Fritz, M., Schiele, B. Long-term on-board prediction of people in traffic scenes under uncertainty. CVPR, 2017.

［19］Rasouli, A., Kotseruba, I., Kunic, T., Tsotsos, J. K. Pie: A large-scale dataset and models for pedestrian intention estimation and trajectory prediction, ICCV, 2019.

［20］Alahi, A., Goel, K., Ramanathan, V., Robicquet, A., Fei-Fei, L., Savarese, S. Social LSTM: Human Trajectory Prediction in Crowded Spaces, 2016: 961-971.

［21］Gupta, A., Johnson, J., Fei-Fei, L., Savarese, S., Alahi, A. Social GAN: Socially Acceptable Trajectories With Generative Adversarial Networks, CVPR, 2018: 2255-2264.

［22］Kim, B., Yi, K. Probabilistic and holistic prediction of vehicle states using sensor fusion for application to integrated vehicle safety systems, IEEE trans Intell Transp Syst, 2014.

［23］Tran, Q., Firl, J. Modelling of traffic situations at urban intersections with probabilistic non-parametric regression, IEEE IV 2013, 2013.

［24］Alahi, A., Goel K., Ramanathan, V., Robicquet, A., Fei-Fei, L., Savarese, S. Social LSTM: Human trajectory prediction in crowded spaces, 2016: 961-971.

［25］Deo, N., Trivedi, M. M. Convolutional social pooling for vehicle trajectory prediction, CVPR Workshops, 2018.

［26］Bhattacharyya, A., Hanselmann, M., Fritz, M., Schiele, B., Straehle, C-N. Con-ditional Flow Variational Autoencoders for Structured Sequence Prediction, arXiv preprint arXiv, 2019, 1908. 09008.

［27］Lee, N., Choi, W., Vernaza, P., Choy, C. B., Torr, P. H. S., Chandraker, M. Desire: Distant future prediction in dynamic scenes with interacting agents, CVPR, 2017.

［28］Kingma, D. P., Welling, M. Auto-encoding variational bayes, arXiv preprint arXiv, 2013, 1312. 6114.

［29］Kingma, D. P., Welling, M. Semi-supervised learning with deep generative models, NIPS, 2014.

［30］Bhattacharyya, A., Schiele, B., Fritz, M. Accurate and diverse sampling of sequences based on a " best of many" sample objective, CVPR, 2018.

［31］Tang, C., Salakhutdinov, R. R. Multiple futures prediction, NIPS, 2019.

［32］Cheng, Y., Wang, D., Zhou, P., Zhang, T. A survey of model compression and acceleration for deep neural networks, IEEE Signal Process Mag, online, 2017.

［33］Canziani, A., Paszke, A., Culurciello, E. An analysis of deep neural network models for practical applications, arXiv preprint arXiv, 2016, 1605. 07678.

［34］Krizhevsky, A., Sutskever, I., Hinton, G. ImageNet Classification with Deep Convolutional Neural Networks, NIPS, 2012.

［35］Simonyan, K., Zisserman, A. Very deep convolutional networks for large-scale image recognition, ICLR, 2015.

［36］Han, S., Pool, J., Tran, J., Dally, W. Learning both weights and connections for efficient neural networks, NIPS, b, 2015.

［37］Scardapane, S., Comminiello, D., Hussain, A., Uncini, A. Group sparse regularization for deep neural networks, Neurocomputing, 2017, 241: 81-89.

［38］Yaguchi, A., Suzuki, T., Asano, W., Nitta, S., Sakata, Y., Tanizawa, A. Adam induces implicit weight sparsity in rectifier neural networks, ICMLA, 2018: 318-325.

［39］Yunchao, G., Liu, L., Ming, Y., Lubomir, B. Compressing deep convolutional networks using vector quantization, arXiv preprint arXiv, 2014, 1412. 6115.

［40］Gupta, S., Agrawal, A., Gopalakrishnan, K., Narayanan, P. Deep learning with limited numerical precision, ICML, 2015.

［41］Han, S., Mao, H., Dally, W. Deep Compression: Compressing Deep Neural Networks with Pruning, Trained Quantization and Huffman Coding, ICLR 2016.

［42］Iandola, F. N., Moskewicz, M. W., Ashraf, K., Han, S., Dally, W. J., Keutzer, K. Squeezenet: Alexnet-level accuracy with 50 × fewer parameters and < 0.5MB model size, arXiv preprint arXiv, 2016, 1602. 07360.

［43］Howard, A. G., Zhu, M., Chen, B., Kalenichenko, D., Wang, W., Weyand, T., Andreetto, M., Adam, H. Mobilenets: Efficient convolutional neural networks for mobile vision applications, CoRR, abs/1704. 04861, 2017.

［44］Sandler, M., Howard, A., Zhu, M., Zhmoginov, A., Chen, L. -C. Mobilenetv2: Inverted residuals and linear bottlenecks, CVPR, 2018.

［45］Hinton, G., Vinyals, O., Dean, J. Distilling the knowledge in a neural network, NIPS (Deep Learning Workshop), 2014.

［46］Gao, J., Li, Z., Nevatia, R. Knowledge concentration: learning 100k object classifiers in a single CNN, arXiv preprint arXiv, 2017, 1711. 07607.

［47］Furlanello, T., Lipton, Z. C., Tschannen, M., Itti, L., Anandkumar, A. Born Again Neural Networks, ICML, 2018.

［48］Zoph, B., Vasudevan, V., Shlens, J., Le, Q. V. Learning transferable architectures for scalable image recognition, arXiv preprint arXiv, 2017, 1707. 07012.

［49］Elsken, T., Metzen, J. H., Hutter, F. Neural architecture search: A survey, arXiv preprint arXiv, 2018, 1808. 05377b .

［50］Wistuba, M., Rawat, A., Pedapati, T. A Survey on Neural Architecture Search, arXiv preprint arXiv, 2019, 1905. 01392.

［51］Pham, H., Guan, M. Y., Zoph, B., Le, Q. V., Dean, J. Efficient neural architecture search via parameter sharing, ICML, 2018.

［52］Tan, M., Chen, B., Pang, R., Vasudevan, V., Sandler, M., Howard, A., Le, Q. V. MnasNet: Platform-Aware Neural Architecture Search for Mobile, CVPR, 2019.

第3章

［1］菅沼直樹. 市街地における自動運転のための外界環境認識. 計測と制御, 2015, 54(11): 816-819.

［2］Kosuke, H., Saito, H. Vehicle localization based on the detection of line segments from multi-camera images, J. Robot. Mechatron, 2015, 27(6): 617-626.

［3］Caselitz, T., Steder, B., Ruhnke, M., Burgard, W. Monocular camera localization in 3d lidar maps, IROS, 2016: 1926-1931.

参考文献

第4章

[1] Montemerlo, M., Becker, J., Bhat, S., Dahlkamp, H., Dolgov, D., Ettinger, S., Haehnel, D., Hilden, T., Hoffmann, G., Huhnke, B., Johnston, D., Klumpp, S., Langer, D., Levandowski, A., Levinson, J., Marcil, J., Orenstein, D., Paefgen, J., Penny, I., Petrovskaya, A., Pflueger, M., Stanek, G., Stavens, D., Vogt, A., Thrun, S. Junior: The Stanford Entry in the Urban Challenge, J. Field Robotics, 2008, 25(9): 569-597.

[2] Reinholtz, C., Alberi, T., Anderson, D., Bacha, A., Bauman, C., Cacciola, S., Currier, P., Dalton, A., Farmer, J., Faruque, R., Fleming, M., Frash, S., Gothing, G., Hurdus, J. W., Kimmel, S., Sharkey, C., Taylor, A., Terwelp, C., Van Covern, D., Webster, M., Wicks, A. DARPA Urban Challenge Technical Paper, 2007.

[3] 菅沼直樹, 米蛇佳祐. 自動運転自動車のパスプランニング, 情報処理, 2016, 57(5): 446-450.

[4] Dijkstra, E. W. A Note on Two Problems in Connexion with Graphs, Numerische Mathematlk, 1959, 1: 269-271.

[5] Hart, P. E., Nilsson, N. J., Raphael, B. A formal basis for the heuristic determination of minimum cost paths, IEEE T. Syst. Man Cy c, 1968, 4(2): 100-107.

[6] VIRES Simulationstechnologie GmbH: OpenDRIVE Format Specification, Rev. 1. 5, ASAM ホームページ > Standards > ASAM OpenDRIVE

[7] アイサンテクノロジー株式会社ホームページ > AISAN TECHNOLOGY X ITS > ITS への取組み > 高精度地図データベースとは

[8] Kammel, S., Ziegler, J., Pitzer, B., Werling, M., Gindele, T., Jagszent, D., Schrer, J., Thuy, M., Goebl, M., von Hundelshausen, F., Pink, O., Frese, C., Stiller, C. Team AnnieWAY' s Autonomous System for the DARPA Urban Challenge 2007, J. Field Robot, 2008, 25(9): 615-639.

[9] Brechtel, S., Gindele, T., Dillmann, R. Probabilistic MDP-behavior planning for cars, IEEE T. Intell Transp, 2011: 1537-1542.

[10] Isele, D., Nakhaei, A., Fujimura, K. Safe Reinforcement Learning on Autonomous Vehicles, IROS, 2018: 6162-6167.

[11] Mirchevska, B., Pek, C., Werling, M., Althoff, M., Boedecker, J. High-level Decision Making for Safe and Reasonable Autonomous Lane Changing using Reinforcement Learning, ITSC, 2018.

[12] Sadat, A., Ren, M., Pokrovsky, A., Lin, Y. -C., Yumer, E., Urtasun, R. Jointly Learnable Behavior and Trajectory Planning for Self-Driving Vehicles, IROS, 2019.

[13] Ericson, C. 著, 中村達也訳. ゲームプログラミングのためのリアルタイム衝突判定, ボールデジタル, 2005.

[14] Fox, D., Burgard, W., Thrun, S. The Dynamic Window Approach to Collision Avoidance, IEEE Robot Autom Mag, 1997, 4(1).

[15] Werling, M., Kammel, S., Ziegler, J., Gröll, L. Optimal trajectories for time-critical street scenarios using discretized terminal manifolds, Int J Rob Res, 2012, 31(3) 346-359.

[16] Kuwata, Y., Teo, J., Fiore, G., Karaman, S., Frazzoli, E., How, J. P. Real-Time Motion Planning With Applications to Autonomous Urban Driving, IEEE Trans Control Syst Technol, 2009, 17(5).

[17] Xu, W., Wei, J., Dolan, J. M., Zhao, H., Zha, H. A Real-Time Motion Planner with Trajectory Optimization for Autonomous Vehicles, ICRA, 2012: 2061-2067.

[18] Mnih, V., Kavukcuoglu, K., Silver, D., Rusu, A. A., Veness, J., Bellemare, M. G., Graves, A., Riedmiller, M., Fidjeland, A. K., Ostrovski, G., Petersen, S., Beattie, C., Sadik, A., Antonoglou, I., King, H., Kumaran, D., Wierstra, D., Legg, S., Hassabis, D. Human-level control through deep reinforcement learning, Nature, 2015, 518: 529-533.

[19] Tamar, A., Wu, Y., Thomas, G., Levine, S., Abbeel, P. Value Iteration Networks, NIPS, 2016.

[20] Schlichtkrull, M., Kipf, T. N., Bloem, P., van den Berg, R., Titov, I., Welling, M. Modeling Relational Data with Graph Convolutional Networks, ESWC, 2018: 593-607.

[21] Bansal, M., Krizhevsky, A., Ogale, A. ChauffeurNet: Learning to Drive by Imitating the Best and Synthesizing the Worst, arXiv, 2018, 1812. 03079.

[22] Bansal, M., Krizhevsky, A., Ogale, A. ChauffeurNet: Learning to Drive by Imitating the Best and Synthesizing the Worst, Waymo Research-Google Sites.

[23] Youtube > Take a ride in a Waymo driverless car in Arizona.

［24］Youtube > A ride in a Waymo driverless car.

［25］Youtube > How Cruise Self-Driving Cars Navigate Double-Parked Vehicles.

第 5 章

［1］On-Road Automated Driving (ORAD) committee: Taxonomy and Definitions for Terms Related to Driving Automation Systems for On-Road Motor Vehicles, June. 2018.

［2］自動車技術会. 自動車用運転自動化システムのレベル分類及び定義. JASO Technical Paper, TP 18004 2018

［3］稲垣敏之. 自動運転のヒューマンファクター. 日本機械学会2017年度年次大会, p. K18200, 2017.

［4］Inagaki, T., Sheridan, T. B. A critique of the sae conditional driving automation definition, and analyses of options for improvement. Cogn, Technol Work, 2019, 21(4): 569-578.

［5］Paden, B., Cap, M., Yong, S. Z., Yershov, D., Frazzoli, E. A survey of motion planning and control techniques for self-driving urban vehicles. IEEE T-IV, 2016, 1(1): 33-55.

［6］安部正人. 自動車の運動と制御. 第2版. 山海堂, 2012.

［7］Wallace, R., Stentz, A. T., Thorpe, C., Moravec, H., Whittaker, W. R. L., Kanade, T. First results in robot road-following. IJCAI, 1985.

［8］Coulter, R. C. Implementation of the pure pursuit path tracking algorithm. Technical Report CMU-RI-TR-92-01, Carnegie Mellon University, 1992.

［9］大塚敏之. 非線形最適制御入門. コロナ社, 2011.

［10］大塚敏之編. 実時間最適化による制御の実応用. コロナ社, 2011.

［11］矢部博. 工学基礎最適化とその応用. 数理工学社, 2006.

［12］金森敬文, 鈴木大慈, 竹内一郎, 佐藤一誠. 機械学習のための連続最適化(MLP機械学習 プロフェッショナルシリーズ). 講談社, 2016.

［13］久保幹雄, 田村明久, 松井知己編集. 応用数理計画ハンドブック(普及版). 朝倉書店, 2012.

［14］Ziegler, J. G., Nichols, N. B. Optimum Settings for Automatic Controllers. J Dyn Syst Meas Control, 1993, 115(2B): 220-222.

［15］杉江俊治, 藤田政之. フィードバック制御入門, コロナ社, 1999.

［16］Haugen, F. Comparing PI Tuning Methods in a Real Benchmark Temperature Control System. MIC, 2010, 31(3): 79-91.

［17］Kim, T. -H., Maruta, I., Sugie, T. Particle Swarm Optimization based Robust PID Controller Tuning Scheme, CDC, 2007: 200-206.

［18］Kennedy, J., Eberhart, R. Particle swarm optimization, IEEE ICNN, 1995, 4: 1942-1948.

［19］Shalev-Shwartz, S., Shammah, S., Shashua, A. On a formal model of safe and scalable self-driving cars, arXiv, 2017, 1708. 06374.

［20］牧下寛, 松永勝也. 自動車運転中の突然の危険に対する制動反応の時間. 人間工学, 2002, 38(6): 324-332.

［21］菊地春海, 岡田朝男, 水野裕彰, 絹田裕一, 中村俊之, 萩原剛, 牧村和彦. 道路交通安全対策事業における急減速挙動データの活用可能性に関する研究. 土木学会論文集 D3(土木計画学), 2012, 68(5): I1193-I1204.

［22］重政隆, 芳谷直治, 大松繁·PID制御·第6回: セルフチューニングPID制御方式: 動向と事例. 計測と制御, 1998, 37(6): 423-431.

［23］Omatu, S., Khalid, M. B., Yusof, R. Neuro-Control and its Applications Authors, Springer, 1996.

［24］大松繁, 吉岡理文, 藤中透. ニューロ PID制御と電気自動車トルク速度制御への応用. 自動制御連合講演会講演論文集. 2009, 52: 143.

［25］Cao, J., Cao, B., Chen, W., Xu, P. Neural Network Self-adaptive PID Control for Driving and Regenerative Braking of Electric Vehicle, ICAL, 2007: 2029-2034.

［26］Han, Y., Zhu, Q., Xiao, Y. Data-driven Control of Autonomous Vehicle using Recurrent Fuzzy Neural Network Combined with PID Method, 2018 37th Chinese Control Conference (CCC), Wuhan, 2018: 5239-5244.

［27］Thrun, S., Montemerlo, M., Dahlkamp, H., Stavens, D., Aron, A., Diebel, J., Fong, P., Gale, J., Halpenny, M., Hoffmann, G., Lau, K., Oakley, C., Palatucci, M., Pratt, V., Stang, P., Strohband, S., Dupont, C., Jendrossek, L. -E., Koelen, C., Stanley, P. M. The robot that won the DARPA Grand Challenge. J. Field Robot, 2006, 23: 661-692.

［28］ Ziegler, J., Bender, P., Schreiber, M., Lategahn, H., Strauss, T., Stiller, C., Dang, T., Franke, U., Appenrodt, N., Keller, C. G., Kaus, E., Herrtwich, R. G., Rabe, C., Pfeiffer, D., Lindner, F., Stein, F., Erbs, F., Enzweiler, M., Knppel, C., Hipp, J., Haueis, M., Trepte, M., Brenk, C., Tamke, A., Ghanaat, M., Braun, M., Joos, A., Fritz, H., Mock, H., Hein, M., Zeeb, E. Making bertha drive?: An autonomous journey on a historic route, IEEE Intell. Transp . Syst. Mag., 2014, 6(2): 8-20.

［29］ Liang, X., Wang, T., Yang, L., Xing, E. P. Cirl: Controllable imitative reinforce-ment learning for vision-based self-driving, ECCV, 2018.

［30］ Alvinn, D. P. An autonomous land vehicle in a neural network, NIPS, 1988.

［31］ Sauer, A., Savinov, N., Geiger, A. Conditional affordance learning for driving in urban environments, CoRL, 2018.

［32］ Codevilla, F., Mller, M., Dosovitskiy, A., López, A., Koltun, V. End-to-end driving via conditional imitation learning, ICRA, 2017: 1-9.

［33］ Bojarski, M., Testa, D. D., Dworakowski, D., Firner, B., Flepp, B., Goyal, P., Jackel, L. D., Monfort, M., Muller, U., Zhang, J., Zhang, X., Zhao, J., Zieba, K. End to End Learning for Self-Driving Cars arXiv preprint arXiv, 2016, 1604. 07316.

［34］ Wang, P., Chan, C. Formulation of deep reinforcement learning architecture toward autonomous driving for on-ramp merge, ITSC, 2017: 1-6.

［35］ Folkers, A., Rick, M., Bskens, C. Controlling an autonomous vehicle with deep reinforcement learning, IEEE T-IV, 2019: 2025-2031.

［36］ Chen, C., Seff, A., Kornhauser, A., Xiao, J. Deepdriving: Learning affordance for direct perception in autonomous driving, ICCV, 2015.

［37］ Hubschneider, C., Bauer, A., Doll, J., Weber, M., Klemm, S., Kuhnt, F., Zöllner, J. M. Integrating end-to-end learned steering into probabilistic autonomous driving, ITSC, 2017: 1-7.

第 6 章

［1］ Mnih, V., Kavukcoglu, K., Silver, D., Rvsu, A. A., Veness, J., Bellemare, M. G., Graves, A., Riedmiller, M., Fidjeland, A. K., Ostrovski, G., Petersen, S., Beattie, C., Sadik, A., Antonoglou, I., King, H., Kumarran, D., Wierstra, D., Legg, S., Hassabis, D. Human-level Control through Deep Reinforcement Learning, Nature, 2015, 518: 529-533.

［2］ 高度情報通信ネットワーク社会推進戦略本部.官民データ活用推進戦略会議: 官民ITS構想·ロードマップ 2017 ~ 多様な高度自動運転システムの社会実装に向けて ~ . 2017.

［3］ 株式会社KDDI総合研究所. 北海道大学: "ゆずりあうクルマ" を実現するAI技術の開発 に成功. 株式会社KDDI総合研究所プレスリリース, 2017年10月2日.

［4］ Yamashita, T., Ogawa, I., Yokoyama, S., Kawamura, H., Sakatoku, A., Yanagihara, T., Ogishi, T., Tanaka, H. Increase of Traffic Efficiency by Mutual Concessions of Autonomous Driving Cars Using Deep Q-Network, In Mine T., Fukuda A., Ishida S. ed : Intelligent Transport Systems for Everyone' s Mobility, Springer, 2019: 357-375.

［5］ Bojarski, M., Testa, D. D., Dworakowski, D., Firner, B., Flepp, B., Goyal, P., Jackel, L. D., Monfort, M., Muller, U., Zhang, J., Zhang, X., Zhao, J., Zieba, K. End to End Learning for Self-Driving Cars, arXiv preprint arXiv, 2016, 1604. 07316.

［6］ Kendall, A., Hawke, J., Janz, D., Mazur, P., Reda, D., Allen, J. M., Lam, V. D., Bewley, A., Shah, A. Learning to Drive in a Day, arXiv preprint arXiv, 2018, 1807. 00412.

［7］ 石川翔太, 荒井幸代. 自動運転車の協調型運転戦略の導入による渋滞抑制. 人工知能学会論文誌, 2019, 34(1): D-155 1-9.

［8］ Isele, D., Cosgun, A. To Go or Not to Go: A Case for Q-Learning at Unsignalized Intersections, PMLR, 2017: 70.

［9］ トヨタ自動車株式会社. 株式会社 Preferred Network: 「ぶつからないクルマ」のコンセプトを具現化. 日本電信電話株式会社, プレスリリース. 2016年2月16日.

［10］ 株式会社 Preferred Networks: Autonomous robot car control demonstration in CES2016, YouTube, 2016.

［11］ Rios-Torres, J., Malikopoulos, A. A. A Survey on the Coordination of Connected and Automated Vehicles at Intersections and Merging at Highway On-Ramps, IEEE Trans Intell Transp Syst, 2017, 18(5): 1066-1077.

［12］Rios-Torres, J., Malikopoulos, A. A. Automated and Cooperative Vehicle Merging at Highway On-Ramps, IEEE Trans Intell Transp Syst, 2017, 18(4): 780-789.

［13］岡田成弘, 大前学. 自動運転車の円滑な走行を実現するための空間情報基盤を介した協調走行に関する研究. 自動車技術会論文集, 2016, 47(5): 1197-1204.

［14］佐藤健哉, 橋本雅文, 菅沼直樹, 加藤真平, 芝直之, 花井將臣, 高田広章, 天沼正行, 沓名守道, 大石淳也. 協調型自動運転のための LDM グローバルコンセプト実証実験. 第13回ITSシンポジウム2015, 1-1B-10, 2015.

［15］Suzuki, S., Abe, K. Topological Structural Analysis of Digitized Binary Images by Border Following, Computer Vision, Graphics, and Image Processing, Elsevier, 1985, 30(1).

［16］Ogawa, I., Yokoyama, S., Yamashita, T., Kawamura, H., Sakatoku, A., Yanagihara, T., Ogishi, T., Tanaka, H. Implementation of Mutual Concessions of Autonomous Cars Using Deep Q-Network, ITSAP, 2018, 110.

［17］Youtube > 北海道大学大学院情報科学研究科情報理工学専攻複合情報工学講座調和系工学研究室 CEATEC2017走行デモ, 2018.

［18］Swaroop, D., Hedrick, J. K., Chien, C. C., Ioannou, P. A Comparison of Spacing and Headway Control Laws for Automatically Controlled Vehicles, Veh. Syst. Dyn., 1994, 23(8): 597-625.

［19］河島宏紀, 鈴木儀匡, 青木啓二, 森田康裕. 自動運転·隊列走行システムの開発(第2報). 自動車技術会学術講演会前刷集, 2013, 83(13): 11-14.

［20］Tsugawa, S., Watanabe, N., Fujii, H. Super Smart Vehicle System: Its Concept and Preliminary Works, The Proceeding of Vehicle Navigation and Information Systems Conference, 1991, 2: 269-277.

［21］大前学, 小木津武樹, 清水浩. 車車間通信を利用した車両内情報の共有による小型電気自動車の高密度隊列走行に関する研究. 自動車技術会論文集, 2008, 39(1): 7-13.

［22］Liang, C. -Y., Peng, H. Optimal Adaptive Cruise Control with Guaranteed String Stability, Veh. Syst. Dyn., 1999, 32: 313-330.

［23］大前学. ACC (車間距離制御装置) と CACC (通信利用協調型車間距離制御装置) のアルゴリズム. 電気学会誌, 2015, 135(7): 433-436.

［24］大前学, 小木津武樹, 福田亮子, 江文博. 大型トラックの協調型 ACC における車間距離制御アルゴリズムの開発. 自動車技術会論文集, 2013, 44(6): 1509-1515.

［25］大前学, 藤岡健彦, 三宅浩四郎. プラトゥーンを一力学系として扱った縦方向制御に関する研究. 日本機械学会論文集C編, 1999, 65(640): 4714-4721.

第 7 章

［1］Geiger, A., Lenz, P., Urtasun R. Are we ready for Autonomous Driving ? The KITTI Vision Benchmark Suite, CVPR, 2012: 3354-3361.

［2］ダイナミックマップ基盤株式会社ホームページ.

［3］ASAM (Association for Standardisation of Automation and Measuring Systems)ホームページ > Standards > ASAM OpenDRIVE.

［4］Atlatec社ホームページ.

［5］Fabian, P., Pauls, JH., Janosovits, J., Orf, S., Naumann, M., Kuhnt, F and Mayr, M. Lanelet2: A high-definition map framework for the future of automated driving ITSC, 2018: 1672-1679.

［6］JOSM (Java OpenStreetMap Editor) wiki > WikiStart.

［7］Github > fzi-forschungszentrum-informatik/Lanelet2.

［8］Althoff, M. Urban, S., Koschi, M. Automatic Conversion of Road Networks from OpenDRIVE to Lanelets, SOLI, 2018: 157-162.

［9］MathWorks ホームページ > RoadRunner製品情報.

［10］CARLA Simulator ホームページ.

［11］Dosovitskiy, A., Ros, G., Codevilla1, F., Lopez A., Koltun, V. CARLA: An open urban driving simulator, arXiv preprint arXiv, 2017, 1711. 03938.

［12］LGSVL Simulator ホームページ.

[13] Rong, G., Shin, B. Y., Tabatabaee, H., Lu, Q., Lemke, S., Moeiko, M., Boise, E., Uhm, G., Gerow, M., Mehta, S., Agafonov, E., Kim, T. Y., Sterner, E., Ushiroda, K., Reyes, M., Zelenkovsky, D., Kim, S. LGSVL Simulator: A High Fidelity Simulator for Autonomous Driving arXiv preprint arXiv, 2020, 2005. 03778.

[14] Tier IV, Inc. ホームページ > Autoware Tools.

[15] Wikipedia > オープンソースソフトウェア.

[16] 自動運転OSAutoware開発者の加藤真平東大准教授が志す. 技術の "民主化" と" 開放". GEMBA, 2019年5月28日.

[17] The Autoware Foundation ホームページ > The Autoware Foundation.

[18] Open Source Robotics Foundation, Inc. ホームページ > ROS.

[19] The Autoware Foundation ホームページ > Autoware. AI.

[20] ROS Index ホームページ > ROS 2 Overview > ROS 2 Documentaion.

[21] The Autoware Foundation ホームページ > Autoware. Auto.

[22] The Autoware Foundation ホームページ > Autoware. IO.

[23] Baidu (百度) > ApolloAuto/apollo.

[24] Baidu (百度) > Apollo V2X.

[25] Baidu (百度) > Apollo smart traffic signals.

[26] Autoware Foundation ホームページ > Autoware. AI > autoware > Details.

[27] The Autoware Foundation ホームページ > Welcome to the Autoware. AI Wiki.

[28] Whitley, J. Removing libdpm ttic and vision dpm ttic detect. Ref Github #2173 (Autoware Foundation ホームページ > MovedToGitHub > core perceptioncore perception > Commits > 876f91cf).

[29] Whitley, J. Clean Up CMakeLists. txt and Replace Spaces with Tabs, Autoware. AI vision ssd detect (Autoware Foundation ホームページ > MovedToGitHub > core perceptioncore perception > Repository).

[30] Whitley, J. Clean Up CMakeLists. txt and Replace Spaces with Tabs, Autoware. AI Vision Darknet Detect (Autoware Foundation ホームページ > MovedToGitHub > core perceptioncore perception > Repository).

[31] kosuke-murakami. Autoware における三次元物体認識アルゴリズム「PointPillars」の紹介, Tier IV Tech Blog, 2019.

[32] Biggs, G. Merge branch ' fix/empty orientation in diffrent coordinate' into ' master' , Autoware. AI range vision fusion (Autoware Foundation ホームページ > Moved-ToGitHub > core perceptioncore perception > Repository).

[33] GitHub > ApolloAuto / apollo#architecture.

[34] GitHub > ApolloAuto / apollo / modules / perception.

[35] GitHub > ApolloAuto / apollo / docs / specs / perception apollo 5. 0. md.

[36] Apollo Auto ホームページ > Apollo 5. 0 Technical Deep Drive.

[37] GitHub > ApolloAuto / apollo / modules / perception / Architecture.

[38] GitHub > ApolloAuto / apollo / modules / prediction#introduction.

[39] GitHub > ApolloAuto / apollo / modules / tools / prediction / data pipelines / mlp train. py.

[40] GitHub > ApolloAuto / apollo / modules / tools / prediction / mlp train / cruiseMLP train. py.

[41] Whitley, J. Docker (Autoware Foundation ホームページ > MovedToGitHub > autoware > Wiki > Docker).

[42] GitHub > ApolloAuto / apollo / apollo#getting-started.

[43] Whitley, J. Docker (Autoware Foundation ホームページ > MovedToGitHub > autoware > Wiki > Generic x86 Docker).

[44] GitHub > ApolloAuto / apollo/docker/scripts/dev start. sh

[45] Fernandez, E. Switch to Apache 2 license (develop branch) (#1741) (Autoware Foundation ホームページ > MovedToGitHub > autoware > Repository).

[46] Ho, C. Initial commit (Autoware Foundation ホームページ > Autoware. Auto > Autoware. Auto > Repository > LICENSE).

[47] GitHub > ApolloAuto / apollo / LICENSE.

[48] Tier IV, Inc. ホームページ > Autoware Tools > Point Cloud Map Builder.

[49] Tier IV, Inc. ホームページ > Autoware Tools > Vector Map Builder.

［50］ GitHub > lgsvl/Autoware, Autoware with LG SVL Simulator.

［51］ GitHub > ApolloAuto/apollo/docs/specs/Dreamland introduction. md

［52］ GitHub > lgsvl/apollo-5. 0, LG Silicon Valley Lab Apollo 5. 0 Fork.

［53］ Automan ホームページ.

［54］ APOLLOSCAPE ホームページ.

［55］ ROS2 design ホームページ > ROS 2 DDS-Security integration

［56］ Apollo Cyber Security ホームページ.

［57］ ティアフォー. ROS 2 の開発チームに加盟自動運転で貢献へ. LIGARE. News, 2019年5月9日.

［58］ Wang, Y., Kuhn, S. Reliable and safe maps for automated driving (云展网电子杂志制作 > 用户案例 > 其他 > 可靠和安全的自动驾驶地图(论文) > 可靠和安全的自动驾驶地图(论文) 一翻译版预览) 2020.

［59］ Fan, H., Zhu, F., Liu, C., Zhang, L., Zhuang, L., Li, D., Zhu, W., Hu, J., Li, H., Kang, Q. Baidu Apollo EM Motion Planner, arXiv, 2018, 1807. 08048.

［60］ Autoware Localization Architecture 8602/2 (https: //discourse. ros. org/t/localization-architecture/8602/2)

［61］ Kato, S., Tokunaga, S., Maruyama, Y., Maeda, S., Hirabayashi, M., Kitsukawa, Y., Monrroy, A., Ando, T., Fujii, Y., Azumi, T. Autoware on Board: Enabling Autonomous Vehicles with Embedded Systems, ICCPS, 2018.

［62］ GitHub > ApolloAuto / apollo/modules/planning/integration tests/BUILD.

［63］ GitLab > Autoware Foundation > MovedToGitHub > autoware, Autoware. AI autoware Details (https: //gitlab. com/autowarefoundation/autoware. ai/autoware).

［64］ Autoware. Auto ホームページ > Roadmap.

［65］ GitHub > ApolloAuto / apollo / modules / prediction#evaluator.

［66］ Horibe, T. enable some pure pursuit tests (Autoware Foundation ホームページ > Autoware. Auto > AutowareAuto < Details).

［67］ NVIDIA Corporation ホームページ > NVIDIA AGX SYSTEM.

［68］ Autonomoustuff Computing ホームページ > AStuff Computers > AStuff Spectra.

［69］ GitHub > ApolloAuto / apollo.

［70］ Apollo Auto ホームページ > Apollo Game Engine Based Simulator.

［71］ Apollo ホームページ > Open Platform (http: //data. apollo. auto/?name = sensor% 20data&data key = multisensor&data type = 1&locale = en-us&lang = en).

［72］ Apollo Auto ホームページ > Map open service.

［73］ GitHub > ApolloAuto/apollo/apollo-v6. 0. 0 apollo/releases.

［74］ Rosique, F., Navarro, P. J., Fern' andez, C., Padilla, A. A Systematic Review of Perception System and Simulators for Autonomous Vehicles Research, J. Sensors, 2019, 19(3): 648.

［75］ AirSim ホームページ(Home-Airsim-Microsoft Open Source).

［76］ Wikipedia > ゲームエンジン.

［77］ CARLA Simulator ホームページ.

［78］ VectorZero ホームページ(https: //www. vectorzero. io).

［79］ CARLA Simulator > Docs > Advanced topics > How to create and import a new map.

［80］ GitHub > carla-simulator > scenario runner.

［81］ LGSVL Simulator ホームページ.

［82］ Youtube > #2 Map Annotation Tool for Apollo and Autoware.

［83］ Shin, B. CES 2020: Announcing LGSVL Simulator and VectorZero collaboration, LGSVL Simulator ホームページ 2020.

［84］ AirSim ホームページ > Docs > Get AirSim > Download Binaries.

［85］ GitHub > carla-simulator / carla.

［86］ GitHub > lgsvl / simulator.

［87］ GitHub > microsoft / AirSim / docker.

［88］ CARLA Simulator ホームページ > Docs > Building CARLA > Running in a Docker.

［89］ GitHub > lgsvl / apollo-5. 0.

［90］ GitHub > carla-simulator / carla-autoware.

参考文献

[91] @hakuturu583. LGSVL Simulator と Autoware による自動運転チュートリアル. Qiita, 2019.

[92] GitHub > microsoft > AirSim > ros.

[93] GitHub > carla-simulator > ros-bridge.

[94] GitHub > lgsvl < meta-ros2.

[95] 横山仁. Docker入門(第一回) ~ Dockerとは何か, 何が良いのか ~ . さくらのナレッジ, 2018.

[96] ROS. orgホームページ > ja > rviz.

第8章

[1] LeCun, Y., Bengio, Y., Hinton, G. Deep learning, Nature, 521-7553, 2015: 436-444.

[2] Ioffe, S., Szegedy, C. Batch normalization: Accelerating deep network training by reducing internal covariate shift, ICML, 2015: 448-456.

[3] Qian, N. On the momentum term in gradient descent learning algorithms, Neural Netw, 1999, 12(1): 145-151.

[4] Duchi, J. C., Hazan, E., Singer, Y. Adaptive subgradient methods for online learning and stochastic optimization. J Mach Learn Res, 2011, 12: 2121-2159.

[5] Tijmen, T., Hinton, G. Lecture 6. 5-RmsProp: Divide the gradient by a running average of its recent magnitude, COURSERA: Neural Networks for Machine Learning 4. 2, 2012.

[6] Kingma, D. P., Ba, J. Adam: A method for stochastic optimization, ICLR, 2015.

[7] LeCun, Y., Bottou, L., Orr, G. B., Müller, K. R. Efficient backprop, Neural Networks: Tricks of the Trade-Second Edition, Vol. 7700 of Lecture Notes in Computer Science, Springer, 2012: 9-48.

[8] He, K., Zhang, X., Ren, S., Sun, J. Deep residual learning for image recognition, CVPR, 2016: 770-778.

[9] He, K., Zhang, X., Ren, S., Sun, J. Delving deep into rectifiers: Surpassing human-level performance on imagenet classification, ICCV, 2015: 1026-1034.

[10] Srivastava, N., Hinton, G., Krizhevsky, A., Sutskever, I., Salakhutdinov, R. Dropout: A simple way to prevent neural networks from overfitting. J Mach Learn Res, 2014, 15: 1929-1958.

[11] Goodfellow, I. J., Shlens, J., Szegedy, C. Explaining and harnessing adversarial examples, In Bengio, Y., LeCun, Y. ed, ICLR, 2015.

第 9 章

[1] Sutton, R. S., Barto, A. G., 三上貞芳, 皆川雅章共訳. 強化学習. 森北出版, 2000.

[2] 牧野貴樹, 渋谷長史, 白川真一編著, 浅田稔ほか著: これからの強化学習. 森北出版, 2016.

[3] 伊藤多一ほか. 現場で使える! Python (パイソン)深層強化学習入門: 強化学習と深層学習による探索と制御, 翔泳社, 2019.

[4] 小川雄太郎. つくりながら学ぶ! 深層強化学習PyTorchによる実践プログラミング. マイナビ出版, 2018.

[5] 森村哲郎. 強化学習 = Reinforcement learning, 講談社, 2019.

[6] 坪井祐太, 海野裕也, 鈴木潤. 深層学習による自然言語処理 = Natural language processing by deep learning. 講談社, 2017.

[7] Lowe, D. G. Object recognition from local scale-invariant features, Proceedings of the 2nd International Conference on Computer Vision, Springer, 1999: 1150-1157.

[8] 太田順, 倉林大輔, 新井民夫. 知能ロボット入門: 動作計画問題の解法. コロナ社, 2001.

[9] Lavalle, S. Planning Algorithms, Cambridge University Press, 2006.

[10] Tesauro, G. Practical Issues in Temporal Difference Learning. Mach Learn, 1992, 8: 257-277.

[11] Lin, L. Reinforcement learning for robots using neural networks, Carnegie Mellon University, 1992.

[12] Mnih, V., Kavukcuoglu, K., Silver, D., Graves, A., Antonoglou, I., Wierstra, D., Riedmiller, M. Playing Atari with Deep Reinforcement Learning, arXiv, 2013, 1312. 5602.

[13] Mnih, V., Kavukcuoglu, K., Silver, D., Rusu, A. A., Veness, J., Bellemare, M. G., Graves, A., Riedmiller, M., Fidjeland, A. K., Ostrovski, G., Petersen, S., Beattie, C., Sadik, A., Antonoglou, I., King, H., Kumaran, D., Wierstra, D., Legg, S., Hassabis, D. Human-level control through deep reinforcement learning, Nature, 2015, 518: 529-533.

［14］Hausknecht, M., Stone, P. Deep Recurrent Q-Learning for Partially Observable MDPs, arXiv, 2017, 1507. 06527.

［15］DeepMind ホームページ > Blog > Scalable agent architecture for distributed training.

［16］Hessel, M., Modayil, J., van Hasselt, H., Schaul, T., Ostrovski, G., Dabney, W., Horgan, D., Piot, B., Azar, M., Silver, D. Rainbow: Combining Improvements in Deep Reinforcement Learning, arXiv, 2017, 1710. 02298.

［17］Kapturowski, S., Ostrovski, G., Quan, J., Munos, R., Dabney, W. Recurrent experience replay in distributed reinforcement learning, ICLR, 2019.

［18］van Hasselt, H., Gnez, A., Silver, D. Deep Reinforcement Learning with Double Q-learning, arXiv, 2015, 1509. 06461.

［19］Horgan, D., Quan, J., Budden, D., Barth-Maron, G., Hessel, M., van Hasselt, H., Silver, D. Distributed Prioritized Experience Replay, ICLR, 2018.

［20］Schulman, J., Chen, X., Abbeel, P. Equivalence Between Policy Gradients and Soft Q-Learning, arXiv, 2018, 1704. 06440.

［21］Haarnoja, T., Zhou, A., Abbeel, P., Levine, S. Soft Actor-Critic: Off-Policy Maximum Entropy Deep Reinforcement Learning with a Stochastic Actor, arXiv, 2018, 1801. 01290.

［22］内部英治. エントロピ正則された強化学習を用いた模倣学習. 第33回人工知能学会全国大会予稿集, 1I3-J-2-03, 2019.

［23］Haarnoja, T., Pong, V., Zhou, A., Dalal, M., Abbeel, P., Levine, S. Composable deep reinforcement learning for robotic manipulation, arXiv, 2018, 1803. 06773.

［24］松岡潤樹, 鶴峯義久, 松原崇充. 迷路探索問題に対する Soft Q-learning の適用と方策合成性の検証. ロボティクス・メカトロニクス講演会 2019, 1P2-A09, 2019.

［25］Henderson, P., Islam, R., Bachman, P., Pineau, J., Precup, D., Meger, D. Deep Reiforcement Learning that Matters, AAAI-18, 2019.

［26］Abdolmaleki, A., Springenberg, J. T., Tassa, Y., Munos, R., Heess, N., Riedmiller, M. Maximum a Posteriori Policy Optimisation, arXiv, 2018, 1806. 06920.

［27］Schulman, J., Levine, S., Moritz, P., Jordan, M. I., Abbeel, P. Trust Region Policy Optimization, distriarXiv, 2017, 1502. 05477v5.

［28］Schulman, J., Wolski, F., Dhariwal, P., Radford, A., Klimov, O. Proximal Policy Optimization Algorithms, arXiv, 2017, 1707. 06347v2.

［29］Lillicrap, T. P., Hunt, J. J., Pritzel, A., Heess, N., Erez, T., Tassa, Y., Silver D., Wierstra, D. Continuous control with deep reinforcement learning, arXiv, 2015, 1509. 02971.

［30］Deisenroth, M. P., Fox, D., Rasmussen, C. E. Gaussian processes for data-efficient learning in robotics and control, IEEE PAMI, 2015, 37(2): 408-423.

［31］Williams, G., Wagener, N., Goldfain, B., Paul Drews, P., Rehg, J. M., Boots, B., Theodorou, E. A. Information theoretic mpc for model-based reinforcement learning, ICRA, 2017: 1714-1721.

［32］Dalal, G., Dvijotham, K., Vecerik, M., Hester, T., Paduraru, C., Tassa, Y. Safe Exploration in Continuous Action Spaces, arXiv, 2018, 1801. 08757.

［33］Marco, A., Berkenkamp, F., Hennig, P., Schoellig, A. P., Krause, A., Schaal, S., Trimpe, S. Virtual vs. Real: Trading Off Simulations and Physical Experiments in Reinforcement Learning with Bayesian Optimization, ICRA, 2017: 1557-1563.

［34］Perkins, T. J., Barto, A. G. Lyapunov Design for Safe Reinforcement Learning, J. Mach Learn Res, 2002, 3: 803-832 .

［35］Berkenkamp, F., Krause, A., Schoellig, A. P. Bayesian Optimization with Safety Constraints: Safe and Automatic Parameter Tuning in Robotics, arXiv, 2016, 1602. 04450 v3.

［36］Drews, P., Williams, G., Goldfain, B., Theodorou, E. A., Rehg, J. M. Aggressive deep driving: Combining convolutional neural networks and model predictive control, CoRL, 2017, 78: 133-142.

［37］Sutton, R. S., Barto, A. G. Reinforcement Learning : A Introduction 2nd ed., Chapter 13, The MIT Press, 2018.

［38］Mnih, V., Kavukcuoglu, K., Silver, D., Graves, A., Antonoglou, I., Wierstra, D., Riedmiller, M. Playing Atari with Deep Reinforcement Learning, In NIPS Deep Learning Workshop. arXiv vol. abs/2013, 1312. 5602.

［39］ Nair, A., Srinivasan, P., Blackwell, S., Alcicek, C., Fearon, R., Maria, De A., Panneershelvam, V., Suleyman, M., Beattie, C., Petersen, S., Legg, S., Mnih, V., Kavukcuoglu, K., Silver, D. Massively parallel methods for deep reinforcement learning, Proceedings of International Conference on Machine Leanring, Deep Learning Workshop, 2015.

［40］ Horgan, D., Quan, J., Budden D., Barth-Maron, G., Hessel, M., Hsselt, H., Silver, D. Distributed Prioritized Experience Replay, ICLR, 2018.

［41］ Barth-Maron, G., Hoffman, M., Budden D., Dabney, W., Horgan, D. TB, D., Muldal, A., Heess, N., Lillicrap, T. Distributed Distributional Deter ministic Policy Gradients, ICLR, 2018.

［42］ Lowe, R., Wu, Y., Tamar, A., Harb, J., Abbeel, P., Mordatch, I. Multi-Agent Actor-Critic for Mixed Cooperative-Competitive Environments, NIPS, 2017, 30: 6379-6390.

［43］ Schulman, J., Moritz, P., Levine, S., Jordan, M., Abbeel P. High-Dimensional Continuous Control Using Generalized Advantage Estimation, ICLR, 2016.

［44］ Mnih, V., Puigdomenech, B., Mirza, M., Graves, A., Lillicrap, T. P., Harley, T., Silver, D., Kavukcuoglu, K. Asynchronous Methods for Deep Reinforcement Learning, ICML, 2016.

［45］ Lillicrap, T. P., Hunt, J. J., Pritzel, A., Heess, N., Erez, T., Tassa, Y., Silver, D., Wierstra, D. Continuous control with deep reinforcement learning, ICLR, 2016.

［46］ Peters, J., Vijayakumar, S., Schaal, S. Natural Actor-Critic, ECML, 2005: 280-291.

［47］ Shulman, J., Levine, S., Moritz, P., Jordan, M., Abbeel, P. Trust Region Policy Optimization, ICML-15, 2015: 1889-1897.

［48］ Schulman, J., Wolski, F., Dhariwal, P., Radford, A., Klimov, O. Proximal policy optimization algorithms, arXiv preprint arXiv, 2017, 1707. 06347.

［49］ Degris, T., White, M., Sutton, R. Off-Policy Actor-Critic, ICML, 2012.

［50］ Silver, D., Lever, G., Heess, N., Degris, T., Wierstra, D., Riedmiller, M. Deterministic Policy Gradient Algorithms, ICML, 2014.

［51］ Abbeel, P., Ng, A. Y. Apprenticeship learning via inverse reinforcement learning, ICML, 2004: 1-8.

［52］ Babes-Vroman, M., Marivate, V., Subramanian, K., Littman, M. Apprenticeship learning about multiple intentions, ICML, 2011: 897-904.

［53］ Boularias, A., Kober, J., Peters, J., A. Boularias, J. K. Relative Entropy Inverse Reinforcement Learning, AISTATS, 2011, 15: 20-27.

［54］ Choi, J., Kim, K. E. MAP Inference for Bayesian Inverse Reinforcement Learning, NIPS, 1-9 2011.

［55］ Choi, J., Kim, K. E. Nonparametric Bayesian Inverse Reinforcement Learning for Multiple Reward Functions, NIPS, 2012: 1-9.

［56］ Choi, J., Kim, K. E. Bayesian Nonparametric Feature Construction for Inverse Reinforcement Learning, IJCAI, 2013: 1287-1293.

［57］ Dvijotham, K., Todorov, E. Inverse Optimal Control with Linearly-Solvable MDPs, ICML, 2010: 335-342.

［58］ Finn, C., Levine, S., Abbeel, P. Guided Cost Learning: Deep Inverse Optimal Control via Policy Optimization, ICML, 2016: 49-58.

［59］ Finn, C., Christiano, P., Abbeel, P., Levine, S. A Connection between Generative Adversarial Networks, Inverse Reinforcement Learning, and Energy-Based Models. NIPS 2016 Workshop on Adversarial Training, 2016: 1-10.

［60］ Fu, J., Luo, K., Levine, S. Learning Robust Rewards with Adversarial Inverse Reinforcement Learning, arXiv preprint arXiv: arXiv, 2017, 1710. 11248: 1-13.

［61］ Goodfellow, I., Pouget-Abadie, J., Mirza, M., Xu, B., Warde-Farley, D., Ozair, S., Courville, A., Bengio, Y. Generative Adversarial Networks, arXiv, 2014, 1406. 2661.

［62］ Hadfield-Menell, D., Dragan, A., Abbeel, P., Russell, S. Cooperative Inverse Reinforcement Learning, NIPS, 2016.

［63］ Ho, J., Ermon, S. Generative Adversarial Imitation Learning, NIPS, 2016: 1-9.

［64］ Hu, J., Wellman, M. Nash Q-learning for general-sum stochastic games, J Mach Learn Res, 2003, 4, 1039-1069.

［65］ 木村元, Kaelbling, L. P. 部分観測マルコフ決定過程下での強化学習. 人工知能学会誌, 1997, 12(6): 822-830.

［66］Kitazato, Y., Arai, S. Estimation of reward function maximizing learning efficiency in inverse reinforcement learning, ICAART, 2018, 1: 276-283.

［67］Levine, S., Zoran, P., Vladlen, K. Feature Construction for inverse reinforcement learning, NIPS, 2010: 1342-1350.

［68］Levine, S., Popovic, Z., Koltun, V. Nonlinear Inverse Reinforcement Learning with Gaussian Processes, NIPS, 2011: 19-27.

［69］Levine, S., Abbeel, P. Guided policy search., ICML, 2013: 1-9.

［70］Lin, L. Self-Improving Reactive Agents Based on Reinforcement Learning, Planning and Teaching, Mach. Learn, 1992, 8: 293-321.

［71］Littman, M. Markov games as a framework for multi-agent reinforcement learning, In Proceedings of the Eleventh International Conference on Machine Learning, 1994: 242-250.

［72］Littman, M. Value-function reinforcement learning in Markov games, Cogn. Syst. Res ., 2001, 2(1): 55-66.

［73］Michini, B., P. How, J. Bayesian Nonparametric Inverse Reinforcement Learning, ECML PKDD, 2012: 148-163.

［74］Mnih, V., Kavukcuoglu, K., Silver, D., Graves, A., Antonoglou, I., Wierstra, D., Riedmiller, M. Playing Atari with Deep Reinforcement Learning, NIPS Deep Learning Workshop, arXiv, 2013, 1312. 5602.

［75］Mnih, V., Kavukcuoglu, K., Silver, D., Rusu, A. A, Veness, J., Bellemare, M. G., Graves, A., Riedmiller, M., Fidjeland, A. K., Ostrovski, G., Petersen, S., Beattie, C., Sadik, A., Antonoglou, I., King, H., Kumaran, D., Wierstra, D., Leeg, S., Hassabis, D. ; Human-level control through deep reinforcement learning, Nature, 2015, 518: 529-533.

［76］Neu, G., Szepesv' ari, C. Apprenticeship learning using inverse reinforcement learning and gradient methods, UAI, 2007: 295-302.

［77］Ng, A., Russell, S. Algorithms for inverse reinforcement learning, ICML, 2000: 663-670.

［78］Pomerleau, D. A. Effcient training of artificial neural networks for autonomous navigation, Neural Comput, 1991, 3(1): 88-97.

［79］Ramachandran, D., Amir, E. Bayesian inverse reinforcement learning, IJCAI, 2007: 2586-2591.

［80］Ratliff, N. D., Bagnell, J. A. Maximum Margin Planning, ICML, 2006: 729-736.

［81］Russell, S. Learning agents for uncertain environments (extended abstract), COLT, 1998: 101-103.

［82］Schulman, J., Levine, S., Moritz, P., Jordan, M., Abbeel P. Trust Region Policy Optimization, ICML, 2015: 663-670 .

［83］Shibata, K., Kawano, T. Acquisition of Flexible Image Recognition by Coupling of Reinforcement Learning and Neural Network, SICE Journal of Control, Measurement, and System Integration, 2009, 2(2): 122-129.

［84］Silver, D., Huang, A., Maddison, C. J., Guez, A., Sifre, L., van den Driessche, G., Schrittwieser, J., Antonoglou, I., Panneershelvam, V., Lanctot, M., Dieleman, S., Grewe, D., Nham, J., Kalchbrenner, N., Sutskever, I., Lillicrap, T., Leach, M, Kavukcuoglu, K., Graepel, T., Hassabis, D. Mastering the game of Go with deep neural networks and tree search, Nature, 2016, 529(28): 484-503.

［85］Shimosaka, M., Takenaka, K., Hitomi, K. Fast Inverse Reinforcement Learning with Interval Consistent Graph for Driving Behavior Prediction, Proceedings of the 31st AAAI Conference on Artificial Intelligence, 2017: 1532-1538.

［86］Surana, A., Srivastava, K. Bayesian Nonparametric Inverse Reinforcement Learning for Switched Markov Decision Processes, ICMLA, 2014: 47-54.

［87］Sutton, R. S., Barto, A. G. Reinforcement Learning: An Introduction, MIT Press, 1998.

［88］Shed, U., Bowling, M., Schapire, R. E. Apprenticeship learning using linear programming, ICML, 2008: 1032-1039.

［89］Syed, U., Schapire, R. E. A game-theoretic approach to apprenticeship learning, NIPS, 2008.

［90］Todorov, E. Linearly-solvable Markov decision problems, NIPS, 2006: 1369-1376.

［91］Theodorou, E., Todorov, E. Relative entropy and free energy dualities: Connections to Path Integral and KL control, Proc IEEE Conf Decis Control, 2012: 1466-1473.

［92］Uchibe, E. Deep Inverse Reinforcement Learning by Logistic Regression, ICONIP, 2016: 23-31.

参考文献

［93］内部英治: 線形可解マルコフ決定過程を用いた順・逆強化学習. 日本神経回路学会誌, 2016, 23(1): 2-13.

［94］Wang, X., Sandholm, T. Reinforcement learning to play an optimal Nash equilibrium in team Markov games, NIPS, 2002, 15: 1571-1578.

［95］Watkins, C., Dayan, P. Q-learning, Mach Learn, 1992, 8(3): 279-292.

［96］Wulfmeier, M., Ondruska, P., Posner, I. Maximum Entropy Deep Inverse Reinforcement Learning, arXiv preprint arXiv, 2015, 1507. 04888: 1-10.

［97］Ziebart, B. D., Maas, A., Bagnell, J. A., Dey, A. K. Maximum Entropy Inverse Reinforcement Learning, AAAI, 2008:1433-1438.

第10章

［1］Krizhevsky, A., Sutskever, I., Hinton, G. E. ImageNet Classification with Deep Convolutional Neural Networks, NIPS, 2012.

［2］Simonyan, K., Zisserman, A. Very Deep Convolutional Networks for Large-Scale Image Recognition, ICLR, 2015

［3］He, K., Zhang, X., Ren, S., Sun, J. Deep Residual Learning for Image Recognition, CVPR, 2016

［4］Ribeiro, M. T., Singh, S., Guestrin, C. Why should i trust you?: Explaining the predictions of any classifier, ACM, 2016: 1135-1144.

［5］Github > marcotcr/lime.

结　语

感谢您的阅读。

2019年4月，日本机器人学会第118届机器人工程研究会《在实践中学习！深度学习的自动驾驶和导航最前线》让我产生了写这本书的念头。感谢株式会社欧姆社编辑部的邀约，令我得以开始策划本书。

随后，日本机器人学会事业计划委员会2019年度委员长、埼玉大学的辻俊明老师，副委员长、中央大学的新妻实保子老师，学会事务局局长细田祐司先生，以及各位执笔者和我（香月）多次就本书的内容进行了研讨。一个人的想法和人脉有限，而大家的力量凝聚在一起就突破了这种局限。

借此之际，我再次感谢各位执笔者为本书付出了大量珍贵的研究时间和休息时间。此外，千叶工业大学的上田隆一老师，株式会社东芝的伊藤聪先生、金子敏充先生、桐渊大贵先生、柴田智行先生、园浦隆史先生、田中达也先生、谷口敦司先生、野中亮助先生、皆本岳先生，名城大学的田崎豪老师（按五十音排序）自愿参与本书的文稿校对，我也借此机会对各位表示深深的感谢。

本书凝结了各位执笔者在自动驾驶和深度学习方面最先进的知识。一直以来，我的恩师太田顺老师（东京大学）等人也给予了我莫大的指导和帮助。希望本书能对读者尽微薄之力，让这份恩情传递下去。

香月理绘
2021年3月